中国石油企业协会
西南石油大学中国能源指数研究中心

中国天然气行业年度运行报告蓝皮书

（2022）

张烈辉　王志刚　郑小强　刘险峰 ◎ 编著

石油工业出版社

图书在版编目（CIP）数据

中国天然气行业年度运行报告蓝皮书．2022 / 张烈辉等编著．-- 北京：石油工业出版社，2023.3
ISBN 978-7-5183-5947-9

Ⅰ.①中… Ⅱ.①张… Ⅲ.①天然气工业 – 工业发展 – 研究报告 – 中国 –2022 Ⅳ.① F426.22

中国国家版本馆 CIP 数据核字（2023）第 046863 号

中国天然气行业年度运行报告蓝皮书 2022
Zhongguo Tianranqi Hangye Niandu Yunxing Baogao Lanpishu 2022

出版发行：石油工业出版社
　　　　　（北京市朝阳区安华里二区 1 号楼 100011）
　　　　网址：www.petropub.com
　　　　编辑部：(010) 64523766
　　　　图书营销中心：(010) 64523633
经　　销：全国新华书店
印　　刷：北京中石油彩色印刷有限责任公司

2023 年 3 月第 1 版　　2023 年 3 月第 1 次印刷
710 毫米 ×1000 毫米　开本：1/16　印张：17
字数：260 千字

定　价：129.00 元
（如发现印装质量问题，我社图书营销中心负责调换）
版权所有，翻印必究

中国天然气行业年度运行报告蓝皮书
（2022）

编委会

主　　任：张烈辉　　王志刚　　郑小强　　刘险峰
副主任：逄　健　　沈西林　　高潮洪　　杨晓曦
　　　　宁敏静
委　　员：（以姓氏拼音为序）
　　　　陈怡男　　段斌扬　　段国彬　　段林立
　　　　高　军　　郭振宇　　何润民　　何　沙
　　　　江同文　　郎东晓　　李　柔　　刘　辉
　　　　刘　琴　　罗双涵　　戚维燕　　唐大麟
　　　　闫建涛　　杨洪志　　尹　涛　　余晓钟
　　　　王　彬　　臧庆莹　　张慧芳　　朱西平

前言
PREFACE

天然气作为一种清洁、低碳、高效的化石能源，被视为当前以及未来十余年最重要的能源品种之一。近年来，中国天然气行业在体制改革、能源安全、节能环保、技术进步等方面多管齐下，不断完善天然气相关法律法规，加快天然气基础设施建设步伐，推进天然气市场化进程，促进天然气行业健康有序发展。经过十多年的快速发展，中国天然气行业基本形成了国产常规和非常规天然气、陆上管道进口天然气、海上进口LNG等多气源供应格局，拓展了城市燃气、工业燃料用气、化工用气、发电用气等重大消费领域。

2022年，全球能源格局和市场形势发生了重大变化，市场供求吃紧，地缘政治动荡，欧洲能源危机再现，国际能源价格跌宕起伏。中国能源市场也受到了相应影响，就天然气行业来看，国内天然气消费量出现20年来的首次负增长。2022年，中国天然气表观消费量为3663亿立方米，较2021年减少63亿立方米，同比下降1.7%。国内经济增速放缓和国际天然气价格高企是造成天然气消费负增长的主要原因。同时，由于进口成本涨幅较大，进口天然气量减少，对外依存度回落至近五年来的最低点，约40.9%。而与表观消费量和对外依存度双双下跌不同，国内天然气生产却在2022年迈上新台阶，全年总产量达2201亿立方米，较2021年净增150亿立方米。纵观全年，中国天然气行业平稳健康发展，在勘探开发、管道建设、市场化改革等方面均有所突破。

乌克兰危机带来的博弈与对抗，加之新冠肺炎疫情的多点散发，致使2022年天然气消费出现回落，在油公司纷纷稳油增气加码天然气的背景下，仍出现"煤升气降"的消费格局，表明我国低碳能源替代高碳能源的转型之路艰难而曲折。但是，中国实现"碳达峰碳中和"的目标没有动摇，全球能源向更加低碳的方向转型没有动摇，天然气定位于缓速补煤、与新能源融合，其市场潜力仍被看好，但短期市场的供需形势将会更加复杂。因此，认真考虑国内外经济社会发展环境，依据国家能源发展战略统筹部署，做好天然气行业发展与改革工作，构建清洁低碳、安全高效的能源体系，依然是"十四五"期间中国能源领域的工作重点。一方面，加大国内天然气勘探开发与生产力度、优化天然气进口价格机制、平衡天然气进口来源国、保证天然气进口量，从总量上确保天然气供给；另一方面，支持天然气储运等新型基础设施建设，加快天然气市场化改革，从内部调配上满足国内天然气消费，均对保障国家能源安全、推动能源高质量发展具有重大意义。

本报告按照从整体到局部、从过去到现在、从行业上游到下游的思路，对天然气行业年度运行情况进行系统分析。研究内容中，宏观篇涵盖了世界天然气发展与中国天然气发展概况；政策篇涉及国家天然气政策、地方天然气政策以及相应政策建议；产业篇关注中国天然气行业从上游到下游的勘探开发、储运、进出口、消费等环节的具体情况；专题篇从中国天然气行业景气指数，党的二十大对天然气行业的推动作用，乌克兰危机对天然气市场的具体影响，以及天然气矿权的管理变革等四个方面探讨中国天然气行业的未来发展。笔者衷心希望本报告承载的信息，能为政府制定天然气发展政策提供依据，为油气企业制定发展战略和投资决策提供参考，为相关研究人员提供基础研究资料。

张烈辉、王志刚、郑小强、刘险峰统领了本书架构设计并负责组织全书编撰，郑小强、沈西林、刘险峰、逄健、杨晓曦、宁敏静负责本书最终统撰和核定；陈怡男、刘琴等参与了书稿修改和审定工作。

前 言

　　本书写作过程中参考了国家发展改革委、国家统计局、中国海关总署，以及其他相关研究机构的统计数据和信息资料，借鉴了专家学者的研究成果，吸收了参考文献中相关的思想观点，在此表示衷心的感谢！由于作者水平有限，报告中难免有不足之处，恳请读者斧正！

编委会
2023 年 2 月

目录 CONTENTS

宏 观 篇

世界天然气发展概况 ·· 2
一、全球能源生产与消费 ·· 2
二、全球天然气生产 ·· 9
三、全球天然气消费 ·· 12

中国天然气发展现状 ·· 18
一、中国能源生产与消费 ·· 18
二、中国天然气生产 ·· 24
三、中国天然气消费 ·· 31

政 策 篇

国家天然气政策 ·· 40
一、能源保障类 ·· 41
二、绿色发展类 ·· 45

三、科技创新类 49
四、能源治理类 51
五、天然气价格类 55

地方天然气政策 57

一、天然气价格政策 62
二、天然气发电上网电价政策 68
三、天然气管道建设政策 71

产 业 篇

中国天然气勘探开发 77

一、天然气勘探开发企业 78
二、天然气勘探 80
三、天然气开发 90
四、天然气勘探开发前景展望 107

中国天然气储运 110

一、天然气储气设施 111
二、天然气管道 136
三、天然气储运发展分析 149

中国天然气进出口 155

一、天然气进口 155
二、天然气出口 175

三、天然气进出口趋势分析···178

中国天然气消费···181

一、天然气消费··181

二、天然气价格··186

三、"十四五"期间天然气发展趋势·······································194

专 题 篇

专题1：中国天然气行业景气指数·····································202

一、中国天然气行业景气指数分析··202

二、天然气生产景气指数分析···204

三、天然气销售景气指数分析···207

四、结论··209

专题2：党的二十大之后天然气产业发展·····························210

一、加大天然气勘探开发力度，确保增储上产，确保能源安全·······211

二、推进天然气管网和储气库建设，加快构建天然气产销储运体系···213

三、提升天然气的使用效率和水平，推动经济社会低碳、绿色发展···214

四、推进天然气与新能源的多能互补，助力"双碳"目标实现········216

五、构建稳定、多元的天然气进口体系···································217

六、天然气产业发展的新方向···217

专题3：乌克兰危机对中国天然气市场的影响·······················219

一、乌克兰危机的背景···219

二、美欧对俄罗斯能源制裁与全球天然气市场格局变化……219
三、乌克兰危机对中国天然气市场供给产生的影响……222
四、中俄天然气领域的深度合作……229
五、中国天然气行业发展的相关建议……231

专题 4：天然气矿权的管理变革……234

一、矿权管理变革背景……234
二、油气矿权管理的历史沿革……235
三、油气矿权概述……238
四、天然气矿权管理改革对策……243

参考文献……255

宏 观 篇

随着天然气勘探开发技术的不断进步,全球天然气供给与需求整体向好,预计到 2050 年,天然气在全球能源消费中的占比将达到 26%。但在 2022 年,乌克兰危机致使全球天然气市场受到影响,天然气价格大幅震荡,天然气市场供给格局正在发生变化。中国是世界上最大的能源生产和能源消费国。2022 年,中国能源生产与消费均持续增长,能源生产总量达 46.6 亿吨标准煤,同比增长 7.62%,其中,天然气产量达 2201 亿立方米,同比增长 7.31%;能源消费总量达 54.1 亿吨标准煤,同比增长 3.24%,其中,天然气消费 3663 亿立方米,同比降低 1.70%。经济增速放缓、国际天然气价格持续攀升,是导致中国天然气消费实现负增长的主要原因。但从长远来看,中国天然气消费负增长不具有可持续性。天然气在中国一次能源消费中占比仍不足 10%,远低于 24% 的国际平均水平,消费潜力大。同时,中国加快实现"双碳"目标的决心没有动摇,可以判定,中国天然气行业持续向好发展的整体态势没有改变。

本篇从宏观层面,按照从国际到国内、从总量到结构的思路,分别梳理了世界和中国的能源生产与消费概况。首先对 10 年来世界能源生产与消费总量进行概述,并针对天然气生产与消费总量、在一次能源中的占比变化、分地区进出口情况进行分析。而后聚焦中国能源,特别是天然气的发展,在呈现 10 年来中国能源生产与消费总量的基础上,针对中国天然气生产与消费总量、在一次能源中的占比变化展开详细说明。

世界天然气发展概况

天然气指蕴藏于地层中的烃类和非烃类气体的混合物，具有清洁低碳的自然属性，是化石能源中相对低碳品种，其单位热值二氧化碳排放量是石油的77%、煤炭的59%。天然气是连接煤炭和石油等高碳化石能源与太阳能、风能、地热能等无碳新能源的纽带，是实现能源结构从高碳向无碳转型过渡的桥梁。在世界能源转型进程中，天然气产业发展是促进能源消费结构由高碳化石能源为主体向无碳新能源为主体转变的桥梁和纽带，是实现第三次世界能源转型的关键。天然气在世界能源结构中的比重也逐渐上升，世界能源体系形成"四分天下"的格局。

一、全球能源生产与消费

继2020年全球能源需求迎来半个世纪以来的最大降幅以后，随着2021年全球经济复苏，全球对能源的需求急剧反弹，一次能源需求增长了大约6个百分点，超过了2020年大部分地区能源消费的大幅下降趋势。化石能源的消费大致没有变化，作为化石类清洁能源的代表，2021年全球天然气需求增长5.3%，恢复到2019年新冠肺炎疫情前的水平以上。非化石能源呈增长趋势，其中可再生能源呈明显上升趋势。

（一）全球能源生产情况

2021年在经济复苏等因素的带动下，世界各地区化石能源、可再生能源、水电和核能的产量情况均发生了转变，一次能源储量变化不大，各类能源产量均有增加，除极少数地区的产量年均增长率为负值外，大部分地区的年均增长率由负值变为正值。由于产量的统计单位不一致，所以接下来将从化石能源和非化石能源两个层面进行产量的介绍。

1. 全球化石能源生产总量

化石能源是人类生存和发展的重要物质基础，煤炭、石油、天然气等化石能源支撑了19世纪到20世纪人类文明的进步和经济社会发展。虽然随着能源转型的推进，清洁能源发展迅速，但短期内化石能源依然是能源系统的重要支柱。2012—2021年全球化石能源生产总量及同比增速如表1和图1所示。

表1 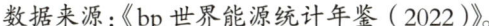2012—2021年全球化石能源生产总量及同比增速

年份	总产量（百万吨油当量）	同比增速（％）
2012	10667.6	2.01
2013	10774.6	1.00
2014	10915.1	1.30
2015	11023.3	0.99
2016	10871.8	−1.37
2017	11073.5	1.85
2018	11505.9	3.91
2019	11638.1	1.15
2020	11046.9	−5.08
2021	11449.6	3.65

数据来源：《bp世界能源统计年鉴（2022）》。

图1 2012—2021年全球化石能源生产总量及同比增速
数据来源：《bp世界能源统计年鉴（2022）》

由表1和图1可以看出，2012—2021年，全球化石能源生产总量在2016年和2020年经历了两次明显的下降，特别是在2020年化石能源生产下降的速度明显大于之前的提升速度。但在2021年，全球化石能源生产量大幅上升，由2020年的11046.9百万吨油当量上升至11449.6百万吨油当量，较2020年增速为3.65%。

2. 全球非化石能源生产总量

根据《bp世界能源统计年鉴2022》，全球非化石能源生产量是按照发电量来统计，单位为太瓦·时（TW·h），为保持数据一致性，本书同样采用此单位。表2和图2展示了2012—2021年全球非化石能源发电总量情况以及同比增速的变化情况。

表2 2012—2021年全球非化石能源分种类生产量及发电总量同比增速

年份	核能（太瓦·时）	水电（太瓦·时）	可再生能源（水电除外）（太瓦·时）	发电总量（太瓦·时）	同比增速（%）
2012	2470.8	3641.9	1067.8	7180.4	1.80
2013	2490.5	3788.3	1245.1	7524.0	4.78
2014	2541.4	3889.0	1412.5	7842.9	4.24
2015	2575.6	3878.4	1637.2	8091.1	3.17
2016	2613.9	4012.5	1849.6	8476.0	4.76
2017	2637.2	4070.0	2182.3	8889.5	4.88
2018	2700.5	4183.2	2489.2	9372.9	5.44
2019	2796.4	4231.4	2799.2	9827.0	4.84
2020	2694.0	4346.0	3146.6	10186.5	3.66
2021	2800.3	4273.8	3657.2	10731.3	5.35

数据来源：《bp世界能源统计年鉴（2022）》。

由表2和图2可以看出，2021年，全球非化石能源生产量约为10731.3太瓦·时，较前一年同比增长5.35%。其中，核能发电量2800.3太瓦·时，占全球非化石能源发电量的26.09%，是这10年期间产量的最大值；水电产量为4273.8太瓦·时，占全球非化石能源发电量的39.83%，较前一年产量有所下降；可再生能源（水电除外）发电量为3657.2太瓦·时，约为2012年发电量的3.5倍。

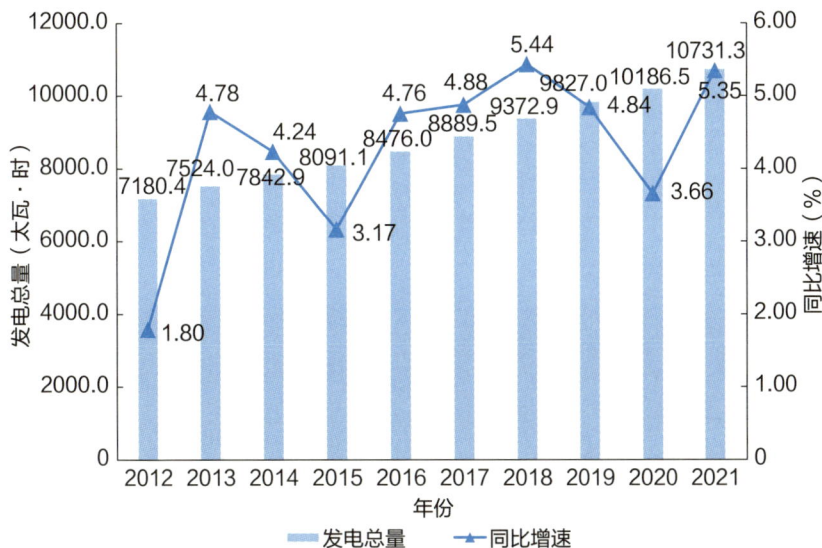

图 2　2012—2021 年全球非化石能源发电总量及同比增速

数据来源：《bp 世界能源统计年鉴（2022）》

（二）全球能源消费概况

在后疫情时代背景下，随着 2021 年世界各个地区的限制放松和各国政府出台了经济复苏政策，使石油、天然气、煤炭和可再生能源的消费量均有所上升。全球一次能源消费量大幅增长，增幅接近 6%，超过了 2020 年全球大部分地区的能源消费大幅下降趋势。

1. 全球能源消费总量

2021 年，全球能源随着经济复苏而大幅增长。2012—2021 年全球能源消费总量及同比增速如表 3 和图 3 所示。

表 3　2012—2021 年全球能源消费总量及同比增速

年份	消费量（百万吨油当量）	同比增速（%）
2012	12200.9	1.40
2013	12417.7	1.78
2014	12555.3	1.11
2015	12662.0	0.85
2016	12841.5	1.42

续表

年份	消费量（百万吨油当量）	同比增速（%）
2017	13089.9	1.93
2018	13453.0	2.77
2019	13569.5	0.87
2020	13028.7	−3.99
2021	13748.0	5.52

数据来源：《bp世界能源统计年鉴（2022）》。

由表3和图3可以看出，2011—2019年能源消费持续保持着低速增长，年平均增速为1.52%。受到全球经济下行的影响，2020年全球能源消费增速跌落为负值。但又随着2021年全球经济的复苏，全球能源消费大幅增加，一次能源消费量为13748.0百万吨油当量，较2020年增速为5.52%。

图3　2012—2021年全球能源消费总量及同比增速

数据来源：《bp世界能源统计年鉴（2022）》

2. 全球化石与非化石能源消费量

对《bp世界能源统计年鉴（2022）》中的数据进行处理，可得到2012—

2021年全球化石能源消费总量及同比增速如表4、图4所示,以及全球非化石能源的消费总量及同比增速如表5、图5所示。

表4　2012—2021年全球化石能源消费总量及同比增速

年份	消费总量(百万吨油当量)	同比增速(%)
2012	10509.1	1.39
2013	10647.6	1.32
2014	10717.7	0.66
2015	10774.4	0.53
2016	10875.3	0.94
2017	11038.0	1.50
2018	11295.7	2.34
2019	11311.3	0.14
2020	10706.3	−5.35
2021	11301.6	5.56

数据来源:《bp世界能源统计年鉴(2022)》。

图4　2012—2021年全球化石能源消费总量及同比增速

数据来源:《bp世界能源统计年鉴(2022)》

表 5　2012—2021 年全球非化石能源消费总量及同比增速

年份	消费总量（百万吨油当量）	同比增速（%）
2012	1690.3	1.49
2013	1765.5	4.45
2014	1832.8	3.81
2015	1882.8	2.73
2016	1962.0	4.20
2017	2046.6	4.31
2018	2149.7	5.04
2019	2248.9	4.61
2020	2317.6	3.06
2021	2436.7	5.14

数据来源：《bp 世界能源统计年鉴（2022）》。

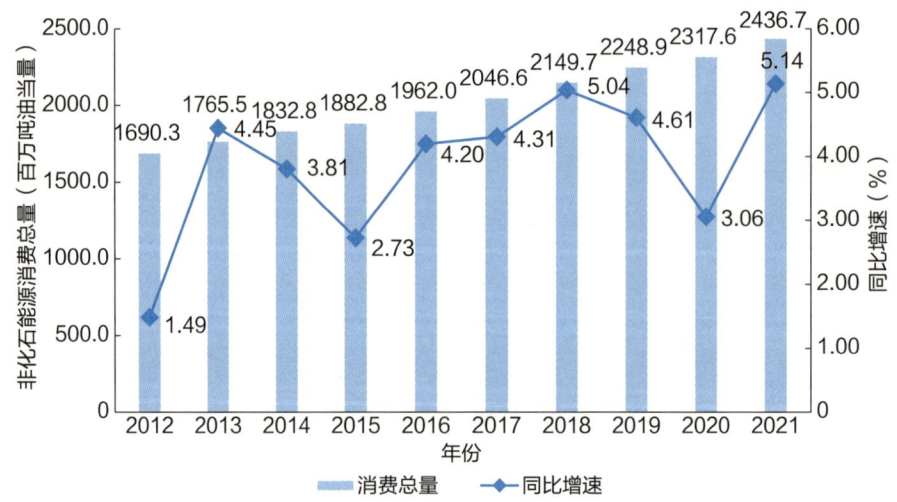

图 5　2012—2021 年全球非化石能源消费总量及同比增速

数据来源：《bp 世界能源统计年鉴（2022）》

由表 4 和图 4 可以看出，2012—2021 年，全球化石能源消费与全球一次能源消费总量变化趋势大致保持一致，在 2019 年以前呈平稳上升趋势，2020

年首次出现大幅下降。但在 2021 年，全球化石能源消费量大幅上升，由 2020 年的 10706.3 百万吨油当量上升至 11301.6 百万吨油当量，较 2020 年增速为 5.56%。

由表 5 和图 5 可以看出，2012—2021 年，全球非化石能源的消费量始终呈稳步上升趋势。由 2012 年 1690.3 百万吨油当量上升至 2021 年的 2436.7 百万吨油当量，2021 年较 2020 年增速为 5.14%。根据《bp 世界能源统计年鉴（2022）》数据可得，增速最快的是可再生能源（水电除外），核能和水电的消费占比在近 10 年一直较为稳定，以上 3 种能源中，水电消费占比是最高的。

二、全球天然气生产

相对于煤炭和石油来说，天然气是一种较新的燃料，是蕴藏在地层中的烃类和非烃类气体混合物，此前曾作为石油和煤炭的伴生产物。随着天然气需求的增加以及相关开发工艺和用途的不断拓展，天然气逐渐成为独立的能源产品和重要的工业原料。由于同时兼具较低碳排放、高热值等特点，在全球主要经济体不断推动能源转型和减少碳排放的进程中，天然气成为从化石能源时代迈向可再生能源时代的重要过渡能源，在全球主要经济体的能源结构中占有越来越多的比重。

（一）全球天然气生产总量

天然气产业发展促进了化石能源体系中低碳化石能源对高碳化石能源的替代。世界天然气产业将迎来黄金发展期。随着世界能源体系清洁化、低碳化生产消费趋势的深入，今后相当长一段时期天然气产业仍将保持持续发展态势。天然气生产度过了 2020 年的经济萎缩，在 2021 年，受需求增长和价格上涨双重驱动，全球天然气产量增加。2012—2021 年全球天然气生产总量及同比增速如表 6 和图 6 所示。

由表 6 和图 6 可以看出，全球天然气生产在 2012—2019 年期间始终呈稳定增长的趋势，平均增速为 2.5%。但在 2020 年由于全球经济下行等因素的影响，近 10 年首次出现了下降的趋势。随后又在 2021 年随着全球经济复苏，天然气产量再次增加，较 2020 年增速为 4.54%，由 2020 年的 3211.2 百万吨油当量上升至 3357.1 百万吨油当量。

表6　2012—2021 年全球天然气生产总量

年份	总产量（百万吨油当量）	同比增速（％）
2012	2766.0	2.11
2013	2798.7	1.18
2014	2855.2	2.02
2015	2919.8	2.26
2016	2947.8	0.96
2017	3054.9	3.63
2018	3203.1	4.85
2019	3299.6	3.01
2020	3211.2	−2.68
2021	3357.1	4.54

数据来源：《bp 世界能源统计年鉴（2022）》。

图6　2012—2021 年全球天然气生产量及同比增速

数据来源：《bp 世界能源统计年鉴（2022）》

（二）天然气在全球化石能源中的生产占比

在全球向低碳能源系统转型的背景下，天然气作为一种非常重要的清洁能源，是化石能源中相对低碳的品种，世界对它的需求越来越大，在化石能源产量中的占比也在逐年攀升。2021年天然气在化石能源中的生产占比及2012—2021年全球化石能源消费结构如图7和图8所示。

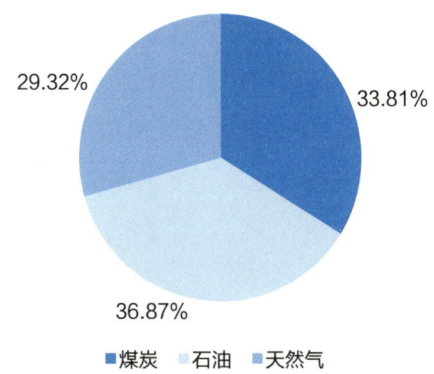

图7　2021年全球化石能源产量占比

数据来源：《bp世界能源统计年鉴（2022）》

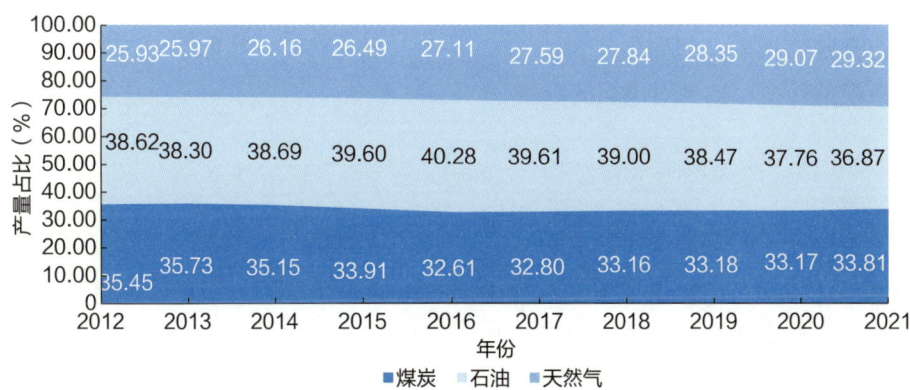

图8　2012—2021年全球化石能源生产结构

数据来源：《bp世界能源统计年鉴（2022）》

由图 7 和图 8 可以看出，2012—2021 年，在化石能源生产中天然气的占比始终是最低的，但是在这 10 年期间天然气在化石能源生产中的占比是在稳步增长的，由 2012 年的占比 25.93% 上升至 2021 年的占比 29.32%。

（三）全球天然气分地区生产与出口情况

全球天然气产量分布较为集中。2021 年，美国天然气产量位居全球第一，占比达 23.1%。俄罗斯天然气产量位居全球第二，占比达 17.4%，伊朗位居第三，占比达 6.4%。中国、卡塔尔和加拿大紧随其后，分别占比 5.2%、4.4% 和 4.3%。

在天然气出口方面，2021 年全球天然气出口前三位地区是以俄罗斯为主的独立联合体国家、北美洲和亚太地区，分别占全球总出口量的 31.1%、25% 和 18.1%。

三、全球天然气消费

天然气产业发展是促进能源消费结构由高碳化石能源为主体向无碳新能源为主体转变的桥梁和纽带，是实现第三次世界能源转型的关键。经济复苏以及能源低碳转型的推动下，全球天然气需求稳步增长，天然气市场维持供应偏紧态势。天然气需求的前景取决于能源转型的速度，天然气作为一种低碳能源与碳捕集、利用与封存技术（CCUS）相结合时，它能够支持向低碳能源系统的转型，减少对煤炭的依赖。

（一）全球天然气消费总量

2021 年，受经济复苏、国际油价回升、替代能源出力不足、欧洲可再生能源发电不足进而推升了天然气发电需求以及南美持续干旱导致区域内天然气需求超预期增长等因素影响，全球天然气消费量显著回升。2021 年全球天然气需求增长 5.3%，恢复至 2019 年水平以上。

表 7 和图 9 反映了 2012—2021 年全球天然气消费总量及同比增速的变化情况。

表 7　2012—2021 年全球天然气消费总量

年份	消费量（百万吨油当量）	同比增速（%）
2012	2760.4	2.64
2013	2805.0	1.61
2014	2822.8	0.64
2015	2891.4	2.43
2016	2957.2	2.28
2017	3037.8	2.72
2018	3189.7	5.00
2019	3248.5	1.84
2020	3198.0	−1.55
2021	3357.6	4.99

数据来源：《bp 世界能源统计年鉴（2022）》。

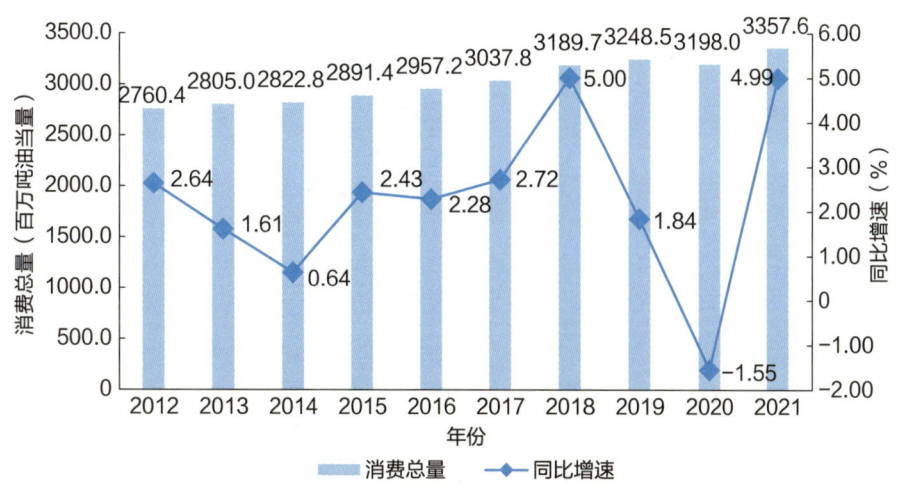

图 9　2012—2021 年全球天然气消费量及同比增速

数据来源：《bp 世界能源统计年鉴（2022）》

由表 7 和图 9 可以看出，全球天然气消费在 2012—2019 年期间始终呈稳定增长的趋势，平均增速为 2.40%。但还是没有避开 2020 年全球经济萎缩等因素造成的影响，近十年消费量首次出现了下降的趋势。随后又在 2021 年随着全球经济复苏，天然气消费量再次增加，较 2020 年增速为 4.99%，由 2020 年的 3198.0 百万吨油当量上升至 3357.6 百万吨油当量。

（二）全球天然气消费占比

"碳中和"与能源转型引领天然气产业发展，世界天然气产业将迎来黄金发展期，能源发展战略进一步推动天然气上游产业发展，天然气在全球能源消费中的比重逐年上升。

1. 天然气在全球化石能源中的消费占比

天然气在化石能源中的消费占比情况大致与在化石能源中的生产占比情况一致，2021 年天然气在化石能源中的消费占比以及 2012—2021 年全球化石能源消费结构如图 10 和图 11 所示。

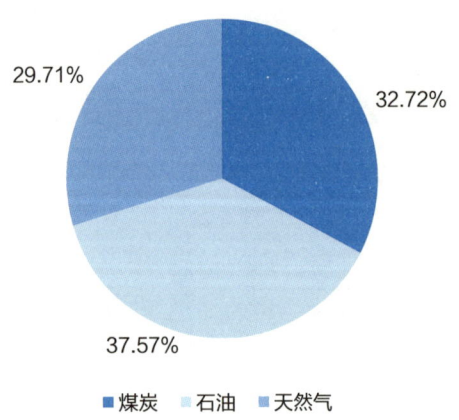

图 10　2021 年全球化石能源消费占比

数据来源：《bp 世界能源统计年鉴（2022）》

由图 10 和图 11 可以看出，2012—2021 年，在化石能源消费中天然气的占比始终是最低的，但是在这 10 年期间天然气在化石能源消费中的占比是在稳步增长的，由 2012 年的占比 26.27% 上升至 2021 年的占比 29.71%。

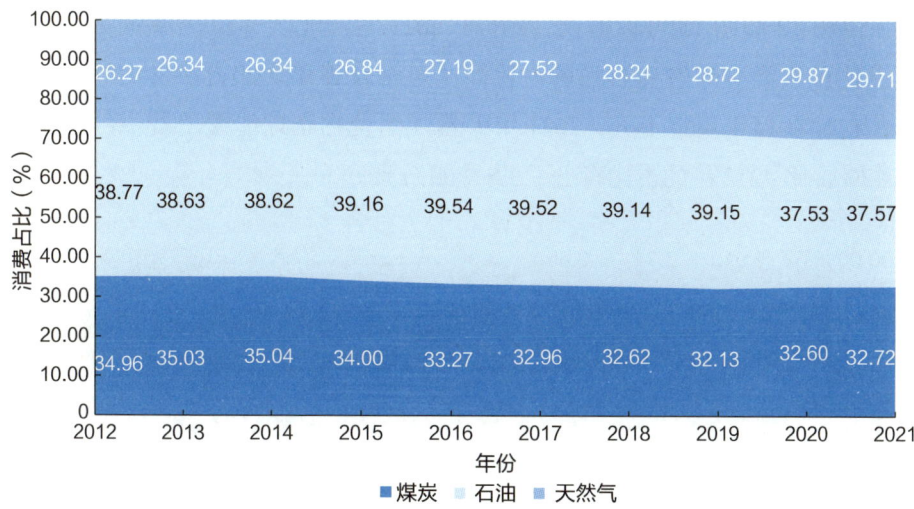

图 11　2012—2021 年全球化石能源消费结构

数据来源：《bp 世界能源统计年鉴（2022）》

2. 天然气在全球能源消费中的占比

世界能源消费结构中，天然气和新能源的消费量和占比稳步上升，能源清洁化、低碳化趋势持续加强。2021 年天然气在全球能源中的消费占比及 2012—2021 年全球能源分种类消费结构如图 12 和图 13 所示。

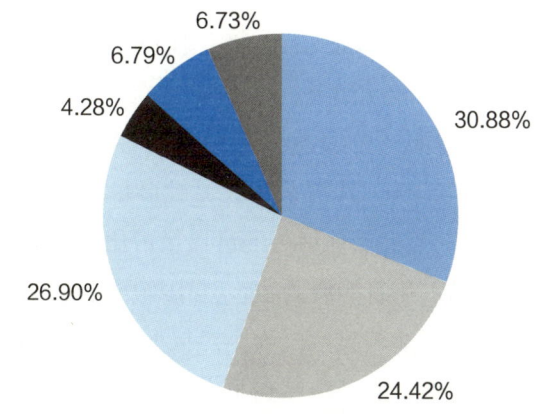

图 12　2021 年天然气在全球能源中的消费占比

数据来源：《bp 世界能源统计年鉴（2022）》

由图12和图13可以看出，2012—2021年，天然气在全球能源消费中的占比虽然没有煤炭和石油的占比高，但相较于煤炭、石油占比的逐年下降，它却在逐年稳定上升，2021年天然气消费在全球能源消费中的占比为24.42%，比2012年的占比高出了1.8个百分点。

图13　2012—2021年全球能源分种类消费结构

数据来源：《bp世界能源统计年鉴（2022）》

（三）全球天然气分地区消费与进口情况

从各地区的消费量来看，2021年北美洲天然气消费量最大，占全球总消费量的比例为25.6%，亚太地区、独立联合体国家及中东地区消费量分别占全球总消费量的比例为22.7%、15.1%、14.3%。

在全球天然气进口方面，亚太地区是全球天然气进口量最大的地区，2021年的进口量占比达42.1%；其次是欧洲，进口量占比33.4%；再是北美洲，进口量占比为15.9%，然后其他地区的进口量占比均不足5%。

当前世界能源消费仍以化石能源为主，其中中国等少数国家是以煤炭为主，其他大部分国家是以石油与天然气为主。依照相关专家预测，按目前的消耗量，石油、天然气最多只能维持不到半个世纪，煤炭也只能维持一二百年，人类面临的能源危机日趋严峻。因此全球不同的国家或地区都先后提出了碳中和和能源转型的策略，世界能源消费结构虽然长期以化石能源为主，但其所占比重正逐步下降，而作为高热值、清洁低碳的天然气和可再生能源的比重在逐年上升。

　　天然气是连接煤炭和石油等高碳化石能源与太阳能、风能、地热能等无碳新能源的纽带，是实现能源结构从高碳向无碳转型过渡的桥梁。天然气的高热值属性促进了天然气规模应用，推动了石油和天然气对煤炭的替代，实现了第二次能源转型。天然气的清洁低碳属性仍将促进天然气产业发展，架设起世界能源体系从高碳化石能源到无碳新能源第三次转型的桥梁。因此，天然气是实现世界能源消费结构转型的关键，天然气具有清洁低碳的自然属性与作为稳定的化石能源能量载体的双重属性，是新能源产业不断发展的最佳伙伴。

中国天然气发展现状

随着世界经济开始缓慢复苏，能源消费逐渐恢复增长，但区域供需矛盾仍然突出。统筹能源低碳转型和能源供应安全，成为世界各国能源发展的共同挑战。2022年，乌克兰危机影响能源市场平稳运行，加快全球能源格局调整，国际能源市场秩序面临新挑战，中国能源发展需要做出改变。

能源是促进经济发展和社会进步的重要物质基础，能源产业是国民经济发展的基础产业。从这次的地缘政治危机可以看出，能源的安全问题直接关系人类社会的可持续发展。在"双碳"目标的作用下，中国能源发展也在一步一步进行转型。"十四五"规划对能源发展部署做出重大决策，完善能源消费总量和强度双控制度，重点控制化石能源消费，加快发展非化石能源，推动能源清洁低碳安全高效利用。

一、中国能源生产与消费

天然气作为清洁能源，可替代石油和煤的使用，明显改善石油和煤的使用带来的环境问题。随着"双碳"目标的提出，天然气消费和生产有望进一步增加。加快能源转型，天然气快速发展是基础保障。

（一）中国能源生产概况

"十三五"期间，中国能源生产保持安全稳定发展的局势。在"双碳"目标和"十四五"规划的引导下，今后中国能源生产方式更加科学，能源生产总量也随着实际情况有所调整。

1. 中国能源生产总量

中国是世界上最大的能源生产国。能源生产总量与巨大的经济体量有一定的关系。能源生产总量不断增加，能源生产技术安全性、可行性和可靠性得到了检验。表8和图14展示了2013—2022年中国能源生产总量和同比增速。

表 8　2013—2022 年中国能源生产总量及同比增速

年份	生产总量（万吨标准煤）	同比增速（%）
2013	358784	2.21
2014	362212	0.96
2015	362193	−0.01
2016	345954	−4.48
2017	358867	3.73
2018	378859	5.57
2019	397317	4.87
2020	408000	2.69
2021	433000	6.13
2022	466000	7.62

数据来源：《中国统计年鉴2022》《中华人民共和国2022年国民经济和社会发展统计公报》。

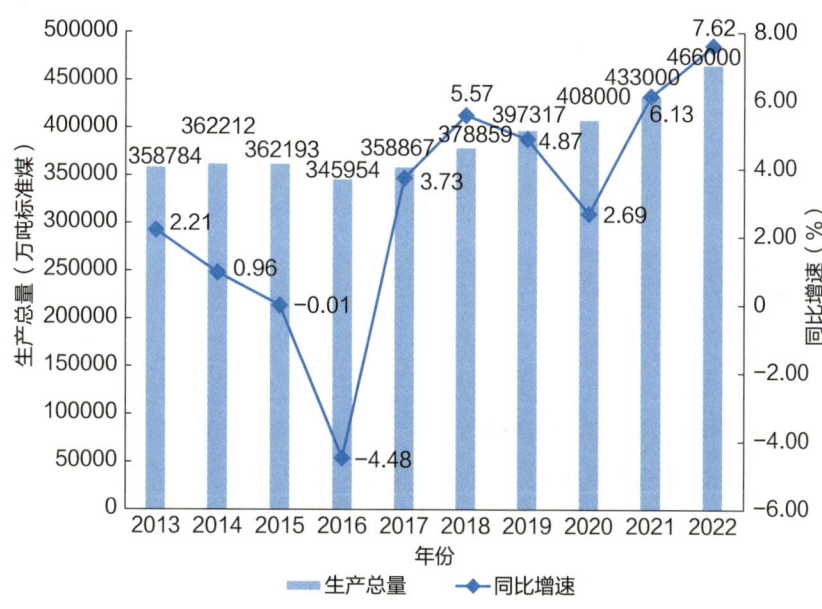

图 14　2013—2022 年中国能源生产总量及同比增速

数据来源：《中国统计年鉴2022》《中华人民共和国2022年国民经济和社会发展统计公报》

2021年中国能源生产总量为433000（万吨标准煤），同比增长6.13%；2022年中国能源生产总量达到466000，同比增长7.62%。从2013—2022年，能源生产总量增加比较明显，但同比增速波动幅度较大，这可能与外部环境变化有关。从近5年的生产总量来看，增幅相对稳健，这得益于相关政策的调整和生产技术的进步。

2. 中国能源分种类生产总量情况

中国作为世界第一能源生产大国，其中化石能源产量有着不可撼动的地位。从长期来看，煤炭、石油、天然气等化石能源仍将是能源供应主体。随着能源转型的推进，天然气等清洁能源生产总量会不断增加。表9和图15反映了2013—2022年中国能源生产情况。

表9 2013—2022年中国能源分种类生产量

单位：万吨标准煤

年份	煤炭	石油	天然气	一次电力及其他能源
2013	270523	30138	15786	42337
2014	266226	30064	17024	48899
2015	261503	30786	17385	52518
2016	241476	28714	17990	57774
2017	249771	27274	19379	62443
2018	262170	27278	20458	68952
2019	272162	27415	22250	75490
2020	275808	27744	24480	79968
2021	290110	28578	26413	87899
2022	320572	29407	27998	88024

注：2022年数据依据《中国统计年鉴2022》和《中华人民共和国2022年国民经济和社会发展统计公报》计算得到。

数据来源：《中国统计年鉴2022》《中华人民共和国2022年国民经济和社会发展统计公报》。

2022年中国煤炭产量达到320572万吨标准煤，石油生产量为29407万吨标准煤，天然气生产量为27998万吨标准煤，一次电力及其他能源生产总量为88024万吨标准煤。总体来看，煤炭还是中国化石能源供应的主要能源，石油和天然气占比相对较少。

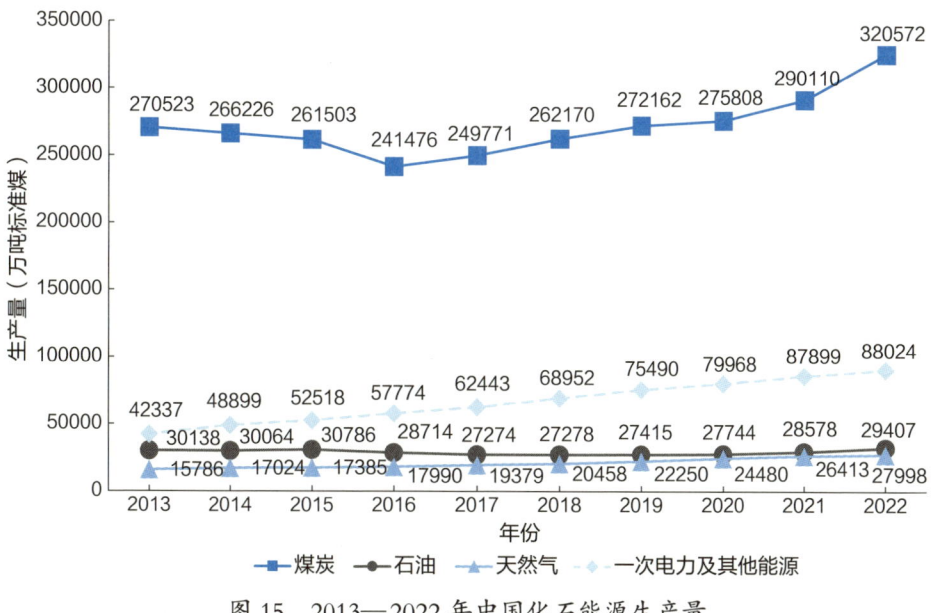

图 15　2013—2022 年中国化石能源生产量

数据来源：《中国统计年鉴 2022》《中华人民共和国 2022 年国民经济和社会发展统计公报》

（二）中国能源消费概况

2022 年，面对外部复杂的环境变化冲击，中国能源高质量发展依旧取得了积极成效。能源转型步伐依旧稳健，能源消费条件多元化，能源消费结构持续优化。

1. 中国能源消费总量情况

能源消费总量与经济发展息息相关，能源消费总量的稳定提升表明社会发展的稳定。面对外部环境的考验，中国能源消费总量保持着稳定的增长。2013—2022 年中国能源消费总量和同比增速如表 10 和图 16 所示。

2022 年中国能源消费总量为 541000 万吨标准煤，2021 年，中国能源消费总量为 524000 万吨标准煤，相比之下，中国能源消费总量增加了 17000 万吨标准煤，同比增速为 3.24%。从整体来看，2013—2022 年，中国能源消费总量持续稳步增长，由 2013 年的 416913 万吨标准煤增长到了 2022 年的 541000 万吨标准煤，能源消费总量增幅较大，增加了 30%。

表10　2013—2022年中国能源消费总量及同比增速

年份	消费总量（万吨标准煤）	同比增速（%）
2013	416913	3.67
2014	428334	2.74
2015	434113	1.35
2016	441492	1.70
2017	455827	3.25
2018	471925	3.53
2019	487488	3.30
2020	498000	2.16
2021	524000	5.22
2022	541000	3.24

数据来源：《中国统计年鉴2022》《中华人民共和国2022年国民经济和社会发展统计公报》。

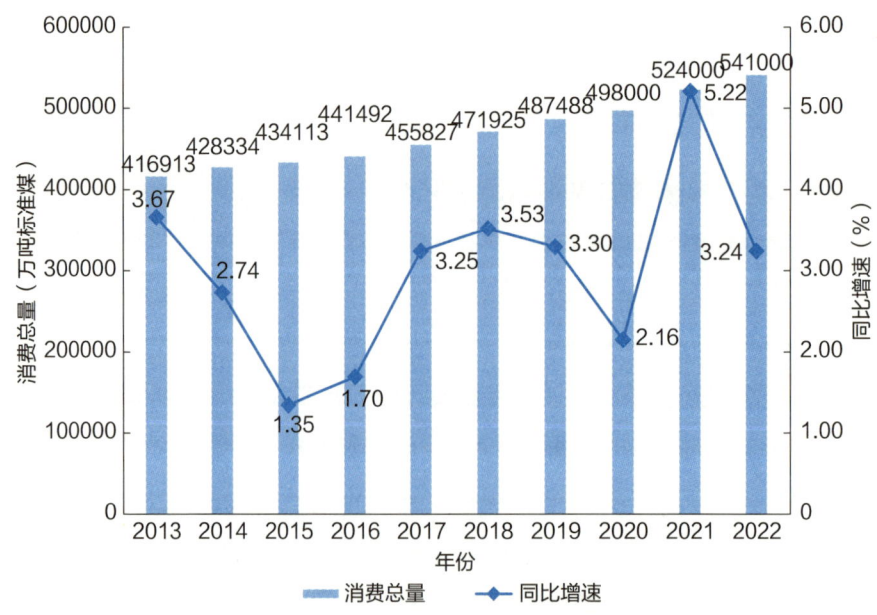

图16　2013—2022年中国能源消费总量及同比增速

数据来源：《中国统计年鉴2022》《中华人民共和国2022年国民经济和社会发展统计公报》

2. 中国能源分种类消费情况

从分种类情况可以得出，中国能源消费结构持续优化，清洁低碳的能源转型步伐明显加快。这得益于能源转型变革政策的大力推动，和用能条件及技术水平的不断提高。一次电力是指核电、水电、风电以及太阳能发电所产生的电力，表11和图17呈现了2013—2022年中国能源分种类消费情况。

表11　2013—2022年中国能源分种类消费总量

单位：万吨标准煤

年份	煤炭	石油	天然气	一次电力及其他能源
2013	280999	71292	22096	42525
2014	281844	74102	23987	48402
2015	276964	79877	25179	52094
2016	274608	82559	26931	57394
2017	276231	86151	31452	61992
2018	278436	89194	35866	68429
2019	281281	92623	38999	74586
2020	282864	94122	41832	79182
2021	293440	96940	46636	86984
2022	304042	93935	46076	96947

注：2022年数据依据《中国统计年鉴2022》和《中华人民共和国2022年国民经济和社会发展统计公报》计算得到。

数据来源：《中国统计年鉴2022》《中华人民共和国2022年国民经济和社会发展统计公报》。

2022年，煤炭消费总量304042万吨标准煤，相较于2021年，煤炭消费总量增加10602万吨标准煤；石油消费总量93935万吨标准煤，相较于2021年，石油消费总量减少了3005万吨标准煤；天然气消费总量46076万吨标准煤，相较于2021年，天然气消费总量减少560万吨标准煤；一次电力及其他能源消费总量96947万吨标准煤，相较于2021年，一次电力及其他能源消费总量增加9963万吨标准煤。受国际天然气价格的影响，国内天然气价格高涨，天然气虽然对煤炭有替代作用，但是不能忽略煤炭在能源转型中压舱石的作用，现阶段，国际局势剑拔弩张，既要坚持实现"双碳"目标，也要保障能源安全。在这样的背景下，2022年天然气消费量出现了负增长，煤炭消费量增加明显。

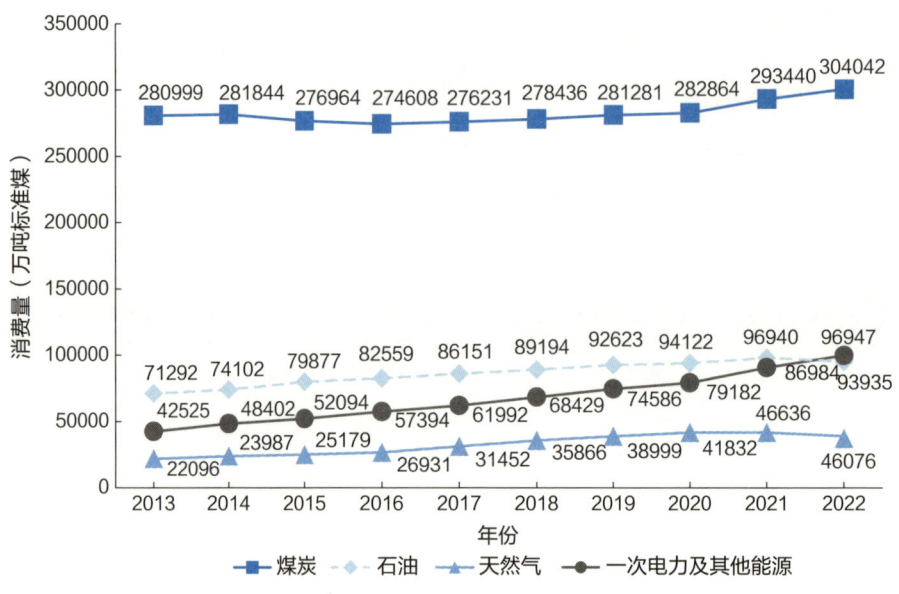

图 17 2013—2022 年中国能源分种类消费总量

数据来源：《中国统计年鉴 2022》《中华人民共和国 2022 年国民经济和社会发展统计公报》

二、中国天然气生产

天然气已成为众多国家应对极端气候、保障能源应急供应、降低碳排放的首选能源。天然气在以低耗能、低污染、低排放为特征的可持续低碳发展模式中将发挥越来越重要的作用，成为被关注的焦点。在碳中和目标的引导下，中国能源生产更加多元化，天然气以及其他清洁能源产量大幅增加，实现了能源转型和能源结构优化的稳步推进。

（一）中国天然气生产总量

天然气作为清洁的化石能源，在中国能源生产总量中占比不断上升。天然气在替煤、发电和交通等领域利用规模持续扩大，为中国碳达峰目标的提前实现做出了重要贡献。表 12 和图 18 展示了 2013—2022 年中国天然气生产总量及同比增速。

表12 2013—2022年中国天然气生产总量及同比增速

年份	天然气生产量（亿立方米）	同比增速（%）
2013	1209	9.31
2014	1302	7.69
2015	1346	3.38
2016	1366	1.49
2017	1480	8.35
2018	1585	7.09
2019	1731	9.21
2020	1904	9.99
2021	2051	7.72
2022	2201	7.31

数据来源：2013—2015年数据来自中经数据；2016—2022年数据来自国家统计局各年份月度产量数据。

图18 2022年中国天然气生产总量以及同比增速

数据来源：2013—2015年数据来自中经数据；2016—2022年数据来自国家统计局各年份月度产量数据。

2022年，全国天然气产量2201亿立方米，同比增速7.31%，在严峻的环境中保持了稳定的增量。从2013年到2022年，天然气生产量有了质的飞跃，产量逐年稳定上升。2022年全国天然气产量相较于2013年，增加992亿立方米，10年来增加了82.05%。未来，基于天然气在能源中的重要地位，天然气产量将继续保持高速增长态势。

（二）中国天然气生产占比

1. 天然气在中国化石能源生产中的占比

中国作为世界第一能源生产大国，其中化石能源产量有着不可撼动的地位。从长期来看，化石能源仍将是能源供应主体。目前，煤炭产量在中国化石能源产量中仍占据主导地位。但是天然气作为清洁能源，其增长态势保持强劲。2013—2022年中国化石能源生产占比如表13、图19至图21所示。

表13 2013—2022年中国化石能源生产占比

年份	煤炭（%）	石油（%）	天然气（%）
2013	85.49	9.52	4.99
2014	84.97	9.60	5.43
2015	84.44	9.94	5.62
2016	83.80	9.96	6.24
2017	84.26	9.20	6.54
2018	84.60	8.80	6.60
2019	84.57	8.52	6.91
2020	84.08	8.46	7.46
2021	84.07	8.28	7.65
2022	84.81	7.78	7.41

数据来源：《中国统计年鉴2022》《中华人民共和国2022年国民经济和社会发展统计公报》。

首先，从表13横向对比可以看出，天然气在化石能源生产总量中占比相对较低，但其生产增长空间巨大。随着生产技术的提升和能源转型的推进，相信未来天然气的生产量会保持持续增长。从纵向来看，天然气生产占比保持着相对稳定的增长态势，作为能源转型中的保障替代能源，天然气对加快能源转型起到了保障作用。

图 19　2013—2022 年中国化石能源生产占比

数据来源：《中国统计年鉴 2022》《中华人民共和国 2022 年国民经济和社会发展统计公报》

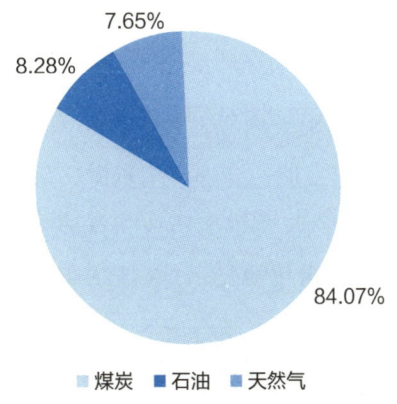

图 20　2021 年中国化石能源生产占比

数据来源：《中华人民共和国 2021 年国民经济和社会发展统计公报》

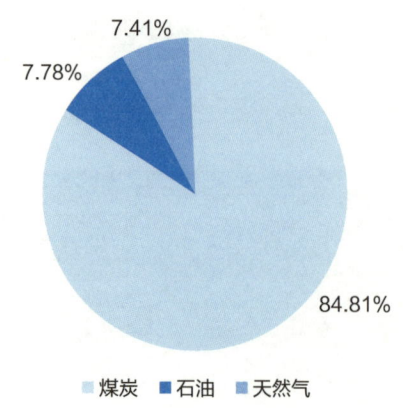

图 21　2022 年中国化石能源生产占比

数据来源:《中华人民共和国 2022 年国民经济和社会发展统计公报》

图 20 和图 21 展示了 2021 年和 2022 年化石能源生产占比的情况。2021 年天然气在化石能源生产中占比达到 7.65%，煤炭占比达到 84.07%，石油占比达到 8.28%。在化石能源生产中，煤炭生产还是占据着主要地位。2022 年这一数据有了新的变化，天然气占比达到 7.41%，煤炭占比 84.81%，石油占比 7.78%。对比两图，我们可以看出本年度天然气在中国化石能源生产量中的占比略有下降。

2. 天然气在中国能源生产中的占比

强化顶层统筹引领，明确天然气发展定位与发展思路，充分发挥生产优势，推进天然气消费的跨越发展；合理利用资源，确保天然气充足可靠供应，以此推动能源生产转型，促进天然气产业快速发展。表 14 和图 22 展示了 2013—2022 年中国能源生产占比情况。

表 14　2013—2022 年中国能源生产占比

年份	煤炭（%）	石油（%）	天然气（%）	一次电力及其他能源（%）
2013	75.40	8.40	4.40	11.80
2014	73.50	8.30	4.70	13.50
2015	72.20	8.50	4.80	14.50
2016	69.80	8.30	5.20	16.70

续表

年份	煤炭（%）	石油（%）	天然气（%）	一次电力及其他能源（%）
2017	69.60	7.60	5.40	17.40
2018	69.20	7.20	5.40	18.20
2019	68.50	6.90	5.60	19.00
2020	67.50	6.80	6.00	19.70
2021	67.00	6.60	6.10	20.30
2022	68.79	6.31	6.01	18.89

注：2022年数据依据《中国统计年鉴2022》和《中华人民共和国2022年国民经济和社会发展统计公报》计算得到。

数据来源：《中国统计年鉴2022》《中华人民共和国2022年国民经济和社会发展统计公报》。

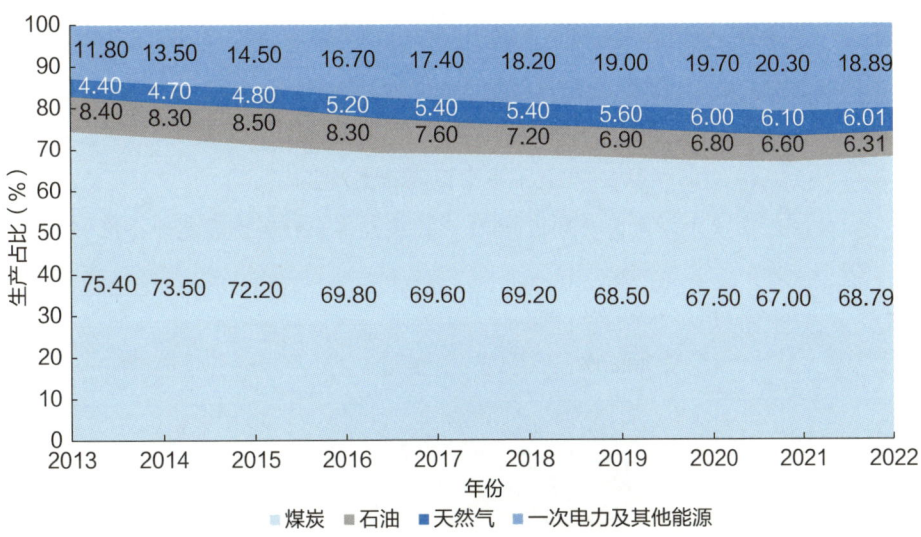

图22　2013—2022年中国能源生产占比

数据来源：《中国统计年鉴2022》《中华人民共和国2022年国民经济和社会发展统计公报》

从表14和图22纵向对比来看，天然气等清洁能源生产占比呈现上升趋势，高污染、高排放的煤炭和石油在中国能源生产中呈现下降趋势。横向比较，天然气和石油占比相当，占比相对较小。未来天然气生产量增长空间很大。

图 23 和图 24 展示了 2021 年和 2022 年中国能源生产占比的情况。2021年天然气在能源生产中占比达到 6.10%，煤炭占比达到 67.00%，石油占比达到 6.60% 一次电力及其他能源占比达到 20.30%。2022 这一数据有了新的变化，天然气占比达到 6.01%，煤炭占比 68.79%，石油占比 6.31%，一次电力及其他能源占比 18.89%。对比两图，我们可以看出天然气生产占比有所回落。

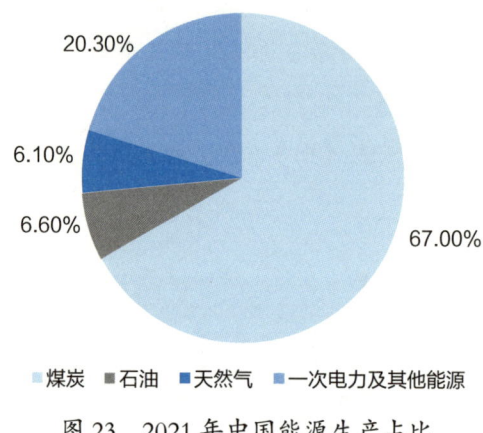

图 23　2021 年中国能源生产占比

数据来源:《中华人民共和国 2021 年国民经济和社会发展统计公报》

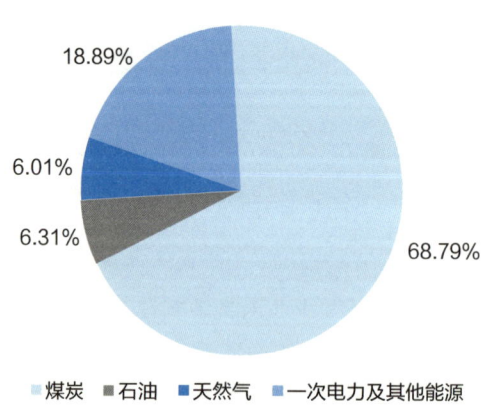

图 24　2022 年中国能源生产占比

数据来源:《中华人民共和国 2022 年国民经济和社会发展统计公报》

三、中国天然气消费

天然气是一种稳定、灵活的低碳化石能源，在供应端和消费端具有比较优势，可作为过渡能源为建设清洁低碳、安全高效的新型能源体系以及实现中国碳达峰、碳中和目标提供基础保障。实现碳中和已经成为中国重大国家战略，在此目标导向下，中国的能源供需结构将迎来深刻变革，天然气作为清洁高效的低碳化石能源，肩负着能源消费结构从高碳污染向低碳绿色过渡的重要使命。

（一）中国天然气消费总量

在"双碳"目标下，天然气作为清洁能源在能源消费结构中扮演着重要的增长角色，有望获得大力发展和应用。2022年，天然气消费保持高速增长态势，这得益于五年来天然气产供储销体系建设稳步推进，天然气储产量快速增长和"全国一张网"基本成型。表15和图25展示了2013—2022年中国天然气消费总量及同比增速。

表15　2013—2022年中国天然气消费总量及同比增速

年份	天然气消费量（亿立方米）	同比增速（%）
2013	1719	13.92
2014	1884	9.60
2015	1947	3.34
2016	2094	7.55
2017	2404	14.80
2018	2830	17.72
2019	3073	8.59
2020	3280	6.74
2021	3726	12.70
2022	3663	-1.70

数据来源：国家发展改革委《天然气运行简况》。

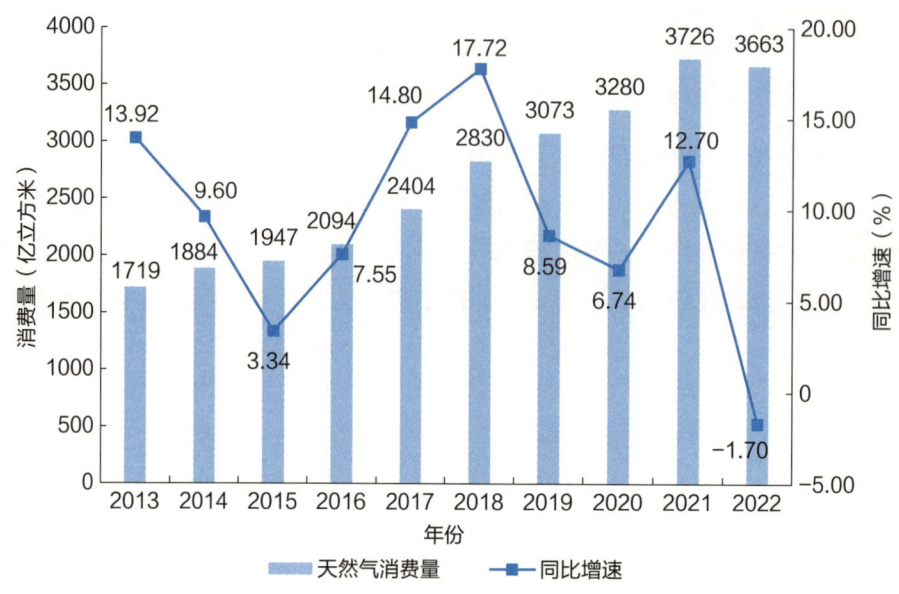

图 25　2013—2022 年中国天然气消费总量及同比增速

数据来源：国家发展改革委《天然气运行简况》

2022 年，天然气消费总量 3663 亿立方米，同比增速 –1.70%。相较于 2021 年，消费总量减少了 63 亿立方米，同比增速明显下降。在乌克兰危机的影响下，国际天然气价格攀升，天然气进口价格高涨，国内天然气消费价格上涨，与此同时，国内经济增速放缓，这两个因素导致了天然气在终端消费乏力，天然气消费出现负增长。但是，在"双碳"目标的引导下，未来天然气消费总量还是会增加。天然气作为能源转型中的重要能源，是替代煤炭的主要能源，是结合新能源的主要能源，短期的地缘政治冲突对国内能源消费造成的影响，不足以动摇实现"双碳"目标的决心，未来天然气消费发展仍然可观。

（二）中国天然气消费占比

1. 天然气在中国化石能源消费中的占比

虽然中国能源正在向清洁低碳转型，但当前化石能源仍占据能源的主导地位。在"双碳"目标的引导下，中国正在积极调整产业和能源结构，在保持社会经济持续增长的情况下，统筹工业发展和碳减排之间的关系，不断推进能源消费结构优化。2013—2022 年中国化石能源消费占比如表16、图26 至图28 所示。

表16　2013—2022 年中国化石能源消费占比

年份	煤炭（%）	石油（%）	天然气（%）
2013	75.06	19.04	5.90
2014	74.18	19.51	6.31
2015	72.50	20.91	6.59
2016	71.49	21.50	7.01
2017	70.14	21.88	7.98
2018	69.01	22.10	8.89
2019	68.12	22.43	9.45
2020	67.54	22.47	9.99
2021	67.15	22.18	10.67
2022	68.47	21.15	10.38

数据来源：《中国统计年鉴2022》《中华人民共和国2022年国民经济和社会发展统计公报》。

图26　2013—2022 年中国化石能源消费占比

数据来源：《中国统计年鉴2022》《中华人民共和国2022年国民经济和社会发展统计公报》

首先，通过表 16 和图 26 横向对比，可以看出，天然气在化石能源消费总量中占比相对较低，但其消费增长空间巨大。随着消费技术的提升，未来天然气的消费量会保持持续增长。随着能源转型的不断推进，能源消费结构也在不断变化，天然气作为一种清洁能源，在替代石油和煤炭中起到了很大的作用。从纵向来看，这两年受新冠肺炎疫情和乌克兰危机的影响，天然气消费占比有所下降，但是作为能源转型中的保障替代能源，天然气对加快能源转型有着保障作用，由此看来天然气消费占比未来还会攀升。

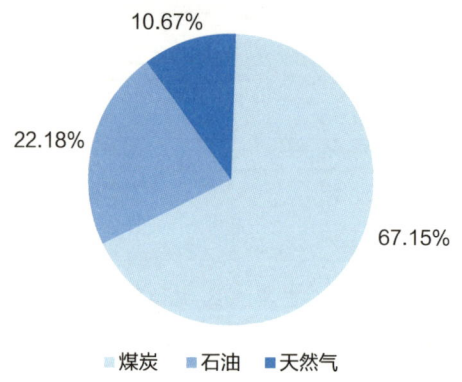

图 27　2021 年中国化石能源消费占比

数据来源：《中华人民共和国 2021 年国民经济和社会发展统计公报》

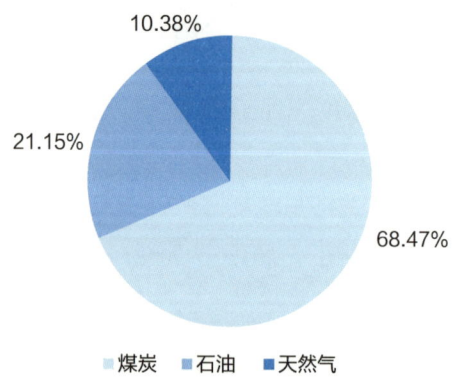

图 28　2022 年中国化石能源消费占比

数据来源：《中华人民共和国 2022 年国民经济和社会发展统计公报》

图 27 和图 28 展示了 2021 年和 2022 年化石能源消费占比的情况。2021 年天然气在化石能源消费中占比达到 10.67%，煤炭占比达到 67.15%，石油占比达到 22.18%。2022 年这一数据有了新的变化，天然气占比达到 10.38%，煤炭占比 68.47%，石油占比 21.15%。对比两图，我们可以看出，受地缘政治、经济环境等因素影响，本年度天然气消费在化石能源消费中占比有所下降，而煤炭占比有所回升。

2. 天然气在中国能源消费中的占比

"双碳"目标的确立，给中国天然气产业发展既带来了机遇也带来了挑战。随着"双碳"目标的提出，"十四五"期间中国天然气消费量有望进一步增加。表 17 和图 29 展示了 2013—2022 年天然气在能源消费结构中的变化趋势。

表 17　2013—2022 年中国能源消费占比

年份	煤炭（%）	石油（%）	天然气（%）	一次电力及其他能源（%）
2013	67.40	17.10	5.30	10.20
2014	65.80	17.30	5.60	11.30
2015	63.80	18.40	5.80	12.00
2016	62.20	18.70	6.10	13.00
2017	60.60	18.90	6.90	13.60
2018	59.00	18.90	7.60	14.50
2019	57.70	19.00	8.00	15.30
2020	56.80	18.90	8.40	15.90
2021	56.00	18.50	8.90	16.60
2022	56.20	17.36	8.52	17.92

注：2022 年数据依据《中国统计年鉴 2022》和《中华人民共和国 2022 年国民经济和社会发展统计公报》计算得到。

数据来源：《中国统计年鉴 2022》《中华人民共和国 2022 年国民经济和社会发展统计公报》。

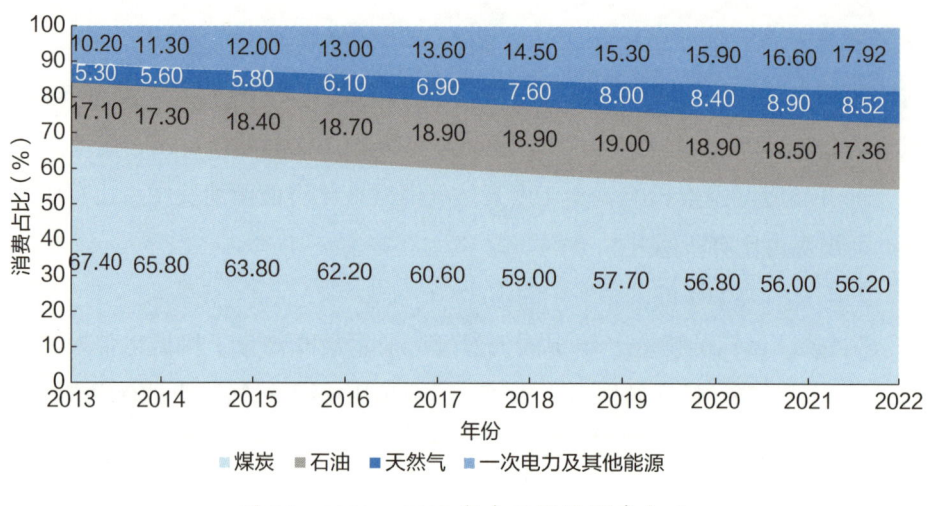

图 29　2013—2022 年中国能源消费占比

数据来源：《中国统计年鉴 2022》《中华人民共和国 2022 年国民经济和社会发展统计公报》

从表 17 和图 29 横向对比可以看出，天然气在中国能源消费总量中占比相对较低，但其消费增长空间巨大。随着消费技术的提升和清洁能源的快速发展，未来天然气的消费量会保持持续增长。随着能源转型的不断推进，能源消费结构也在不断变化，天然气作为一种清洁能源起到了很大的作用。

图 30 和图 31 展示了 2021 年和 2022 年能源消费占比的情况。2021 年天然气在能源消费中占比达到 8.90%，煤炭占比达到 56.00%，石油占比达到 18.50%，一次电力及其他能源占比达到 16.60%。2022 年这一数据有了新的变化，天然气占比达到 8.52%，煤炭占比 56.20%，石油占比 17.36%，一次电力及其他能源占比 17.92%。对比两图可以看到，虽然天然气消费在中国一次能源消费中的占比在 2022 年有所下降，但近两年仍是处于历史最高。目前，天然气在中国一次能源消费中占比仍不到 10%，而国际水平为 23%。天然气供应对国计民生非常重要，加之坚定不移的"双碳"目标指引，中国天然气消费还有很大增长空间。

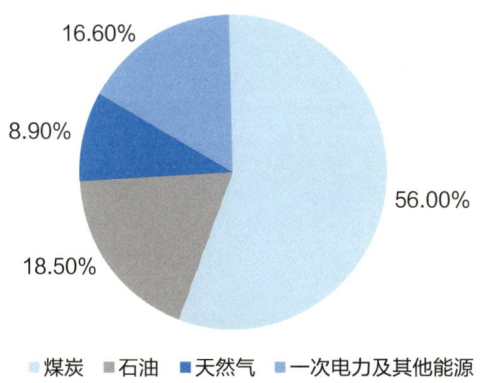

图 30　2021年中国能源消费占比

资料来源：《中华人民共和国2021年国民经济和社会发展统计公报》

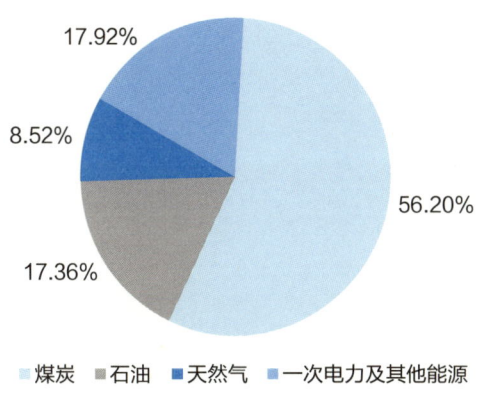

图 31　2022年中国能源消费占比

资料来源：《中华人民共和国2022年国民经济和社会发展统计公报》

政 策 篇

天然气作为清洁、可靠的低碳化石能源，在实现中国"双碳"目标过程中起着重要作用。天然气行业要坚决贯彻落实党中央、国务院对天然气产供储销体系建设的各项决策部署和保供稳价工作要求，扎实推进"十四五"规划落地实施，为中国经济发展和能源低碳转型发挥更大作用，为保障国家能源安全，加快建设能源强国贡献行业力量。因此，基于天然气市场发展规律和中国国情，厘清中国天然气发展政策，分析天然气产业政策的发展方向，以推动天然气行业高质量发展。

本篇梳理了国家及地方政府职能部门发布的政策法规、发展规划等文件，将国家层面的天然气政策分为五类（能源保障类、绿色发展类、科技创新类、能源治理类和天然气价格类），将地方天然气发展政策分为三类（天然气价格政策、天然气发电上网电价政策、天然气管道建设政策），重点围绕天然气供应保障能力、天然气绿色低碳发展、天然气市场机制提出了政策建议。通过分析发现，2022年，"供应安全保障""协同发展""绿色发展""价格机制"是中国天然气行业政策的关注重点，即保障天然气供给安全，促进天然气与其他能源的协同开发与协调发展，促进能源绿色低碳转型，健全适合天然气高质量发展的价格机制。可以预见，在未来较长的一段时间里，以上主题均是中国天然气行业政策的关注重点，相关配套政策将进一步完善，中国天然气产供储销体系将逐步建立。

国家天然气政策

2022年，国家发展改革委等相关部门累计发布与天然气相关政策11项，如表18所示。这些政策在能源保障、绿色发展、科技创新、能源治理和天然气价格方面对国家能源发展进行了规划与指导。为了对政策内容进行更加深入的审视和掌握，采用内容分析法对国家天然气政策进行分析，借助Nvivo11软件，可视化体现政策内容重点，如图32所示。

表18 2022年国家天然气政策

序号	文件名称	发布日期
1	《关于完善进口液化天然气接收站气化服务定价机制的指导意见》	2022-05-20
2	《关于完善能源绿色低碳转型体制机制和政策措施的意见》	2022-01-30
3	《国家能源局2022年深化"放管服"改革优化营商环境重点任务分工方案》	2022-05-06
4	《能源碳达峰碳中和标准化提升行动计划》	2022-09-20
5	《"十四五"能源领域科技创新规划》	2022-10-14
6	《2022年能源监管工作要点》	2022-01-12
7	《2022年能源工作指导意见》	2022-03-17
8	《2022年能源监管重点任务清单》	2022-01-12
9	《"十四五"扩大内需战略实施方案》	2022-12-15
10	《"十四五"现代能源体系规划》	2022-01-29
11	《关于做好2022年降成本重点工作的通知》	2022-04-29

数据来源：国家发展改革委。

政策篇

图 32　国家天然气相关政策词汇云

一、能源保障类

（一）增强能源供应安全保障

《2022 年能源工作指导意见》：以保障能源安全稳定供应为首要任务，着力增强国内能源生产保障能力，切实把能源饭碗牢牢地端在自己手里。……推进能源供需分析体系建设，强化苗头性倾向性潜在性问题研判，健全能源数据信息报送机制。组织分省区滚动开展月度、季度能源需求预测，可能出现时段性、区域性供需紧张的地区，要从资源落实、基础设施布局、新建产能等方面提前谋划应对措施，保障能源稳定供应，防止市场供应和价格大起大落。……持续优化营商环境，统筹安排好煤电油气运保障供应，加大民生用能保障力度，不断提升全社会用能水平。……坚持底线思维和问题导向，加强能源储运、调节和需求侧响应能力，有力有效保障能源稳定供应。……推进中俄东线南段、西三线中段、西四线、川气东送二线、龙口 LNG －文 23 储气库等重大管网工程建设，加快管输瓶颈互联互通补短板和省际联通通道建设，加强油气管道保护，巩固跨境油气进口通道安全稳定运营水平。加快沿海 LNG 接收站及储气设施，华北、西北等百亿立方米级地下储气库扩容达容等项目建设。……进一步优化有序用电及天然气"压非保民"的管理措施，加强可中断负荷管理，梳理业务流程及标准，精准实施用能管理。

《关于完善能源绿色低碳转型体制机制和政策措施的意见》：统筹能源绿色低碳转型和能源供应安全保障，提高适应经济社会发展以及各种极端情况的能源供应保障能力，优化能源储备设施布局，完善煤电油气供应保障协调机制。……完善煤炭、石油、天然气产供储销体系。

（二）加大勘探开发力度

《2022年能源工作指导意见》：持续提升油气勘探开发力度。落实"十四五"规划及油气勘探开发实施方案，压实年度勘探开发投资、工作量，加快油气先进开采技术开发应用，巩固增储上产良好势头，坚决完成2022年原油产量重回2亿吨、天然气产量持续稳步上产的既定目标。……统筹国内外能源资源，适应能源市场变化，充分考虑可能面临的风险和极端天气，适度超前布局能源基础设施，加大储备力度，保持合理裕度，化解影响能源安全的各种风险挑战。

《关于做好2022年降成本重点工作的通知》：继续做好能源、重要原材料保供稳价工作，保障民生和企业正常生产经营用电。增强国内资源生产保障能力，加快油气、矿产等资源勘探开发，保障初级产品供给。

《"十四五"扩大内需战略实施方案》：增强国内生产供应能力。加大油气勘探开发投入，保持原油和天然气稳产增产。做好煤制油气战略基地规划布局和管控。……加强能源基础设施建设。加快全国干线油气管道建设集约布局、有序推进液化天然气接收站和车船液化天然气加注站规划建设。

《2022年能源监管工作要点》：依据"十四五"能源规划，跟踪关注重要输电通道、油气管道及互联互通、大型煤矿、水电站、核电站、天然气储气设施等工程项目推进情况，及时发现项目推进中的突出问题。……强化油气管网设施公平开放监管。加强对管网设施运营企业的监管，督促管网设施运营企业严格按要求做好公平开放服务的申请与受理等工作，及时公开受理标准和受理结果，不断提升服务质量和水平。推动管输服务合同标准化，加强LNG接收站合同签订和保供履约情况监管，督促企业履行社会责任。继续做好管网设施信息公开和信息报送工作，优化企业网上信息公开和信息报送内容，提高信息报送的及时性、准确性和完整性。

《国家能源局 2022 年深化"放管服"改革优化营商环境重点任务分工方案》：推动油气管网基础设施公平开放。指导督促油气管网设施运营企业依法依规向符合开放条件的用户提供油气输送、存储、气化、装卸、转运等服务，公开油气管网设施基础信息、剩余能力、服务条件、技术标准、价格标准、申请和受理流程、用户需提交的书面材料目录、保密要求等，简化办理环节、压缩办理时间，提高开放服务受理效率。

《"十四五"现代能源体系规划》：油气勘探开发。立足四川盆地、塔里木盆地、鄂尔多斯盆地、准噶尔盆地、松辽盆地、渤海湾盆地、柴达木盆地等重点盆地，加强中西部地区和海域风险勘探，强化东部老区精细勘探。推动准噶尔盆地玛湖、吉木萨尔页岩油，鄂尔多斯盆地页岩油、致密气，松辽盆地大庆古龙页岩油，四川盆地川中古隆起、川南页岩气，塔里木盆地顺北、富满、博孜—大北，鄂西、陕南、滇黔北页岩气，海域渤中、垦利、恩平等油气上产工程。加快推进四川盆地"气大庆"、塔里木盆地"深层油气大庆"、鄂尔多斯亿吨级"油气超级盆地"等标志性工程。加强沁水盆地、鄂尔多斯盆地东缘煤层气勘探开发。开展南海等地区天然气水合物试采。……打造华北、东北、西南、西北等数个百亿立方米级地下储气库群。优先推进重要港址已建、在建和规划的 LNG 接收站项目。……加快天然气长输管道及区域天然气管网建设，推进管网互联互通，完善 LNG 储运体系。到 2025 年，全国油气管网规模达到 21 万千米左右。

（三）政策解读

2021 年以来，中国经济持续稳定恢复，能源消费超预期增长，超出了能源供应链的弹性范围，导致部分地区煤炭、电力供应时段性紧张。按照党中央、国务院部署，国家发展改革委、国家能源局会同有关方面采取了多项应对措施，强化天然气产供储销衔接，促进能源供应总体稳定，有力保障了经济社会平稳运行，有效保障人民群众温暖过冬。

保障安全是能源发展的首要任务。"十四五"时期，中国将加快构建新发展格局，新型工业化和城镇化深入推进，扩大内需战略深入实施，能源消费仍将刚性增长，能源保供的压力持续存在，我们将坚持"立足国内、补齐短板、多元保障、强化储备"的原则，以保障安全为前提构建现代能源体系，加强能源自主供给能力建设，确保能源供需形势总体平稳有序。

着力增强能源供应能力，统筹推动非化石能源发展和化石能源清洁利用，把供给能力建设摆在首位。加快完善能源产供储销体系，提升能源资源配置能力，做好电网、油气管网等能源基础设施建设，特别是加强电力和油气跨省跨区输送通道建设。要坚持基础设施"全国一张网"统筹规划、适度先行，发挥基础设施促投资、稳增长作用，发挥基础设施对天然气市场培育和完善引导作用。加大油气增储上产力度，重点推进地下储气库、LNG接收站等储气设施建设，提升能源供应能力弹性。

天然气行业高质量发展应以安全稳定供应为基础，保障供气安全是天然气利用政策体系构建的首要考量。对此，提出提升天然气供应保障能力的政策建议：

一是围绕需求侧进一步加强政策引导。"双碳"目标下，天然气将在中国能源体系中发挥更加重要的作用，与此同时，资源禀赋决定了中国仍需要在开放的全球市场条件下实现天然气的规模利用。对中国天然气行业而言，在坚决夯实自主保障能力的基础上，需要重视需求侧引导和优化，努力构建结构合理、节能高效、富有弹性的需求侧，打造供需协调的产业链。

二是构建稳定、多元、有弹性、韧性强的进口天然气供应体系。统筹规划中国中长期天然气进口战略，按照"海陆平衡、长短结合、留有余量、分散多元"的原则，进一步优化全国进口资源池配置，构建稳定、多元、有弹性、韧性强的进口天然气供应体系。加强政府间协同合作，推动东北亚地区LNG接收站等基础设施共享，加强国家间信息共享，增强市场流动性和信息透明度，有效提升区域能源安全水平。

三是强化多种能源协同保供理念，进一步完善能源跨部门联合保供机制。增加冬季煤炭供应和储备，做好柴油应急储备，在天然气用气高峰时充分发挥煤炭的兜底保障作用和柴油的补位作用，确保民生用能安全。此外，加快推进地热等低碳资源在供暖领域的发展，缓解冬季天然气调峰的压力。

二、绿色发展类

（一）推进能源绿色低碳发展

《能源碳达峰碳中和标准化提升行动计划》：

需求牵引、重点推进。紧密围绕党中央、国务院重大决策部署，切实支撑能源领域做好碳达峰、碳中和工作，突出重点推进能源绿色低碳转型、技术创新、能效提升和产业链碳减排等直接相关领域标准化。

共性先立、急用先行。加快推进能源绿色低碳转型和碳减排相关共性基础标准制修订，抓紧完善能源碳达峰急需标准，进一步提升节能降碳标准要求和标准质量，有效满足能源转型标准需求。

协同联动，务求实效。围绕能源绿色低碳转型发展需求，坚持技术研发、标准研制与产业发展协同联动，切实发挥标准在协同创新、成果转化过程中的引领、支撑和规范作用。

系统布局，协调一致。系统谋划布局涵盖能源领域碳达峰、碳中和全产业链标准体系，统筹推进能源行业标准与国家、团体相关标准协调一致的新型标准体系建设。

（二）促进油气清洁高效开发利用

《关于完善能源绿色低碳转型体制机制和政策措施的意见》：完善油气清洁高效利用机制。提升油气田清洁高效开采能力，推动炼化行业转型升级，加大减污降碳协同力度。完善油气与地热能以及风能、太阳能等能源资源协同开发机制，鼓励油气企业利用自有建设用地发展可再生能源和建设分布式能源设施，在油气田区域内建设多能融合的区域供能系统。持续推动油气管网公平开放并完善接入标准，梳理天然气供气环节并减少供气层级，在满足安全和质量标准等前提下，支持生物燃料乙醇、生物柴油、生物天然气等清洁燃料接入油气管网，探索输气管道掺氢输送、纯氢管道输送、液氢运输等高效输氢方式。鼓励传统加油站、加气站建设油气电氢一体化综合交通能源服务站。加强二氧化碳捕集利用与封存技术推广示范，扩大二氧化碳驱油技术应用，探索利用油气开采形成地下空间封存二氧化碳。

（三）构建能源低碳标准体系

《能源碳达峰碳中和标准化提升行动计划》：

到 2025 年，初步建立起较为完善、可有力支撑和引领能源绿色低碳转型的能源标准体系，能源标准从数量规模型向质量效益型转变，标准组织体系进一步完善，能源标准与技术创新和产业发展良好互动，有效推动能源绿色低碳转型、节能降碳、技术创新、产业链碳减排。

——制定一批新兴技术和产业链碳减排相关技术标准，健全相关标准组织体系，实现能源领域碳达峰产业链相关环节标准全覆盖。

——修订一批常规能源生产转化和输送利用能效相关标准，提升标准要求和水平，助推和规范资源综合利用、能效提升。

到 2030 年，建立起结构优化、先进合理的能源标准体系，能源标准与技术创新和产业转型紧密协同发展，能源标准化有力支撑和保障能源领域碳达峰、碳中和。

……

组织推进煤炭、石油和天然气绿色高效生产转化和利用相关标准制修订。重点推动煤炭清洁高效生产、利用和石油炼化等领域节能降碳相关标准提升，进一步提升煤电、煤炭深加工能效相关标准，完善和提升石油炼化能效相关标准。

进一步提升煤炭和油气相关资源综合利用标准水平，完善煤矸石、粉煤灰和尾矿综合利用相关技术标准，加强煤炭和油气开发、转化、储运等环节余热、余压和冷能等资源回收利用相关标准要求。推动完善煤炭和油气开发生态环境治理相关标准。

……

与国家标准协调加快构建能源领域碳减排标准化管理、顶层设计和标准体系。研究制定能源分行业产业链碳足迹核算标准，完善能源领域碳排放核算核查、碳减排量化评估、减污降碳控制监测等标准，研究开展能源装备重要产品全生命周期碳足迹标准研制。服务建立国家碳市场机制需求，加快能源企业碳交易、抵消机制等关键标准研制。

《"十四五"能源领域科技创新规划》：积极实施标准化战略，大力推进技术专利化、专利标准化、标准产业化。持续深化标准化工作改革，完善能源标准化管理体制机制。进一步加强能源标准化顶层设计，加快能源领域新型标准体系建设。坚持能源标准化与技术创新、工程示范一体化推进，强化标准实施监督，以高标准支撑引领能源高质量发展。积极培育发展团体标准，突出行业标准公益属性，着力提升能源标准质量。建设能源标准化信息平台，推动能源行业标准公开。大力推进能源标准国际化，加快能源"走出去"亟须标准的翻译，进一步推动技术标准交流合作和中外标准互认，提升中国标准海外影响力。积极培养能源标准化人才队伍，支持能源企业及标准化机构参与国际标准化工作。

（四）促进交通运输领域清洁能源替代

《关于完善能源绿色低碳转型体制机制和政策措施的意见》：完善交通运输领域能源清洁替代政策。推进交通运输绿色低碳转型，优化交通运输结构，推行绿色低碳交通设施装备。推行大容量电气化公共交通和电动、氢能、先进生物液体燃料、天然气等清洁能源交通工具，完善充换电、加氢、加气（LNG）站点布局及服务设施，降低交通运输领域清洁能源用能成本。

《"十四五"现代能源体系规划》：构建绿色低碳交通运输体系，优化调整运输结构，大力发展多式联运，推动大宗货物中长距离运输"公转铁""公转水"，鼓励重载卡车、船舶领域使用LNG等清洁燃料替代，加强交通运输行业清洁能源供应保障。

（五）政策解读

"十四五"是碳达峰的关键期、窗口期，能源绿色低碳发展是关键，重点就是做好增加清洁能源供应能力的"加法"和减少能源产业链碳排放的"减法"，推动形成绿色低碳的能源消费模式，到2025年，将非化石能源消费比重提高到20%左右。国家政策主要集中于如下几个方面：

一是推动重点行业转变用能方式。重点围绕工业、建筑、交通等行业领域，提出电价、分布式电力交易、国土空间保障等支持政策，推动提升终端用能低碳化和电气化水平，控制化石能源消费。在工业领域，推动企业形成低碳、零碳能源消费模式，鼓励通过创新电力输送及运行方式实现可再生能源电力项目就近向产业园区或企业供电，以及企业等通过电力市场购买绿色电力。在交通领域，推行大容量电气化公共交通和电动、氢能、先进生物液体燃料、天然气等清洁能源交通工具，完善充换电、加氢、加气（LNG）站点布局及服务设施，在土地空间等方面予以支持。

二是大力推进化石能源清洁开发利用。强调化石能源清洁开发利用和减污降碳的重要性，提升油气田清洁高效开采能力，完善油气与地热能以及风能、太阳能等协同开发机制。特别是"双碳"目标下，天然气需要进一步发挥其低碳、灵活等多元优势，利用方向由清洁替代扩展至减污降碳协同替代、支撑新能源规模发展，最终实现集中式利用深度降碳，有效支撑中国能源转型。因此，促进天然气与新能源融合发展是未来天然气利用的主要方向，政策体系应鼓励天然气在供气安全有保障的前提下用以支撑新能源发展，进一步完善促进天然气与新能源融合发展的机制设计与配套政策，促进天然气与新能源高质量融合利用。

三是推动适应绿色低碳转型的能源基础设施建设。能源绿色低碳转型，需要适应新型能源系统的电网、管网等基础设施。在油气方面，在满足安全等前提下，支持清洁燃料接入油气管网，探索输气管道掺氢输送等高效输氢方式。鼓励传统加油站、加气站建设油气电氢一体化综合交通能源服务站。在综合能源等新业态方面，探索同一市场主体运营多能互补、多能联供区域综合能源系统，电网企业、燃气供应企业应为综合能源服务运营企业提供支持。在工业、城市燃气、交通等领域持续推动天然气替代高碳燃料，支撑中国经济社会发展全面绿色转型；明确天然气发电在构建新型电力系统中的关键支撑作用，鼓励配合可再生能源灵活运行的气电发展，支持油气企业利用天然气资源、土地资源和地下储层空间优势开展"风光气（氢）储"新能源大基地建设。推动多场景的"天然气+可再生能源"一体化多能互补项目建设；规模推动"地热+天然气"等低碳供暖模式应用；推进"天然气+CCUS"在电力、工业等领域的规模化深度脱碳应用，结合新能源在建筑、工业、交通等领域的替代速度，逐步减少天然气分散式利用。

三、科技创新类

（一）能源技术创新

《"十四五"能源领域科技创新规划》：开展纳米驱油、二氧化碳驱油、精细化勘探、智能化注采等关键核心技术攻关，提升低渗透老油田、高含水油田以及深层油气等陆上常规油气的采收率和储量动用率；推动深层页岩气、非海相非常规天然气、页岩油和油页岩勘探开发技术攻关，研发天然气水合物试采及脱水净化技术装备；突破输运、炼化领域关键瓶颈技术，提升油气高效输运技术能力，完善下游炼化高端产品研发体系。健全实施监测项目信息报送、定期评估和动态调整机制，确保能源领域科技创新任务"攻关有主体、落地有项目、进度可追踪、动态化调整"。发挥地方能源主管部门组织实施主体及能源企业、科研院所创新主体作用，推动科技与金融紧密结合，实现规划、任务、项目、资源、政策一体化融通衔接。

《2022年能源工作指导意见》：持续推动能源短板技术装备攻关，重点推动燃气轮机、油气、特高压输电、控制系统及芯片等重点领域技术攻关。推进深远海海上风电技术创新和示范工程建设，探索集中送出和集中运维模式。加快新型储能、氢能等低碳零碳负碳重大关键技术研究。……围绕新型电力系统、新型储能、氢能和燃料电池、碳捕集利用与封存、能源系统数字化智能化、能源系统安全6大重点领域，增设若干创新平台。开展创新平台优化整改工作，积极承担国家能源科技创新任务。开展2022年度能源领域首台套技术装备评定并推广示范应用。完善依托工程推动能源技术装备创新和示范应用的政策措施。

（二）能源系统数字化智能化升级

《"十四五"能源领域科技创新规划》：推动煤炭、油气、电厂、电网等传统行业与数字化、智能化技术深度融合，开展各种能源厂站和区域智慧能源系统集成试点示范，引领能源产业转型升级。……针对发电装备、油气田工艺设备、输送管道、柔性输变电等能源关键设备,开展三维精细化建模、数理与机理结合的自适应建模、状态参数云图重构、多物理场信息集成等关键技术研究,构建包括设备状态人工智能预测、性能与安全风险智能诊断、人机交互虚拟仿真预测的数字孪生系统。……建立能源大数据模型,支撑构建海量并发、实时共享、开放服务的能源大数据中心,开展能源数据资源的集成和安全共享技术研究,深化应用推广新能源云,全面接入煤、油、气、电等能源数据,打造新型能源数字经济平台。……研发油气勘探开发一体化智能云网平台、地上地下一体化智能生产管控平台、油气田地面绿色工艺与智能建设优化平台等关键技术系列及配套装置,开展新一代数字化油田示范和低成本绿色安全的地面工艺关键技术示范,实现科研、设计、生产、经营与决策一体化、智能化和绿色化。搭建炼化企业资源全流程价值链优化平台以及基于泛在感知、生产操作监控、运营决策与执行的生产智能运营平台,开展基于工业互联网平台的智能炼厂工业应用示范。

《2022年能源工作指导意见》:积极发展能源新产业新模式。加快"互联网+"充电设施建设,优化充电网络布局。……加快能源系统数字化升级。积极开展煤矿、油气田、管网、电网、电厂等领域设备设施、工艺流程的智能化升级。推动分布式能源、微电网、多能互补等智慧能源与智慧城市、园区协同发展。加强北斗系统、5G、国密算法等新技术和"互联网+安全监管"智能技术在能源领域的推广应用。适应数字化、自动化、网络化能源基础设施发展,建设智能调度体系,实现源网荷互动、多能协同互补及用能需求智能调控。实施"区块链+能源"创新应用试点。

《"十四五"现代能源体系规划》:智能油气管网。油气管网全数字化移交、全智能化运营、全生命周期管理等示范应用。……勘探开发一体化智能云网平台、地上地下一体化智能生产管控平台、油气田地面绿色工艺与智能建设优化平台等技术装备及示范应用。

(三)政策解读

"十四五"以来,在能源革命和数字革命双重驱动下,全球新一轮科技革命和产业变革方兴未艾,能源科技创新进入持续高度活跃期。但与此同时,中国能源科技创新水平与世界能源科技强国和引领能源革命的内在要求相比还存在明显差距。中国必须充分发挥科技创新引领能源发展第一动力作用，立足能源产业需求，着眼能源发展未来，健全科技创新体系，夯实科技创新基础，突破关键技术瓶颈，为推动能源技术革命，构建清洁低碳、安全高效的能源体系提供坚强保障。相关政策措施从以下两个方面展开：

一是能源技术创新方面。一方面加强理论、装备和技术创新。加强陆上深层油气成藏地质理论研究，突破井下高温高压随钻测控、旋转导向钻井等核心技术装备，进一步提高天然气长输管线压缩机组和LNG产业链关键装备等技术水平。要狠抓绿色低碳技术攻关，提出聚焦增强油气安全保障能力，开展常规油气和非常规油气勘探开发、输运和炼化领域相关关键核心技术攻关，有效支撑油气勘探开发和天然气产供销体系建设。突破燃气轮机相关瓶颈技术，提升燃气发电技术水平。加强水下生产系统及深水半潜式生产平台等装备研发，强化油气基础设施科技创新。另一方面，完善能源科技创新体系，整合优化科技资源，实行"揭榜挂帅"等制度，引导各类社会资本投资于能源科技创新领域。推动国家重大科技项目实施，优化科技管理运行机制，构建以市场导向为主的油气技术创新体系，全面提高油气生产水平和行业竞争力。

二是能源系统数字化智能化升级方面。提出聚焦新一代信息技术和能源融合发展，开展能源领域用数字化、智能化共性关键技术研究，推动煤炭、油气、电厂、电网等传统行业与数字化、智能化技术深度融合，开展各种能源厂站和区域智慧能源系统集成试点示范，引领能源产业转型升级。提高行业数字化、智能化水平。推动智能油气田建设，逐步实现"实时监控、智能诊断、自动处置、智能优化"的油田业务新模式。

四、能源治理类

（一）加强能源法制建设，深化能源领域监管

《关于完善能源绿色低碳转型体制机制和政策措施的意见》：制定煤制油气技术储备支持政策。……加强能源领域监管。加强对能源绿色低碳发展相

关能源市场交易、清洁低碳能源利用等监管，维护公平公正的能源市场秩序。稳步推进能源领域自然垄断行业改革，加强对有关企业在规划落实、公平开放、运行调度、服务价格、社会责任等方面的监管。健全对电网、油气管网等自然垄断环节企业的考核机制，重点考核有关企业履行能源供应保障、科技创新、生态环保等职责情况。创新对综合能源服务、新型储能、智慧能源等新产业新业态监管方式。……健全能源预测预警机制。加强全国以及分级分类的能源生产、供应和消费信息系统建设，建立跨部门跨区域能源安全监测预警机制，各省（自治区、直辖市）要建立区域能源综合监测体系，电网、油气管网及重点能源供应企业要完善经营区域能源供应监测平台并及时向主管部门报送相关信息。加强能源预测预警的监测评估能力建设，建立涵盖能源、应急、气象、水利、地质等部门的极端天气联合应对机制，提高预测预判和灾害防御能力。健全能源供应风险应对机制，完善极端情况下能源供应应急预案和应急状态下的协同调控机制。

《2022年能源工作指导意见》：强化立法、规划、改革和监管的作用，加强能源形势监测预测，不断完善能源治理制度，增强能源治理效能。……加快能源立法和规划实施。推动能源法制定，推进电力法、可再生能源法、煤炭法、石油储备条例制修订。……加强规划政策衔接协同，强化能源规划、政策和重大项目实施情况监管，推进政策落地见效。结合新形势新要求，加强落实能源安全新战略的政策储备研究。……加大能源监管力度。深化电网、油气管网等自然垄断环节监管，加大公平开放、调度交易、价格成本、合同履约、电网代购电等方面的监管力度，加强电煤库存、非计划停机、机组出力受阻、有序用电的监管。强化能源行政执法工作，健全完善监管执法体系，严肃查处用户受电工程"三指定"、向虚拟货币"挖矿"项目违法供电等行为。充分发挥12398能源监管热线作用，畅通互联网等投诉举报新途径，及时研究解决人民群众反映的突出问题。

《2022年能源监管工作要点》：加强能源市场运行监测分析与监管。坚持底线思维，增强风险意识，严格执行重要监管事项报告制度，充分发挥派出机构"派"的权威和"驻"的优势，了解掌握电煤、电力、天然气等能源市场动态变化，及时发现能源发展中存在的苗头性、倾向性、潜在性问题。各派出机构要加强与地方政府相关部门的会商研判,督促能源企业落实防范化解市场供应风险主体责任,并在职责范围内采取切实可行的措施,做到尽早发现、及时报告、妥善处置,保障能源市场运行平稳有序。

(二)激发市场主体活力,持续优化营商环境

《2022年能源工作指导意见》:深化重点领域市场化改革。……完善电力调度交易机制,推动电网和油气管网设施公平开放。支持引导省级管网以市场化方式融入国家管网,积极推进油气干线管道建设和互联互通,推动省级管网运营企业运销分离,鼓励用户自主选择供气路径和供气主体。

《2022年能源监管工作要点》:积极推进天然气市场体系建设。稳步推进地方天然气管网运营机制改革,加快实现管网运销分离,引导和推进省级管网公司以市场化方式融入国家管网公司。完善天然气管网设施公平开放制度,制定天然气管网设施托运商准入规则和天然气管网设施容量分配规则,丰富容量服务产品,规范交易方式,促进形成上游资源多主体多渠道供应、下游销售市场充分竞争的市场体系。积极推动储气库库容市场化交易,不断完善储气调峰辅助服务市场机制。

(三)优化能源发展布局,推动能源协调发展

《"十四五"扩大内需战略实施方案》:优化区域产业产能布局。优化石化化工等重要基础性产业规划布局,严格控制建设高耗能、高排放项目。完善产业结构调整指导目录、西部地区鼓励类产业目录等,支持引导中西部和东北地区依托资源要素禀赋,在充分考虑资源环境承载能力基础上承接国内产业梯度转移。加强对重大生产力布局的统一规划和宏观指导,防止盲目投资和重复建设。

(四)政策解读

全球能源形势动荡,为进一步加强能源治理以保障能源安全,中国主要从以下三个方面增强能源治理效能:

一是加强能源法制建设,深化能源领域监管。完善能源法律法规体系,

建立以能源法为统领，以煤炭、电力、石油天然气、可再生能源等领域单项法律法规为支撑，以相关配套规章为补充的能源法律法规体系。加强能源事中事后监管，增强风险预警，建立健全油气供需预警机制，还要做好预案、加强演练，提高快速响应和能源供应快速恢复能力。

二是健全能源转型市场化机制，持续优化营商环境。深化能源领域"放管服"改革，充分激发市场主体活力，优化推动油气领域体制机制改革向纵深发展。强化天然气市场建设，不断健全自身市场体系，建立完善的市场规则标准，提升能源服务水平，优化营商环境。可以从如下三个方面进一步健全天然气市场机制：（1）明确天然气产业链各市场主体在应急调峰体系中的责任和义务，建立健全能反映天然气价值的市场机制，这是推进中国天然气行业健康可持续发展的重要基础。（2）短期内对调峰燃气发电推行"两部制"电价，以容量电价保障燃机的基本收益，通过参与电力辅助服务市场，尤其是填补目前电网急需的调峰能力，实现一定增量收益。（3）加快形成容量市场/辅助服务市场、电量市场、政策性市场（碳市场、碳税等）协调统一的电力市场架构，完善天然气价格与上网电价联动调整机制。（4）考虑到长距离输电成本比输气低，储气成本比储电成本低，可依托西部气田建设调峰气电，完善西电东送规划布局，以较低的储气调峰成本，支撑高比例低碳零碳电力的平稳外送，逐步完善用户参与的辅助服务分担共享机制。

三是优化能源发展布局，推动能源协调发展。受能源资源禀赋影响，能源生产消费逆向分布特征明显。以"胡焕庸线"为近似分界线，中东部地区能源消费量占全国比重超过70%，生产量占比不足30%，重要的能源基地主要分布在西部地区，形成了"西电东送、北煤南运、西气东输"的能源流向格局。为进一步推动能源协调发展，中国对能源生产布局和输送格局作出如下统筹安排：一是加快西部清洁能源基地建设。西部地区化石能源和可再生能源资源都比较丰富，要继续发挥好对国家能源安全的战略支撑作用，要坚持走绿色低碳发展道路，把发展重心转移到清洁能源产业。二是提升中东部地区能源清洁低碳发展水平。以京津冀及周边地区、长三角、粤港澳大湾区等为重点，加快发展分布式新能源、沿海核电、海上风电等，推动更多依靠清洁能源提升本地能源自给率，开展能源生产消费绿色转型示范。三是强化区域间资源优化配置。优化能源输送格局，统筹布局新增电力流，充分挖掘存量通道的输送潜力，到 2025 年，"西电东送"能力达到 3.6 亿千瓦以上。新建输电通道可再生能源电量比例原则上不低于 50%。

五、天然气价格类

（一）气化服务价格

《完善进口液化天然气接收站气化服务定价机制的指导意见》：

最高气化服务价格按照"准许成本加合理收益"的方法制定，即通过核定气化服务成本、监管准许收益确定准许收入，再除以气化量进而核定气化服务价格。新建接收站投产运营初期，可参照可行性研究报告核定临时价格。

气化服务成本包括与气化服务相关的折旧及摊销费、运行维护费等，通过成本监审核定。对于一省份有多个接收站且各站成本相差不大的，可将平均成本确定为准许成本。准许收益按有效资产乘以准许收益率计算确定。有效资产指企业投资的、与气化服务相关的可计提收益的资产，由固定资产净值、无形资产净值和营运资本构成。准许收益率由省级价格主管部门统筹考虑区域经济发展水平、行业发展需要、用户承受能力等因素确定，原则上不超过 8%。

气化服务与其他服务共用的成本和资产，应当根据成本动因，按照业务量比例、固定资产原值比例、收入比例等方法进行合理分摊。接收站气化量据实核定，但实际气化量低于政府核定气化能力 60% 的，原则上按政府核定气化能力的 60% 确定。

（二）政策解读

接收站是进口液化天然气资源的重要通道，2015 年接收站气化服务价格由中央下放至省级价格主管部门制定。近年来，随着国家油气管网运营机制改革持续推进，接收站逐步向第三方开放，但由于缺乏统一明确的气化服务定价方法，加之一些省份接收站气化服务价格多年不调整，不利于接收站公平开放。对此，各方面普遍希望国家层面出台指导意见，指导各地完善定价机制，规范定价行为。

《完善进口液化天然气接收站气化服务定价机制的指导意见》明确了气化服务价格的定义及内涵，对定价方式、方法、校核周期、其他衍生服务价格管理等内容做了规范，该政策可以概括为"四个统一"和"一个明确"：一是统一定价方式。气化服务价格由政府定价转为政府指导价，实行最高上限价格管理。鼓励实行"一省份一最高限价"。二是统一定价项目。气化服务价格包括液化天然气接卸、临时存储、气化等相关费用，除不具备沿线开口分输的短途管道外，其他外输管道运输价格原则上从气化服务价格中剥离。三是统一定价方法。按"准许成本加合理收益"方法制定最高气化服务价格。四是统一重要参数。对准许收益率、实际气化量核定等提出原则性要求。五是明确价格校核周期。最高气化服务价格原则上三年校核一次。

将气化服务价格由政府定价转为政府指导价，可以在保持政府监管的前提下，赋予接收站一定的定价自主权，建立更加灵活、更有弹性的价格机制，有利于激发接收站积极性，更好发挥价格杠杆调节供需的积极作用。鼓励实行"一省份一最高限价"，有利于通过标杆价格方式，引导接收站合理定价，从长远看，也有利于促进天然气行业上游统一大市场形成。该政策是国家首次专门就接收站气化服务价格制定的政策文件，为各地制定和调整气化服务价格提供了标准和参照，有利于指导各地进一步完善价格机制，规范定价行为，合理制定价格水平，推动形成有序竞争的市场环境，助力接收站公平开放，促进天然气行业高质量发展，保障国家能源安全。

地方天然气政策

2022 年，地方政府发布天然气行业相关的政策共 39 项，主要涉及天然气价格、发电上网、管网运输等。2022 年地方天然气相关政策如表 19 所示。

表19 2022 年地方天然气相关政策清单

省市	文件名称	发布日期
北京	《关于调整本市非居民用天然气销售价格的通知》	2022-10-31
	《北京市"十四五"时期能源发展规划》	2022-04-01
上海	《关于调整本市非居民天然气销售基准价格的通知》	2022-11-16
	《关于本市非居民天然气用户上下游价格联动机制的通知》	2022-09-20
	《上海市石油天然气管道保护行政处罚裁量基准》	2022-11-04
	《上海市石油天然气管道保护办法》	2022-01-30
天津	《关于公布 2022—2023 年采暖季城市燃气管网非居民天然气销售价格的通知》	2022-11-29
	关于印发《天津市城市燃气管网非居民天然气上下游价格联动机制实施方案（试行）》的通知	2022-09-15
	《关于公布非居民管道天然气销售价格的通知》	2022-05-12
	《关于做好燃气价格管理保障燃气管道安全运行有关事项的通知》	2022-01-10
	关于印发《天津市石油天然气长输管道事故应急预案》的通知	2022-09-23
重庆	《关于天然气发电上网电价有关事项的通知》	2022-08-09
	《关于调整 2022 年中心城区非采暖季天然气销售价格的通知》	2022-04-30
贵州	《关于贵州天然气管网有限责任公司天然气输气管道试行运输价格的通知》	2022-12-06
	《关于切实做好 2022—2023 年采暖季非居民用气保供稳价工作的通知》	2022-11-01
	《关于切实做好今冬明春采暖季居民生活用气保供稳价工作的通知》	2022-10-18
	《贵州省石油天然气管道建设和保护条例》	2022-06-01
湖南	《关于明确 2022 年度淡季非居民用气销售价格的通知》	2022-04-01

续表

省市	文件名称	发布日期
江苏	《关于核定江苏省天然气有限公司管道运输价格的通知》	2022-10-14
	《关于加强进口液化天然气接收站气化服务价格管理的通知》	2022-09-13
山东	《关于天然气发电价格政策有关事项的通知》	2022-03-02
陕西	关于印发《陕西省天然气管道运输和配气价格管理办法》的通知	2022-03-02
浙江	关于贯彻《国家发展改革委关于完善进口液化天然气接收站气化服务定价机制的指导意见》的通知	2022-09-13
安徽	《关于印发安徽省"十四五"油气发展规划的通知》	2022-07-28
福建	关于制定《福州市天然气价格联动机制实施细则（试行）》的通知	2022-01-27
山西	《关于印发山西省推进资源型地区高质量发展"十四五"实施方案的通知》	2022-03-09
四川	《关于天然气发电上网电价有关事项的通知》	2022-10-11
	《关于托育机构水电气价格政策有关事项的通知》	2022-05-13
青海	《关于进一步做好城镇供水供电供气供暖行业不合理收费清理规范有关工作的通知》	2022-05-09
	关于印发《青海省"十四五"能源发展规划2022年度实施方案》的通知	2022-07-20
	《关于印发青海省城市燃气管道等老化更新改造实施方案（2022—2025年）的通知》	2022-11-08
湖北	《关于印发湖北省能源发展"十四五"规划的通知》	2022-05-09
	《关于清理规范省内天然气接收站"背靠背"收费有关事项的通知》	2022-09-02
海南	《关于国家管网集团海南省管网有限公司省内短途天然气管道运输价格的通知》	2022-09-28
	关于印发《海南省天然气短途管道运输价格管理办法（试行）》的通知	2022-06-22
内蒙古	《关于调整管道天然气终端销售价格的通知》	2022-04-28
	《关于明确天然气销售价格的通知》	2022-04-07
	《关于调整2022—2023年供暖季非居民用天然气销售价格的通知》	2022-11-01
新疆	关于印发《自治区天然气短途管道运输价格管理办法（暂行）》的通知	2022-02-24

数据来源：各省市政府、发展改革委网站。

采用内容分析法对 2022 年地方天然气政策进行分析,借助 Nvivo11 软件,可视化体现政策重点,如图 33 所示。

图 33 地方天然气相关政策词云图

由图 33 可以看出,"天然气价格""天然气管输"是政策关注的重点。地方天然气政策可分为两类:天然气销售价格类政策和天然气管道管理类政策。其中,"短途""联动"和"周期",体现了 2022 年的政策走向,同时新加入的关键词"气化"体现了 2022 年气化服务价格的新政策。为了深入解读政策,结合词云图,对各省市天然气相关政策进行分类,如表 20 所示。

表 20　2022 年地方天然气相关政策分类表

政策主题	政策分类	文件名称	发布时间
天然气价格	气化服务价格	江苏:《关于加强进口液化天然气接收站气化服务价格管理的通知》	2022-09-13
		浙江:关于贯彻《国家发展改革委关于完善进口液化天然气接收站气化服务定价机制的指导意见》的通知	2022-09-13
	非居民用气价格	北京:《关于调整本市非居民用天然气销售价格的通知》	2022-10-31
		上海:《关于调整本市非居民天然气销售基准价格的通知》	2022-11-16

续表

政策主题	政策分类	文件名称	发布时间
天然气价格	非居民用气价格	上海:《关于本市非居民天然气用户上下游价格联动机制的通知》	2022-09-20
		天津:《关于公布2022—2023年采暖季城市燃气管网非居民天然气销售价格的通知》	2022-11-29
		天津:关于印发《天津市城市燃气管网非居民天然气上下游价格联动机制实施方案(试行)》的通知	2022-09-15
		天津:《关于公布非居民管道天然气销售价格的通知》	2022-05-12
		重庆:《关于调整2022年中心城区非采暖季天然气销售价格的通知》	2022-04-30
		贵州:《关于切实做好2022—2023年采暖季非居民用气保供稳价工作的通知》	2022-11-01
		湖南:《关于明确2022年度淡季非居民用气销售价格的通知》	2022-04-01
		内蒙古:《关于调整管道天然气终端销售价格的通知》	2022-04-28
		内蒙古:《关于调整2022—2023年供暖季非居民用天然气销售价格的通知》	2022-11-01
		福建:关于制定《福州市天然气价格联动机制实施细则(试行)》的通知	2022-01-27
	居民用气价格	重庆:《关于调整2022年中心城区非采暖季天然气销售价格的通知》	2022-04-30
		贵州:《关于切实做好今冬明春采暖季居民生活用气保供稳价工作的通知》	2022-10-18
		福建:关于制定《福州市天然气价格联动机制实施细则(试行)》的通知	2022-01-27
天然气发电		重庆:《关于天然气发电上网电价有关事项的通知》	2022-08-09
		山东:《关于天然气发电价格政策有关事项的通知》	2022-03-02
		四川:《关于天然气发电上网电价有关事项的通知》	2022-10-11
		四川:《关于托育机构水电气价格政策有关事项的通知》	2022-05-13
天然气管输	管输价格	贵州:《关于贵州天然气管网有限责任公司天然气输气管道试行运输价格的通知》	2022-12-06
		江苏:《关于核定江苏省天然气有限公司管道运输价格的通知》	2022-10-14

续表

政策主题	政策分类	文件名称	发布时间
天然气管输	管输价格	陕西:关于印发《陕西省天然气管道运输和配气价格管理办法》的通知	2022-03-02
		海南:《关于国家管网集团海南省管网有限公司省内短途天然气管道运输价格的通知》	2022-09-28
		海南:关于印发《海南省天然气短途管道运输价格管理办法(试行)》的通知	2022-06-22
		新疆:关于印发《自治区天然气短途管道运输价格管理办法(暂行)》的通知	2022-02-24
		湖北:《关于清理规范省内天然气接收站"背靠背"收费有关事项的通知》	2022-09-02
	管网保护	上海:《上海市石油天然气管道保护办法》	2022-01-30
		上海:《上海市石油天然气管道保护行政处罚裁量基准》的通知	2022-11-01
		天津:关于印发《天津市石油天然气长输管道事故应急预案》的通知	2022-09-23
		贵州:《贵州省石油天然气管道建设和保护条例》	2022-06-01
		青海:《关于印发青海省城市燃气管道等老化更新改造实施方案(2022—2025年)的通知》	2022-11-08
	其他	安徽:《关于印发安徽省"十四五"油气发展规划的通知》	2022-07-28
		山西:《关于印发山西省推进资源型地区高质量发展"十四五"实施方案的通知》	2022-03-09
		青海:《关于进一步做好城镇供水供电供气供暖行业不合理收费清理规范有关工作的通知》	2022-05-09
		青海:关于印发《青海省"十四五"能源发展规划2022年度实施方案》的通知	2022-07-20
		湖北:《关于印发湖北省能源发展"十四五"规划的通知》	2022-05-09
		天津:《关于做好燃气价格管理保障燃气管道安全运行有关事项的通知》	2022-01-10
		北京:《北京市"十四五"时期能源发展规划》	2022-04-01

一、天然气价格政策

中国部分省市对天然气价格进行了调整,出台的价格政策主要分为气化服务价格政策、非居民用气价格和居民用气价格政策。

(一)政策内容

1. 气化服务价格政策

接收站气化服务价格是指接收站向用户提供将液化天然气进行气化处理及相关必要服务所收取的费用,包括液化天然气接卸、临时存储、气化等相关费用。为贯彻落实国家关于完善进口液化天然气接收站气化服务定价机制的要求,江苏和浙江两省分别发布了天然气接收站气化服务价格管理的通知。

江苏省《关于加强进口液化天然气接收站气化服务价格管理的通知》中规定:气化服务价格实行政府指导价管理,由省发展改革委制定省内接收站最高气化服务价格。最高气化服务价格暂实行一站一价,后续统筹考虑江苏省接收站建设管理实际情况,调整为全省统一最高气化服务价格。各接收站在不超过最高气化服务价格的前提下,结合自身建设运营成本和市场供需情况,自主确定具体价格。

最高气化服务价格计算方法按照"准许成本加合理收益"的方法制定,即通过核定气化服务成本、监管准许收益确定准许收入,再除以气化量进而核定气化服务价格。最高气化服务价格原则上每三年监审校核一次,并且在校核调整过程中,按规定测算的价格调整幅度过大时,可以根据接收站实际运行情况和用户承受能力等,适当降低调整幅度,避免价格大幅波动。

浙江省提出气化服务价格实行政府最高指导价管理。最高气化服务价格暂实行一站一价,后续统筹考虑浙江省接收站建设管理实际情况,调整为全省统一最高气化服务价格。最高气化服务价格按照"准许成本加合理收益"的方法制定。其中:准许成本由省发展改革委依据《政府制定价格成本监审办法》等规定核定;准许收益率原则上不超过8%,后续统筹考虑区域经济发展水平、行业发展需要、用户承受能力等因素调整;临时存储最长期限为45

天，实际临时存储期限超过 45 天的相关费用原则上不纳入准许成本。最高气化服务价格每三年监审校核一次，如遇重大变化，可提前校核。如按规定测算的价格调整幅度过大时，可根据接收站实际运行情况和用户承受能力等，采用"一次完成调价程序、分年进行调整"的方式分步调整。接收站因业务多元化发展，单独提供接卸、临时存储等服务和超过临时存储期需收取费用的，具体收费标准由接收站与用户协商确定。

2. 天然气非居民用气价格政策

北京、上海、天津、贵州、湖南等多个省市对非居民用气价格进行了调整，共发布 12 项文件。多地天然气价格由于上游价格浮动或者采暖季的到来呈上涨趋势。特别的是天津市，将全年分为淡季与旺季，在淡季下调了天然气价格，之后在旺季上调了天然气基准价格。

北京市于《关于调整本市非居民用天然气销售价格的通知》中规定，本市非居民用管道天然气销售价格自 2022 年 11 月 15 日至 2023 年 3 月 15 日上浮 0.43 元 / 立方米；在采暖季，调整后发电用气价格为 2.70 元 / 立方米，压缩天然气母站价格为 2.76 元 / 立方米，供暖制冷用气、工商业用气在城六区分别为 2.88 元 / 立方米、3.30 元 / 立方米，在其他区域为 2.64 元 / 立方米、3.06 元 / 立方米。在非采暖季，调整后发电用气价格为 2.27 元 / 立方米，压缩天然气母站价格为 2.33 元 / 立方米，供暖制冷用气、工商业用气以在城六区分别为 2.45 元 / 立方米、2.87 元 / 立方米，在其他区域为 2.21 元 / 立方米、2.63 元 / 立方米。自 2023 年 3 月 16 日起，取消上浮。

上海市在《关于本市非居民天然气用户上下游价格联动机制的通知》中规定，非居民天然气销售基准价与天然气综合采购成本联动调整，具体公式如下：

非居民用户天然气基准价调整金额 =（计算期天然气综合采购成本 − 基期天然气综合采购成本）÷（1− 产销差率）。

其中，天然气综合采购成本是指上海燃气有限公司采购的全部气源价（含税）非居民用户气量的加权平均值，以及采购过程中发生的管输、储存等费用；产销差率按照国家相关规定执行；基期是指上一个价格调整周期；计算期是指拟联动调整价格的周期。非居民用户天然气销售基准价格原则上以

2个月为一个联动调整周期，并且当上游综合采购成本变动小于每立方米0.05元（含）时，终端销售价格可不作调整。本通知自2022年10月23日起实施，有效期至2027年10月22日。

上海市提出《关于调整本市非居民天然气销售基准价格的通知》，规定市管网公司直供用户价格提高0.84元/立方米，一般非居民用户价格提高0.71元/立方米。漕泾热电、天然气发电厂用户调整后基准价格为3.74元/立方米。化学工业区以及其他市官网直供用户调整后基准价格为3.99元/立方米。一般非居民用户使用天然气500万立方米以上，天然气价格为4.53元/立方米；120万~500万立方米，天然气价格为5.01元/立方米；120万立方米以下，天然气价格为5.18元/立方米。上述价格自2022年11月1日起执行。实际销售价格以政府制定的基准价格为基础，由供应企业在上下5%的浮动幅度内确定。

天津市在《天津市城市燃气管网非居民天然气上下游价格联动机制实施方案（试行）》中规定以当年4月1日至转年3月31日为周期，根据天然气市场季节性供需结构，划分为淡季和旺季两个时段。用气淡季为当年4月1日至当年10月31日，用气旺季为当年11月1日至转年3月31日。开始建立天津市城市燃气管网非居民天然气上下游价格联动机制，推行实施季节性差价。

根据上述政策，天津市在淡季调整了天然气价格。2022年淡季城市燃气管网非居民天然气最高销售价格为：一般工商业及其他用气价格每立方米3.44元，较现行价格每立方米下降0.28元。各天然气经营企业可在不超过天然气最高销售价格的前提下，综合考虑购气成本、配气价格等因素，自主制定具体销售价格。执行时间为2022年4月1日至2022年10月31日。

在旺季，天津市结合上游供气价格浮动情况，再次调整了价格。2022—2023年采暖季城市燃气管网非居民天然气销售价格为：一般工商业及其他用气每立方米4.16元，集中供热用气每立方米3.87元。各天然气经营企业可在不超过上述价格的前提下，综合考虑本企业购气成本、配气价格等因素，自主制定具体销售价格。执行时间为2022年11月1日至2023年3月31日。

重庆市在《关于调整2022年中心城区非采暖季天然气销售价格的通知》

中规定：根据国家天然气价格形成机制的有关要求，以及上游供气企业调整重庆天然气门站价格情况和现行中心城区居民、非居民天然气上下游价格联动机制，现决定非居民天然气（包括工业、商业、集体、CNG 原料气，下同）、车用 CNG 最高销售价格暂不调整，仍按现行价格执行，即非居民天然气最高销售价格为每立方米 2.576 元，车用 CNG 最高销售价格为每立方米 3.686 元（按质量计算为每千克 5.42 元）非采暖季最高销售价格执行期限为 2022 年 4 月 1 日至 2022 年 10 月 31 日，其中车用 CNG 最高销售价格执行期限为 2022 年 5 月 8 日至 2022 年 12 月 7 日。

贵州省于《关于切实做好 2022—2023 年采暖季非居民用气保供稳价工作的通知》规定：今冬明春采暖季期间，省级定价的贵阳市城区及与其共用同一配气管网区域非居民用气价格不调整，仍按 3.96 元 / 立方米（最高指导价）执行。市县定价区域按照做好采暖季天然气保供稳价有关要求，结合当地经济社会发展状况尤其是工业企业运行情况，统筹考虑气源采购成本和非居民用户承受能力，科学制定并稳妥有序组织实施采暖季非居民用气价格方案。今冬明春采暖季非居民用气价格执行时间为 2022 年 11 月 1 日至 2023 年 3 月 31 日。

湖南省《关于明确 2022 年度淡季非居民用气销售价格的通知》中决定 2022 年度淡季非居民用气销售价格暂不实行新的联动调整。长沙、株洲、湘潭、衡阳、邵阳、岳阳、常德、益阳、郴州、娄底等 10 市非居民用天然气销售价格继续执行 2021 年采暖季价格。长沙市为 3.275 元 / 立方米，株洲市为 3.390 元 / 立方米，湘潭市为 3.459 元 / 立方米，衡阳市为 3.771 元 / 立方米，邵阳市为 3.704 元 / 立方米，岳阳市为 3.694 元 / 立方米，常德市为 3.648 元 / 立方米，益阳市为 3.416 元 / 立方米，郴州市为 3.676 元 / 立方米，娄底市为 3.968 元 / 立方米。

内蒙古在《关于调整管道天然气终端销售价格的通知》中提出：内蒙古决定启动根据非居民用天然气销售价格联动机制，按照联动公式将上游非居民用天然气综合门站价格调整部分全额疏导至终端用户。因此，2022 年 4 月 1 日至 2022 年 10 月 31 日，按照中国石油天然气销售公司内蒙古分公司调价方案，重新调整了非居民用天然气终端销售价格。呼和浩特市非居民销售价格调整为 2.12 元/立方米，包头市的城区以及固阳县天然气价格分别为 2.12 元/立方米、2.37 元/立方米，乌兰察布市为 2.59 元/立方米，鄂尔多斯市各个地区有不同规定，胜区、康巴什区、伊金霍洛旗为 2.06 元/立方米，罕台镇（东胜区）为 2.06 元/立方米，达拉特旗为 2.09 元/立方米，杭锦旗为 2.16 元/立方米，乌审旗为 1.94 元/立方米，鄂托克前旗为 1.95 元/立方米，乌兰镇为 1.99 元/立方米，棋盘井为 2.04 元/立方米，蒙西为 2.29 元/立方米，乌海市价格调整为 2.29 元/立方米，巴彦淖尔市为 2.39 元/立方米，阿拉善盟为 2.25 元/立方米。

内蒙古发布了《关于调整 2022—2023 年供暖季非居民用天然气销售价格的通知》，明确规定：2022 年 11 月 1 日至 2023 年 3 月 31 日，通过区内短途管道供应的非居民用天然气终端销售价格统一进行季节性上浮，合同外新增气量用气成本由相关城市燃气企业自行消化。呼和浩特市非居民销售价格调整为 3.65 元/立方米，包头市的城区以及固阳县天然气价格分别为 3.32 元/立方米、3.39 元/立方米，乌兰察布市为 3.77 元/立方米，鄂尔多斯市各个地区有不同规定，胜区、康巴什区、伊金霍洛旗为 3.06 元/立方米，罕台镇（东胜区）为 3.25 元/立方米，达拉特旗为 3.07 元/立方米，杭锦旗为 3.06 元/立方米，乌审旗为 2.76 元/立方米，鄂托克前旗为 2.95 元/立方米，乌兰镇为 2.98 元/立方米，棋盘井为 3.00 元/立方米，蒙西为 3.14 元/立方米，乌海市价格调整为 3.14 元/立方米，巴彦淖尔市为 3.34 元/立方米，阿拉善盟为 3.36 元/立方米。

3. 天然气居民用气价格政策

居民用气包括居民家庭生活用气、学校教学和学生生活用气、养老福利机构用气等。对于居民用气价格进行调整的政策比较少，大部分省市对居民用气价格不作调整，仅有重庆市下调了居民用气价格。

重庆市在《关于调整 2022 年中心城区非采暖季天然气销售价格的通知》中提出，在非采暖季，居民天然气一、二、三阶梯最高销售价格由现行每立方米 2.13 元、2.30 元、2.65 元调整为 2.039 元、2.209 元、2.559 元。执行居民类用气价格的学校、养老福利机构和部队食堂用气，天然气最高销售价格由现行每立方米 2.18 元调整为 2.089 元。低保用户和特困人员生活用气，天然气最高销售价格仍按现行价格每立方米 1.96 元执行。非采暖季最高销售价格执行期限为 2022 年 4 月 1 日至 2022 年 10 月 31 日。

贵州省在《关于切实做好今冬明春采暖季居民生活用气保供稳价工作的通知》中规定：今冬明春采暖季期间（即 2022 年 11 月 1 日起至 2023 年 3 月 31 日止），省级定价的贵阳市城区及与其共用同一配气管网区域居民生活用气价格不做调整，即第一、二、三阶梯价格分别为 2.61 元/立方米、3.06 元/立方米、3.80 元/立方米。市县定价且接入长输管道的区域，参照省级定价区域认真做好当地居民生活用气保供稳价工作。新接入长输管道的区域，应结合气源来源和采购成本变动情况及时理顺居民生活用气价格，有效释放降价红利。其他尚未接入长输管道以 LNG 为气源的区域，因采暖季 LNG 价格上涨增加的采购成本可留存至后续联动周期适时疏导。

（二）政策解读

通过梳理天然气价格方面的政策，结合国内外形势，总结出 2022 年天然气价格方面的三个特点。

1. 提出天然气价格上涨应对策略

2022 年全球天然气市场动荡不安，由于乌克兰危机中一条主要管道受损，导致俄罗斯切断了对欧洲的天然气供应，同时有数据显示，2022—2024 年欧洲天然气产量预计下降 8%。因此欧洲为了度过冬季大量存储天然气，供需失调导致国际天然气价格暴涨。而我国作为天然气最大进口国，虽然总体可控，但是我国天然气价格还是不可避免的受到影响。为了避免上游天然气生产企业的倒挂，我国多省出台了气价调整方案，结合上下游联动机制，调整了终端天然气价格。为了应对天然气价格上涨，北京市提出多源多向燃气供应体系不断完善的措施，建成唐山 LNG 应急调峰保障工程。青海省提出要提高天然气供应能力，推动城燃企业落实社会储备责任。湖北省提出拓展油气供应渠道，建设集约高效能源输送储备体系。

2. 进一步完善天然气上下游价格联动机制

目前，各地基本都建立起了天然气上下游价格联动机制，并且为了适应天然气气源市场价格频繁剧烈波动的新形势，很多地方积极对城市燃气价格联动机制进行了补充和完善。主要做法有：一是缩短价格联动调整的周期。例如，上海市在《关于调整本市非居民天然气销售基准价格的通知》中提出非居民用户天然气销售基准价格原则上以 2 个月为一个联动调整周期。二是尝试区分淡旺季实行不同的价格联动方式。针对气源市场价格淡旺季差价较大的矛盾，天津市根据天然气市场季节性供需结构，划分为淡季和旺季两个时段。尝试在区分淡旺季售气价格的基础上，按本年与上年同季平均采购成本（价格）相比的方式确定本年淡旺季售气价格。

3. 进一步明确天然气接收站气化服务价格政策

2022 年，国家发展改革委印发《关于完善进口液化天然气接收站气化服务定价机制的指导意见》，这是国家首次专门就接收站气化服务价格制定的政策文件，为各地制定和调整气化服务价格提供了政策指导。江苏省和浙江省为了响应国家号召，陆续出台了地方的天然气接收站气化服务价格政策。主要内容包括统一定价方式，由省发展改革委制定省内接收站最高气化服务价格。统一定价项目以及统一定价方法等。

接收站是进口液化天然气资源的重要通道，2015 年接收站气化服务价格由中央下放至省级价格主管部门制定。近年来，随着国家油气管网运营机制改革持续推进，接收站逐步向第三方开放，但由于缺乏统一明确的气化服务定价方法，加之一些省份接收站气化服务价格多年不调整，不利于接收站公平开放。随着地方相关政策的出台，可以促进各省合理制定价格水平，推动形成有序竞争的市场环境，助力接收站公平开放，促进天然气行业高质量发展，保障国家能源安全。

二、天然气发电上网电价政策

（一）政策内容

重庆市在《关于天然气发电上网电价有关事项的通知》中规定：首先天然气调峰发电机组实行两部制电价，其中容量电价按固定成本加合理收益予以核定，电度电价按燃料成本加其他变动成本核定。天然气热电联产机组，应根据冷、热负荷情况合理选择装机容量，自发自用、就地平衡。余电上网电量参与电力市场交易形成上网电价；不参与市场交易的，实行单一制上网电价，按 0.3964 元/千瓦时执行（相对应的天然气价为 1.62 元/立方米）。其次对天然气调峰和热电联产机组，建立气电价格联动机制。当天然气价格发生变动时，电度电价原则上每年联动预调整，后续据实清算。预调整值=（当年度天然气到厂价-1.62 元/立方米）÷[（1-厂用电率）/发电气耗率]×税收调整因素，其中税收调整因素为（1+电力增值税率)/(1+天然气增值税率）。天然气调峰发电机组的天然气到厂价为该机组当年度到厂均价，天然气热电联产机组的天然气到厂价为全市天然气热电联产机组当年度到厂均价。鼓励天然气发电各类机组进入电力市场，参与市场交易的电量，上网电价不再执行政府定价。

山东省于《关于天然气发电价格政策有关事项的通知》中规定：重型燃气轮机发电机组执行两部制上网电价政策。首先机组参与电力现货市场交易的，电量电价（电能量价格）由发电企业与售电公司、电力用户通过市场化交易方式自主确定。目前，实时市场电能量申报价格下限为每千瓦时-0.08 元（含税），上限为每千瓦时 1.3 元。电能量申报价格上下限根据电力现货市场运行情况适时调整。其次容量目标电价暂定为 28 元/千瓦·月。容量目标电价（电费）优先通过电力现货市场容量补偿机制回收，回收金额达不到目标电价的，根据国家有关规定疏导解决；容量补偿超过目标电价的，多余部分当月不再支付，滚入后期回收金额不足时再予以结算。再次支持分布式燃气机组、"风光储燃一体化"项目自主参与电力市场交易。自发自用、余电上网模式的分布式燃气机组自发自用电量，暂免收系统备用费。天然气发电未参与市场交易的，上网电价按燃煤发电基准价执行，由国家电网山东省电力公司统一收购，用于居民、农业等保障性用户用电。最后，热电联产机组承担工业供热的，鼓励供热企业与用户直接交易，供热价格由企业与用户协商确定。具体管理方式由项目所在地发展改革部门根据供热价格管理权限予以明确。上述电价政策自 2023 年 1 月 1 日起试行，有效期至 2024 年 12 月 31 日。

四川省在《关于天然气发电上网电价有关事项的通知》中明确规定：

首先，对新投产的天然气调峰发电机组实行两部制电价，其中容量电价暂按技术先进机组的固定成本加合理收益进行核定，逐步过渡到通过竞争性配置方式确定或容量市场形成，容量电费分摊根据国家和省有关规定执行；电量电价按燃料成本、发电气耗率、其他变动成本等核定。其次按我省现行天然气基准门站价格（1.53元/立方米，国家如有调整按调整后标准执行）对应燃料成本、发电气耗率、变动成本等核定基准电量电价。在基准电量电价基础上建立气电价格联动机制。联动调整标准=（天然气当年度合同均价-1.53元/立方米）×发电气耗率÷（1-厂用电率）×税收调整因素，其中税收调整因素为（1+电力增值税率）÷（1+天然气增值税率）。天然气当年度合同均价指供气企业与全省所有天然气调峰电厂签订的年度合同均价，当天然气当年度合同均价较基准门站价格浮动幅度未达到5%时不作调整，纳入下次调价时累加或冲抵。最后，鼓励天然气发电机组进入电力市场，参与市场交易的电量，上网电价由发用电双方通过市场化方式形成，不再执行上述电量电价政策。

为促进托育服务健康有序发展，四川省发布了《关于托育机构水电气价格政策有关事项的通知》。其中规定：符合四川省卫生健康委员会等六部门《关于印发四川省托育机构登记和备案办法（试行）的通知》相关规定的托育机构，其用水、用电、用气执行居民生活价格，有居民合表价格的，按合表价格执行，均不执行阶梯加价。托育机构凭卫生健康部门出具的《托育机构备案回执》向所属水电气经营企业办理。托育机构用水、用电、用气原则上应单独立户装表计量，未单独计量的，转供主体、水电气经营企业可约定采用定量或定比的方式确定托育机构执行居民合表价格的水电气量。如需加装独立计量装置，涉及建筑红线内的线路管道改造费用由托育机构承担，计量装置费用由供水、供电、供气企业承担。

（二）政策解读

天然气发电具有建造及维护成本低、启停迅速、调峰性能优越、低排放、高效率等诸多优点，完全契合大规模可再生能源接入情况下电网对低碳调峰、调频电源的需求。在中国大力发展可再生能源的背景下，天然气发电作为可再生能源的配套，发展前景广阔。但是天然气发电在中国的地位尴尬，长时间作为调峰电源使用，但用气成本高昂，气价太高、电价太低，气电厂面临严重的亏损问题。此外调峰机组利用小时数过低、发电启停频繁对机器损伤大，如果不参与调峰就完全没有收入。想要推动天然气发电行业发展，关键在于深化天然气价格机制改革。2022年，四川、山东以及重庆相继推出两部制电价。所谓两部制电价，是指消费用户电费由容量电价以及电度电价构成，容量电价按固定成本加合理收益予以核定，电度电价按燃料成本加其他变动成本核定。通过这种方式，预计可以改善调峰火电机组的盈利水平及盈利稳定性，并改善火电长期逆周期的特点，真正定位到公用属性，在一定程度上缓解天然气发电企业的生存压力。

三、天然气管道建设政策

随着绿色低碳政策的贯彻落实，我国能源市场对天然气的依赖程度将逐渐增强，天然气管道作为天然气行业的重要基础设施，在能源市场中有着重要地位，需进一步完善。

（一）政策内容

1. 天然气管输价格

贵州省在《关于贵州天然气管网有限责任公司天然气输气管道试行运输价格的通知》中规定：贵州天然气管网有限责任公司遵义至湄潭、遵义至绥阳、绥阳至正安、正安至道真至大磏、正安至务川、温水至习水、福泉至瓮安天然气输气管道试行运输价格为 0.3879 元 / 立方米（含税）。该价格已包含输气损耗，提供输气服务时不得加收其他费用。以上试行价格自管道投运之日起执行，有效期暂定 3 年。

江苏省于《关于核定江苏省天然气有限公司管道运输价格的通知》中提出：供城燃企业为 0.12 元 / 立方米（含税），供燃气电厂为 0.05 元 / 立方米（含税）。以上价格自 2022 年 9 月 1 日起执行，有效期暂定 3 年。

海南省在《关于国家管网集团海南省管网有限公司省内短途天然气管道运输价格的通知》中规定：国家管网集团海南省管网有限公司经营的省内短途天然气管道运输价格，按照同网同价的原则，实行政府定价管理，执行价格为 0.1448 元 / 立方米（含税），对大用户的管道项目已签订管道运输价格条款按已签订的合同执行。海口福山天然气利用发展有限公司、中海石油管道输气有限公司经营的其他省内短途天然气管道支线运输价格另行制定。管道运输经营企业要严格执行政府价格政策，不得在运输价格之外加收其他费用，并做好价格衔接和政策宣传解释工作。本通知自2022年10月1日起执行，有效期3年。

新疆在《自治区天然气短途管道运输价格管理办法（暂行）》中规定：管道运输价格实行政府定价，由自治区价格主管部门制定和调整，按照"准许成本加合理收益"的原则，即通过核定准许成本、监管准许收益确定准许收入，核定管道运输价格。计算公式是管道运输价格＝管道运输企业年度准许总收入÷年度输送气量。另外，对于新投运天然气管道（投运不满1个会计年度）制定试行价格。原则上按照可行性研究报告的成本参数进行成本核算，税后全投资收益率按8%核算。可行性研究报告的成本等相关参数与成本核算有关规定不符的，按有关规定进行调整。最后，管道运输价格实行动态管理，原则上每3年校核调整一次。如管道投资、运输气量、成本等发生明显变化，可以提前校核调整。并且管道运输价格制定调整过程中，按上述办法测算的管道运输价格调整幅度过大时，自治区价格主管部门可根据管道运输企业实际运行情况和用户承受能力等，适当降低调整幅度，避免价格大幅波动。

湖北省提出：在湖北省范围内天然气主干管网可以实现供气的区域，由省内天然气管道运输经营企业建设的天然气接收站（分输站），与接收站用户之间没有实质性管线投入或不需要提供输配服务的"背靠背"供气收费纳入此次清理范围。自2022年10月31日起，"川气东送"省内天然气接收站包括恩施、宜昌、枝江、荆州、仙桃、潜江、武汉安山、大冶陈贵、大冶小箕铺、黄梅接收站；"西气东输二线"省内天然气接收站包括仙人渡、随州、孝昌、武汉黄陂、黄冈接收站，取消政府制定的天然气接收站向接收站用户的供气价格政策。上述省内天然气接收站对管线用户按照省发展改革委核定的省内短途管道运输价格执行。天然气价格按照用户与上游销售公司签订的天然气购销合同确定。对暂未实现从天然气主干管网供气，需经省内天然气接收站转供天然气的用户，其代输转供费用由用户与接收站经营企业协商确定。

2. 天然气管网保护

《上海市石油天然气管道保护行政处罚裁量基准》中对违法行为进行了详细规定，违法行为包括：对管道企业未依照规定对管道进行巡护、检测和维修的处罚，对管道企业对不符合安全使用条件的管道未及时更新、改造或者停止使用的处罚，对管道企业未依照规定设置、修复或者更新有关管道标志的处罚，对管道企业未依照规定将管道竣工测量图报人民政府主管管道保护工作的部门备案的处罚，对管道企业未制定本企业管道事故应急预案，或者未将本企业管道事故应急预案报人民政府主管管道保护工作的部门备案的处罚，对发生管道事故，管道企业未采取有效措施消除或者减轻事故危害的处罚等。并且对于各个违法行为的不同情形制定了不同的惩罚标准。

《天津市石油天然气长输管道事故应急预案》中明确了应急方案的编制目的以及编制依据，规范了组织指挥体系，预防和预警内容，应急响应不同分级对应内容，后期处置以及应急保障的具体安排。

贵州省提出了《贵州省石油天然气管道建设和保护条例》，首先对管道规划、建设、用地、补偿、相遇、竣工验收等油气管道规划建设中的事宜进行了逐一规定。其次对管道信息系统，管道巡护，风险预防机制，第三方施工，管道停运、封存、报废，执法职权等油气管道运行保护中的事宜进行了逐一规定。最后对管道高后果区管理进行了详尽的规定，新增了管道企业未按照《条例》规定制定高后果区现场处置方案的法律责任。

青海省在《青海省城市燃气管道等老化更新改造实施方案（2022—2025年）》中提出：首先更新了改造对象范围，包括燃气管道和设施以及其他管道和设施（供水管道和设施、排水管道、供热管道）；其次规定了工作任务，包括全面摸清底数、合理确定标准、编制更新改造方案、强化项目储备、推进信息化建设等；然后规范了工作措施，包括抓好项目建设运行管理，完善项目实施政策支持，促进行业发展安全有序三个方面；最后提出了保障措施，力求做到加强组织保障，做好方案计划报备，实行项目跟踪和考核问责，广泛开展宣传引导。

（二）政策解读

为了响应 2021 年国家发展改革委提出的《天然气管道运输价格管理办法（暂行）》的号召，海南、新疆、陕西等多地出台了新的天然气短途管道运输价格管理办法，其中规定了管道运输价格实行政府定价，由省发展改革委制定和调整。明确了管道运输价格的制定按照"准许成本加合理收益"的原则。管道运输价格实行动态管理，监管周期原则上为三年，实行同网同价、同线同价，加速促进全国一张网的形成，助力构建"X+1+X"天然气市场格局。

石油天然气管道安全稳定运行是确保石油天然气安全稳定供应的关键，这事关国家经济安全、能源安全、社会稳定和民生保障。因此管道保护政策起着举足轻重的作用。2022 年也有多地出台了管道保护的最新政策，例如上海市明确了管道保护的办法，对于管道保护行政处罚的标准有了明确规定。贵州省在 2017 年出台的《贵州省石油天然气管道建设和保护方法》无法深入解决现实问题的基础上，提出了《贵州省石油天然气管道建设和保护条例》，管道保护的政策日益完善。另外青海省为了响应国家关于燃气老化更新改造的号召，提出了青海省的实施方案，加快推进全省城市燃气管道等老化更新改造，有效提升了防范化解城镇燃气管道等市政基础设施重大风险能力。

产业篇

2022年乌克兰危机爆发，全球天然气供应格局发生巨大变化，天然气市场波动明显加剧。面对严峻的国内外形势和风险挑战，中国天然气行业在"十四五"能源规划指引下依然保持有序发展，产供储运销体系建设取得阶段性成效。

勘探开发持续发力，新增天然气储量及产量再创新高。2021年全国天然气新增探明地质储量16284亿立方米，其中，常规气、煤层气、页岩气新增探明地质储量分别为8051亿立方米、779亿立方米、7454亿立方米。2022年全国天然气产量为2201亿立方米，同比增长7.31%。

天然气基础设施建设加快推进，储气能力快速提升。截至2022年年底，中国累计建成地下储气库（群）39座，总库容达638.2亿立方米；规划在建地下储气库（群）33座，设计总库容699.69亿立方米。累计建成LNG接收站24座，总储气能力达1239万立方米（液），LNG储罐83个；规划在建LNG接收站7座，总储气能力462万立方米（液），LNG储罐22个；扩容LNG接收站6座，总储气能力588万立方米（液），LNG储罐26个。2022年，我国天然气管道里程数达11.3万千米，较2021年增长2.7%。

国际气价大幅上涨，天然气进口数量略有下降。2022年LNG平均进口价格为810.17美元/吨，相比于2021年LNG平均进口价格553.65美元/吨，每吨上涨256.52美元，同比涨幅为46.33%。PNG平均进口价格为387.77美元/吨，相比于2021年的272.53美元/吨，每吨上涨115.24美元，同比涨幅为42.29%。2022年中国天然气进口总量达10925万吨，比2021年减少1220万吨，同比下降9.9%。其中LNG进口量为6344万吨，同比下降19.51%；

PNG 进口量为 4581 万吨，同比增长 7.99%。乌克兰危机引发的国际天然气价格高企，是 2022 年中国天然气进口量大幅下降的主要原因。

国际天然气"价高量紧"，国内天然气消费量下降。2022 年中国天然气表观消费量为 3663 亿立方米，较 2021 年下降 1.7%。从消费结构看，城镇燃气消费量较 2021 年同期有所增长，同比增加 1.7 个百分点，占总用气量的 37.5%，其中居民生活、采暖用气是主要增长动力。化工化肥用气消费量同比基本持平，占总用气量的 8.3%。发电用气消费量同比降低 0.1%，占总用气量的 16.4%。工业燃料用气量大幅下降，工业燃料消费量同比降低 2%，占总用气量的 35.8%，这是导致 2022 年中国天然气消费量下降的主要因素。

随着中国疫情管控全面放开，经济快速复苏，工业燃料、居民生活、交通等用气需求将逐渐回升，届时天然气消费量将不断提高。2023 年，中国需持续加大天然气勘探开发力度，加快天然气基础设施建设，提高储气能力，增强天然气供应水平，满足快速增长的用气需求，确保能源供应保持合理的弹性裕度，保障中国能源安全。

中国天然气勘探开发

"十三五"既是中国天然气产业快速发展上半程的重要时期,更是面向"十四五"乃至 2035 年产业高质量发展的关键时段。"十三五"期间,中国天然气勘探开发取得一系列突破,尤其在非常规天然气勘探开发上成效明显。

在天然气勘探方面,以重点盆地、重点领域和重点区块为基础目标,大力增加勘探投资,"十三五"时期全国油气勘探总投资 3280.10 亿元,年度勘探投资平均 656.02 亿元,年度勘探投资呈上升趋势,平均年度增幅 8.8%。"十三五"末天然气探明地质储量 62665.78 亿立方米、新增天然气探明地质储量 12600 亿立方米,煤层气探明地质储量 3315.54 亿立方米、新增煤层气探明地质储量 673.13 亿立方米,页岩气探明地质储量 4026.17 亿立方米、新增页岩气探明地质储量 1918.27 亿立方米。"十三五"期间年平均探井数 2854 口并呈上升态势,年平均二维地震 43253.96 千米并呈震荡趋势,年平均三维地震 36650.42 平方千米并呈上升趋势。

在天然气开发方面,全国各类天然气产量局势喜人,呈现高速增长态势。"十三五"末,天然气年度产量达到 1904.00 亿立方米,年均增幅达到 8.65%,且连续四年年产量增加超过 100 亿立方米。"十三五"期间,全国主要天然气生产省市天然气产量基本呈现递增趋势,前三位的产量占比年度平均值达到 72.44%。"十三五"期间,全国主要天然气生产油田,如中国石油天然气集团有限公司(以下简称"中石油")的长庆油田、塔里木油田、西南油气田等,中国石油化工集团有限公司(以下简称"中石化")的西南石油局、中原油田(普光气田)、江汉油田(涪陵页岩气)等,中国海洋石油集团有限公司(以下简称"中海油")的渤海油田、南海东部油田、南海西部油田等,延长油田产量基本呈现上升趋势,产量超过 100 亿立方米的中石油西南油气田、长庆油田、塔里木油田三大油田的年平均增幅分别为 13.85%、5.29%、7.22%。

进入"十四五",根据《中华人民共和国国民经济和社会发展第十四个五年规划和2035年远景目标纲要》要求，石油与天然气行业在国际竞争日益激烈、国际国内环境纷繁复杂的局面下，天然气储量日新月异尤其是非常规天然气储量取得重大突破，天然气产量高速递增，天然气勘探开发行业正在向变局加速演进、新一轮科技革命和产业变革深入发展，新能源和清洁能源融合发展形成新的能源体系，生产生活方式加快转向低碳化、智能化、大数据化模式的崭新阶段。

"十四五"首年，勘探上探明地质储量、新增探明地质储量、投资继续保持上升势头，其中页岩气探明地质储量和新增探明地质储量大幅度提高。开发上首次超过2000亿立方米、增幅达7.64%，主要省市天然气产量（前10名省市）均有增加，主要油气田（前3名油气田）天然气产量增加且西南油气田产量增加超过10%。2022年，全国天然气产量达到2201亿立方米，三大油气田（西南油气田、长庆油田、塔里木油田）的产量增幅将达到8.27%、8.82%、1.25%。

一、天然气勘探开发企业

中国现行开展天然气勘探、开发和生产的企业分属于中石油、中石化、中海油和陕西延长石油（集团）有限责任公司，各成员企业天然气勘探开发的总体概况如表21所示。

表21 中国天然气勘探开发企业基本概况表

集团公司	油田	成立时间	资产总值（亿元）	员工数（人）	2022油气当量产量（万吨）	2022天然气产量（亿立方米）
中石油	大庆油田	20世纪60年代	2027	225923	3438.00	55.40
	长庆油田	1970年	1012	70848	6001.55	506.50
	辽河油田	1955年	580	116000	1000.18	8.40
	新疆油田	1955年	1400	33000	1748.00	38.40
	大港油田	1964年	164.2	12500	451.00	6.30
	西南油气田	1958年	1000	32000	3000.00	383.40

续表

集团公司	油田	成立时间	资产总值（亿元）	员工数（人）	2022油气当量产量（万吨）	2022天然气产量（亿立方米）
中石油	吉林油田	1959年	83.98	37805	503.00	—
	青海油田	1999年	—	20158	713.00	60.0
	塔里木油田	1989年	313	12400	3310.00	323.00
	吐哈油田	1999年	197	12000	163.00	3.01
	玉门油田	1939年	78	12000	72.00	0.4
	冀东油田	1988年	—	—	126.50	2.70
中石化	胜利油田	1961年	4055	179800	2404.00	8.03
	中原油田	1975年	680	86000	624.00	84.59
	河南油田	1972年	170	6553	120.00	0.69
	江汉油田	1958年	149	33799	700.00	73.37
	江苏油田	1975年	168	5043	106.00	—
	上海海洋	1960年	—	—	—	—
	西北油田	1955年	346	3997	—	—
	西南石油局	1998年	—	5000	669.00	84.01
	东北油气	1980年	56	935	—	—
	华北油气	2003年	—	2999	398.49	30.57
	华东油气	1958年	—	1702	—	—
中海油	渤海油田	1999年	—	—	3452.00	34.80
	南海西部	1999年	—	2009人	1212.00	87.50
	南海东部	2000年	—	2999人	2000.50	68.20
陕西延长石油（集团）有限责任公司		1905年	—	129920	1765.00	75.60

数据来源：中石油官网、中石化官网、中海油官网、百度文库、立方石油公众号。

二、天然气勘探

（一）天然气勘探大事记

1. 中石油天然气勘探大事记

（1）四川盆地页岩气勘探发现新层系。

中国石油西南油气田公司部署在重庆市梁平区的大页1H井测试获日产页岩气32.06万立方米，发现四川盆地页岩气规模增储新层系，这是中国首次在二叠系吴家坪组页岩气勘探取得重大突破。实钻证实，大页1H井获高产的层系页岩储层横向连续稳定分布、品质优、含气性好，有利勘探区面积2885平方千米，资源量达万亿立方米。在四川盆地大页1H井获得高产工业气流，是四川盆地页岩气勘探在新区新领域新层系获得的重大发现，它进一步拓展了四川盆地海相页岩气勘探的领域，整体的勘探面积将大大拓展。二叠系吴家坪组在四川盆地内的页岩气资源量超过60000亿立方米，该层段在整个川东地区可供勘探的5000米以浅的面积超过2800平方千米，4500米以浅的面积超过1400平方千米。

（2）吉林油田川南配置区常规气勘探发现。

2022年9月7日，吉林油田川南吉富1井试气获日产气8.5万立方米；这是继9月2日，自贡1井试气自喷日产25.7万立方米后，川南勘探前线传来的又一喜讯，这也标志着川南配置区首批实施的预探井获得了重要突破，揭示了常规气良好勘探潜力。

（3）冀东油田深耕老区勘探发现。

针对资源潜力大、投资成本高的勘探领域，冀东油田与东方物探等单位加强合作，通过全区域、全领域、全类型梳理与评价，提出深层天然气、页岩油和致密气3个风险勘探领域的风险井位目标。通过深入开展风险勘探，力求寻找油气勘探接替战场，带动南堡凹陷油气勘探取得新突破。

（4）西南特种作业项目部再探高产气流。

潼深7井位于四川省广安市。2022年9月，井下作业公司西南特种作业项目部试油（气）18 队施工的潼深 7 井经系统测试，获得日产超 200 万立方米工业气流，这是继潼深 11 井刷新中国石油大庆油田公司在西南工区试气记录后又一次助力该工区获高产工业气流。

（5）中浅 206-9-H1 井测获高产工业气流。

中浅 206-9-H1 井位于中浅 206 平台，目的层为砂二段 6 号及 9 号砂组。中国石油川庆钻探工程公司与西南油气田公司合作开发致密气区块中浅 2 井区于 9 月份传来捷报，中浅 206-9-H1 井在砂二段 9 号砂组测试获日产气 30.32 万立方米，无阻流量 73.12 万立方米。

2. 中石化天然气勘探大事记

（1）塔里木盆地顺北油气田新区带油气勘探取得重大突破。

胜利济阳页岩油国家级示范区正式揭牌，成为国内首个古近系—新近系陆相断陷盆地页岩油国家级示范区。在博兴、渤南、牛庄、民丰、利津 5 个洼陷展开风险勘探，取得沙三下和沙四上新层系新类型发现，14 口专探水平井试获百吨以上高产油流，7 口井累计产油突破万吨，落实有利区页岩油资源量 32 亿吨，新增"控制 + 预测"储量 11.5 亿吨。

（2）渤海湾盆地胜利济阳页岩油国家级示范区勘探取得重大突破。

胜利济阳页岩油国家级示范区正式揭牌，成为国内首个古近系—新近系陆相断陷盆地页岩油国家级示范区。在博兴、渤南、牛庄、民丰、利津 5 个洼陷展开风险勘探，取得沙三下和沙四上新层系新类型发现，14 口专探水平井试获百吨以上高产油流，7 口井累产油突破万吨，落实有利区页岩油资源量 32 亿吨，新增"控制 + 预测"储量 11.5 亿吨。

（3）苏北盆地页岩油新区新层系勘探取得重大突破。

在高邮凹陷花页 1HF 井、花 2 侧 HF 井、花页 3HF 井阜二段相继试获高产油流，在溱潼凹陷溱页 2 井阜二段新层系试获日产油 113 吨，新增页岩油预测储量 1.1 亿吨，落实阜二段页岩油资源量 14.8 亿吨，展现了东部中小盆地低丰度页岩油的良好勘探前景。

（4）四川盆地东南缘复杂构造区深层页岩气勘探取得重大突破。

新页 1 井、丁页 7 井、东页深 2 井等多口深层页岩气井相继试获日产气超 40 万立方米，发现了綦江页岩气田，新增页岩气探明储量 1459 亿立方米、预测储量 1196 亿立方米，初步评价 5000 米以浅有利区页岩气资源量 1.2 万亿立方米，有望形成中石化继涪陵页岩气田之后第二个万亿立方米页岩气资源阵地。

（5）准噶尔盆地中部二叠系、三叠系超深层石油勘探取得重大突破。

深化准中深层二叠系、三叠系油气富集规律认识，风险探井征 10 井、成 6 井在新层系试获工业油气流，新增油气预测储量 2336 万吨、253 亿立方米，落实区带油气资源量 11 亿吨、1000 亿立方米，揭示了近源超深层具备大规模富集成藏条件，有望培育形成新的战略接替阵地。

（6）四川盆地寒武系筇竹寺组页岩气新类型勘探取得重大突破。

金石 103HF 井在井研—犍为探区寒武系筇竹寺组试获日产气 25.8 万立方米，评价有利区带页岩气资源量 3878 亿立方米，率先实现国内寒武系页岩气新类型勘探重大突破。

（7）海域新类型天然气勘探取得重大突破。

在海域部署的探井试获日产天然气超百万立方米，落实资源量 1644 亿立方米，有望建成海域新的千亿立方米大气田。

（8）四川盆地东南部二叠系天然气勘探取得重大突破。

在栗子地区先探 1 井茅口组试获日产气 3.7 万立方米，福宝 1 井栖霞组、茅口组分别试获日产气 6.4 万立方米、31.5 万立方米，新增天然气预测储量 757 亿立方米，评价有利区带天然气资源量 6400 亿立方米。

（9）江汉盆地潜江凹陷潜江组湖相碳酸盐岩石油勘探取得重大突破。

在高勘探程度的储量空白带，广 86 斜、钟斜 711、黄 20-斜 4、黄 20-斜 10 等井潜江组多层系试获工业油流，落实石油预测储量 1200 万吨，评价有利区带石油资源量 1.6 亿吨。

（10）渤海湾盆地东濮凹陷新区石油勘探取得重大突破。

在东濮凹陷西南洼新区突破早期生烃不利、储层不发育等固有认识，何 301 井沙二段试获高产油气流，新增石油预测储量 1358 万吨；在濮城构造带沙三段探明储量空白区，濮 156、濮 158、濮 161 等井在沙三段均试获工业油气流，新增石油控制储量 700 万吨。

3. 中海油天然气勘探大事记

（1）勘探重大发现。

①渤海湾盆地隐蔽型潜山勘探获得亿吨级油气田重大发现。

渤南潜山历经"自营—合作—自营"勘探，40 年无商业发现。勘探人员解放思想，大胆创新，明确了勘探方向。钻探井 7 口均获超百米油层，平均单井油层厚 168.5 米，单井最大油层厚度 318.7 米；3 口井测试获高产，最高日产油 325 立方米，石油探明地质储量超亿吨，是国内近 10 年来探明储量规模最大的整装变质岩潜山油田。

②琼东南盆地深水深层勘探获得大型天然气田重大发现。

南海深水深层长期以来一直没有获得突破，研究人员通过技术攻关，创新油气富集成藏模式，多口井古近系发现气层超百米，测试获高产气流，天然气探明地质储量超 500 亿立方米，实现了南海深水深层勘探历史性突破，发现首个深水深层大型整装气田，展现宝岛凹陷北部转换断阶带双古领域广阔的勘探前景。继"深海一号"之后，时隔 7 年，南海深水深层再获大型气田发现！

③渤海湾盆地渤中凹陷浅层大面积岩性油气藏勘探获得重大发现。

渤中凹陷西南次洼浅层经历多年勘探没有获得大的发现。勘探人员以浅层大面积岩性勘探思路为指导，应用新模式、新技术，推动该区浅层油田发现和高效评价。明下段测试获日产油 330 立方米、日产气 8.9 万立方米的高产，高效集束评价，探明石油地质储量超 5000 万吨，将为渤海油田上产稳产 4000 万吨做出重要贡献。

④鄂尔多斯盆地东缘深层煤层气勘探获得重大突破。

勘探人员转变思路，推动鄂尔多斯盆地东缘煤层气勘探由中浅煤层向超 1500 米深煤层拓展。通过创新"多气源互动式"勘探理念，深化鄂东缘系统成藏理论新认识，形成高效评价技术体系，证实了深煤层万亿立方米资源潜力。利用超大规模体积压裂技术和防偏磨高效排采工艺技术，开启深煤层气勘探开发一体化快速上产新通道，展现了深煤层广阔前景。

⑤珠江口盆地开平凹陷深水古近系勘探获得重大发现。

为解决珠江口盆地开平凹陷勘探难题，研究人员通过多轮理论创新和技术攻关，推动大中型油田的发现和高效评价。在古近系恩平组发现油层超百米，两层测试均获高产，探明储量近3000万吨油当量，证实凹陷烃源潜力，开辟了勘探新区，实现开平凹陷40年勘探的首个商业突破。

⑥海域复杂断裂带构造－岩性天然气勘探获得重大发现。

研究人员解放思想，坚定转变勘探思路，创新提出复杂断裂带构造控制下岩性油气藏"纵向叠置、横向连片"和"局部富集"等地质认识，明确海域复杂构造带规模岩性天然气勘探方向，获两个商业发现，其中一口探井测试日产天然气超百万立方米，翻开了大中型气田勘探的新篇章。

⑦海外圭亚那中深层勘探获得重大发现。

研究人员立体勘探、挺进深层，通过创新深水平静型被动大陆边缘盆地超压成藏理论和纯岩性圈闭定量描述与烃类检测技术，在浅层获得重大油气发现，同时，证实了区块中深层具有较大勘探潜力，将储层经济门槛推进至6000米以上（含水深），为中深层勘探开辟了广阔的天地。

⑧北部湾盆地页岩油勘探获得重大突破。

全球海上页岩油勘探从未有成功先例。研究人员不断探索，建立北部湾盆地"源储一体、高有机质丰度和中高成熟度控富集"的页岩油富集模式，准确识别"地质、工程双甜点"。采用常非一体化勘探思路，创新海上压裂技术，实现海上页岩油勘探领域重大突破，进一步增强中海油向海上非常规领域进军的信心。

⑨渤海辽东湾古近系岩性油气藏勘探获得重大突破。

辽东湾地区历经半个世纪勘探，急需寻找新的接替领域。近年来，研究人员创新提出辽东湾古近系全面开展岩性圈闭勘探思路，明确了大规模岩性油气藏的勘探方向。在此指导下，风险勘探两个构造岩性圈闭均取得成功，在沙二段获高品质油藏，测试日产油702立方米，日产气11.1万立方米，一举获得领域性突破，打开了渤海油田古近系岩性领域探索的新局面。

⑩珠江口盆地顺德凹陷深水勘探获得重大突破。

珠江口盆地顺德凹陷水深超过300米，研究人员基于新采集三维地震资料，开展各项基础研究工作，首次提出斜向伸展—走滑叠加控藏模式，创建"低探区"烃源岩识别与评价技术，完成顺德凹陷立体解剖与整体评价。首口领域探井在古近系发现厚层油层，测试获得高产油流，实现深水新凹陷、原油新领域重大突破，展现顺德凹陷广阔的勘探前景。

（2）勘探技术突破。

①北部湾涠西南凹陷页岩油资源量巨大，是涠洲油田未来重要的油气接替领域。压裂改造是页岩油增储上产的关键，科研人员通过一系列技术创新，建立了适应北部湾盆地油页岩岩石特性的海上小规模压裂工艺技术，突破海上钻井平台上压裂排量上限。该技术在中国海上首口页岩油参数井WY-1井压裂应用成功，实现日产油19.5立方米，拉开了海上非常规油气勘探开发的序幕。

②该技术在深煤层气水平井首次试验获得成功，测试最高产量60000立方米/日，连续稳产3个月以上，标志着中海油陆地油气勘探开发从浅煤层成功向深煤层迈进，助力中国煤层气高质量发展。

③研究人员针对莺歌海盆地浅层气屏蔽及底辟核部极低信噪比"模糊区"问题，进行一系列技术创新，东方底辟模糊区地震成像获得突破性变革，重构了底辟区的地质认识，拓展了新层系，开辟了天然气勘探新领域。

④该技术突破了崎岖强反射界面屏蔽下的深层地震成像不清的瓶颈，精细落实了中—古生界老地层的构造形态，精准预测地层速度和埋深，深度预测误差小于千分之二，在新区勘探中发挥了重要作用。

⑤中国海油自主研发的国内首套拖缆采集成套技术装备，连续攻克30余项核心技术，突破作业深度等技术限制，各项性能指标达到国际先进水平，2022年9月中国首艘12缆物探船"海洋石油720"完成列装并投产应用，已完成近2000平方千米的三维地震采集，标志着中国海洋油气勘探关键技术装备研制取得重大突破，对提升海洋油气装备一体化整体研发能力，推进海洋高端装备国产化海油化，保障国家能源安全具有重要意义。

⑥为解决琼东南东部超深水区深层低渗产能释放的难题，科研人员提出低损伤高流动效率射孔方案，建立了超深水含酸性气体水合物/蜡沉积堵塞定量评价技术，制订了井筒流动保障措施。该气田测试分别获得58.71万立方米/日、42.43万立方米/日高产气流，实现了深水高压低渗储层产能突破，支撑了南海大型天然气田的发现。

⑦海上低孔低渗储层产量低、原油凝固点高，长期面临测试举升难的问题，研究人员创新研发了"虎鲸"热举高效排液技术，首次在南海东部探井测试中应用并获得成功，天然气日产8000立方米提升到30000立方米、原油日产由微量上升至19立方米，该技术填补了海上深层高凝固点原油排液的空白，为海上深层勘探提供了坚实的作业技术支撑。

⑧针对受限区作业窗口短与深层钻井周期长之间的矛盾，研究人员创新提出了井口二次回接的策略，通过改进回接工具及优化施工工艺，形成了海上探井井口回接技术，达到了钻井平台临时撤离与复员后井筒完整性的安全要求，并在深层探井海试成功，为后续受限区深层勘探积累了宝贵经验，有望彻底解决深井作业窗口短的困扰。

⑨中海油全球首创具有完全自主知识产权、适用于6英寸❶井眼的大颗粒井壁取心仪。仪器耐温达205摄氏度、岩心直径1.5英寸、长度2.15英寸，一趟下井可收获岩心60颗，该项技术填补了高温深层大颗粒岩心获取技术空白，获得4项国际专利，达到国际领先水平。在渤海油田多口探井成功应用，取心成功率100%，解决了深层潜山地层6英寸井眼岩心获取的难题。

⑩针对富煤条件下薄储层描述精度低的难题，中海油创新形成了以"宽频小面元提升纵横向分辨率、去煤显砂聚焦岩性优势信息"为核心的拖缆双宽高密采集处理解释一体化技术体系，4000米以深可有效分辨15～20米储层，实钻砂岩（厚度15米以上）预测吻合率达到87%，显著提升了复杂小断裂控制下的岩性圈闭刻画精度，有效助力规模岩性油气藏勘探。

（二）油气探矿权

油气探矿权的管理最早可追溯到1998年，经过20多年的发展，最后成为2018年3月正式成立的自然资源部管理的业务范围。自然资源部对外正式发布了2021年和其他年度的油气探矿权和油气采矿权相关信息。根据发布的消息，中国主要油气探矿权在2021年和其他年度油气探矿权按地区分布如表22所示。

---

❶ 1英寸=0.0254米。

表 22　中国 2021 年度和其他年度分地区油气探矿权表

地区	股份公司	2021 年探矿权（个）	其他年份探矿权（个）
华东	中石油	5	5
	中石化	28	25
华南	中石油	4	3
	中石化	5	3
华北	中石油	74	77
	中石化	23	22
华中	中石油	2	3
	中石化	14	12
东北	中石油	39	35
	中石化	8	7
西南	中石油	31	28
	中石化	35	30
西北	中石油	118	113
	中石化	55	59

数据来源：自然资源部年度信息。

（三）2016—2021 年油气勘探投资投入

2016—2021 年油气勘探投入呈现上升势头，年均油气勘探投资平均增长率 9.54%，油气勘探探井在 2016—2020 年期间基本呈递增趋势，但 2021 年有比较显著的回落。油气勘探二维地震和三维地震在 2016—2019 年期间基本呈递增趋势，2020—2021 年有比较明显的下滑，尤其是二维地震从 2019—2021 年落差太大。总体的 2016—2021 年油气勘探投入情况如表 23 所示。

表 23　2016—2021 年油气勘探投入情况表

项目	单位	2016 年	2017 年	2018 年	2019 年	2020 年	2021 年
勘探投资	亿元	527.50	584.49	636.58	821.29	710.24	799.06
增长率	%	—	10.80%	8.91%	29.02%	−13.52%	12.51%

续表

项目	单位	2016 年	2017 年	2018 年	2019 年	2020 年	2021 年
探井	口	2715	2727	2955	2919	2956	2787
二维地震	千米	52869.80	38000.00	44000.00	51400.00	30000.00	12900.00
三维地震	平方千米	26452.09	33000.00	34000.00	47100.00	42700.00	37700.00

数据来源：中国矿产资源报告 2017—2022。

（四）2016—2021 年天然气储量总体情况

2016—2021 年中国天然气储量按照探明地质储量和新增探明地质储量统计如表 24 所示。根据表 24，表明天然气、煤层气和页岩气的探明地质储量均基本呈现一路上升趋势，平均增幅 3.13%、13.53%、27.00%，其中天然气总的探明储量增长比较平稳，煤层气和页岩气总的探明储量变化震荡比较大。新增天然气探明地质储量总体主要为上升，但煤层气、页岩气新增探明地质储量表现比较震荡。

表 24　2016—2021 年天然气储量总体情况表

项目	单位	2016 年	2017 年	2018 年	2019 年	2020 年	2021 年
天然气探明地质储量	亿立方米	54365.50	55220.96	57936.08	59665.80	62665.78	63392.67
煤层气探明地质储量	亿立方米	3344.04	3025.36	3046.30	3841.80	3315.54	5440.62
页岩气探明地质储量	亿立方米	1224.13	1982.88	2160.20	3040.70	4026.17	3659.63
新增天然气探明地质储量	亿立方米	7265.60	5553.79	8311.57	15800.00	12600.00	16284.00
新增常规气探明地质储量	亿立方米	—	—	—	8090.90	10357.00	8051.00
新增煤层气探明地质储量	亿立方米	576.10	104.80	147.08	64.90	673.13	779.00
新增页岩气探明地质储量	亿立方米	—	3767.60	1246.78	7644.20	1918.27	7454.00

数据来源：中国矿产资源报告 2017—2022、中国天然气发展报告 2017—2022。

（五）2020—2021年各省天然气储量情况

全国31个省、直辖市和自治区2020—2021年的天然气储量统计情况，如表25所示。根据表25，大多数省、直辖市和自治区天然气总体储量两年里变化不大，且主要集中在山西、内蒙古、黑龙江、重庆、四川、陕西和新疆等省份，特别在内蒙古、四川、山西和新疆的2020年度和2021年度储量占据了全国的76.17%和76.11%。煤层气储量大省山西2020年度和2021年度分别占比为88.54%和91.17%。页岩气则是川渝两地的天下，分别占据100%和99.7%。

表25 2020—2021年各省、直辖市和自治区储量统计表

单位：亿立方米

地区	2020年			2021年		
	天然气	页岩气	煤层气	天然气	页岩气	煤层气
全国	62665.78	4026.17	3315.54	63392.67	5440.62	3659.68
北京	—	—	—	0.04	—	—
天津	293.09	—	—	293.05	—	—
河北	372.26	—	—	361.95	—	—
山西	1402.04	—	2935.67	1247.02	—	3336.57
内蒙古	10123.53	—	—	9887.52	—	—
辽宁	164.53	—	25.47	157.32	—	25.36
吉林	767.11	—	—	826.16	—	—
黑龙江	1494.64	—	—	1388.11	—	—
上海	—	—	—	—	—	—
江苏	21.39	—	—	21.05	—	—
浙江	—	—	—	—	—	—
安徽	0.24	—	15.74	0.24	—	15.73
福建	—	—	—	—	—	—
江西	—	—	—	—	—	—

续表

地区	2020年			2021年		
	天然气	页岩气	煤层气	天然气	页岩气	煤层气
山东	343.52	—	—	339.64	—	—
河南	62.82	—	—	63.49	—	—
湖北	44.59	—	—	43.96	—	—
湖南	—	—	—	—	—	—
广东	0.97	—	—	0.97	—	—
广西	1.38	—	—	1.37	—	—
海南	21.47	—	—	21.29	—	—
重庆	2500.73	1498.65	—	2639.42	1620.54	—
四川	15274.98	2527.52	40.64	15556.37	3803.03	39.43
贵州	6.10	—	32.04	6.10	17.05	32.04
云南	0.47	—	—	0.47	—	—
西藏	—	—	—	—	—	—
陕西	11096.45	—	265.98	11630.03	—	210.55
甘肃	588.00	—	—	643.81	—	—
青海	1055.32	—	—	1093.51	—	—
宁夏	280.67	—	—	334.60	—	—
新疆	11237.85	—	—	11175.29	—	—

数据来源：全国矿产资源储量统计表2020—2021。

三、天然气开发

（一）天然气开发大事记

分别统计了中石油、中石化旗下主要产气油气田天然气开发2022年大事记如下。

1. 中石油

（1）长庆油田。

表26 长庆油田2022年开发大事记

月份	日期	大事记
2022年2月	2月22日	生产天然气78.57亿立方米，同比提前3天突破油气当量1000万吨，刷新实现千万吨油气当量最快纪录
2022年7月	7月25日	长庆油田青茚气田新增天然气探明储量通过自然资源部油气储量办公室审核，标志着宁夏首个千亿立方米气田、长庆油田第八个千亿立方米大气田——青茚气田诞生
2022年8月	8月12日	长庆油田采油二厂庆1-19-** 水平井顺利完钻。该井为庆阳气田第一口斜导眼水平井，完钻井深5660米，导眼井侧钻进尺283米，为进一步探索降低亿立方米产能投资规模提供思路
2022年10月	10月6日	中国陆上最大整装气田苏格里气田累计生产天然气达到3000亿立方米
2022年12月	12月5日	长庆油田在鄂尔多斯盆地太原组灰岩一口开发井，投产运行后经过周期检测，累计产气量达45.7万立方米。这标志着长庆油田第14个大气田——横山大型气田诞生
	12月23日	陇东油区生产油气当量再次突破1000万吨。庆阳油田是陕甘宁能源"金三角"规划的重点区域，石油资源储量78.8亿吨，天然气地质储量2万亿立方米，占鄂尔多斯盆地油气总资源量的三分之一。此次是继2021年年底长庆油田在庆阳建成千万吨油气生产基地后，陇东油区油气产量再次跨越千万吨大关
	12月28日	长庆油田天然气生产跃上500亿立方米大关，达到500.6亿立方米。这是继2019年长庆油田天然气产量攀上400亿立方米之后，时隔3年实现的又一次历史性跨越，标志着中国首个年产500亿立方米特大型产气区建成

数据来源：长庆油田官网和公众号。

（2）塔里木油田。

表27 塔里木油田2022年开发大事记

月份	日期	大事记
2022年1月	1月1日	塔里木油田天然气日产首次突破1亿立方米，日产油气当量突破10万吨，约占国内目前日供气量的近十分之一
2022年2月	2月1日	中国陆上设计最深气井——设计井深达8457米的中国石油塔里木油田大北401井鸣笛开钻，向天山南部超深地层钻进，寻找优质气源

续表

月份	日期	大事记
2022年6月	6月28日	塔里木油田克拉—克深万亿立方米大气区已累计生产清洁天然气1886.72亿立方米，折合油气当量突破1.5亿吨，相当于替代标准煤超1.7亿吨，减排二氧化碳超1.85亿吨
2022年7月	7月25日	"塔里木油田博孜—大北超深气区100亿立方米产能建设工程"项目在塔里木盆地开工，这是中国最大的超深凝析气田项目，其油气年产量将在"十四五"末分别达100亿立方米、102万吨，相当于每年为国家新增一个百万吨级高效益油田
2022年10月	10月9日	富满油田累计生产油气突破1000万吨大关，其中原油867万吨、天然气16亿立方米，相当于塔里木油田全年油气产量当量的三分之一，标志着塔里木油田步入超深层油气规模开发新阶段
2022年12月	12月3日	塔里木油田已投产新井122口，新井生产天然气14.3亿立方米，超计划2.1亿立方米，科学组织博孜—大北气区100亿立方米天然气产能建设工程，钻机利用率达到99.72%，钻完井提速7.46%
	12月10日	塔里木油田天然气日产量突破1亿立方米，推动30口气井复工复产，富满油田哈得32-哈得302H井区试采工程等8项冬季保供重点工程按期投产，19座大中型气田正开足马力生产，截至2022年12月12日，这个油田2022年累计生产天然气同比增加3.6亿立方米
	12月23日	塔里木富满油气产量突破300万吨大关，达到309.05万吨。近两年，富满油田在超深层打出9口日产千吨井，开发井成功率达100%

数据来源：塔里木油田官网和公众号。

（3）西南油气田。

表28　西南油气田2022年开发大事记

月份	日期	大事记
2022年1月	1月7日	金秋气田金浅8井区致密气开发井测试取得"开门红"，金浅827-8-H1测试获日产气42.28万立方米，无阻流量80.9万立方米/日
	1月30日	相国寺储气库历年累计采气量达到100.09亿立方米，突破100亿立方米
2022年2月	2月9日	西南油气田公司申请的储层改造实验评价技术——《裂缝内支撑剂沉降模拟装置》获得国家发明专利授权
	2月10日	致密气川中核心建产区2022年累产气1.03亿立方米，日均产气251万立方米，较2021年同期增长701%，致密气产量呈快速增长态势

续表

月份	日期	大事记
2022年2月	2月20日	宁209H67-6井311.2毫米井眼顺利钻进至中完井深1606米，二开钻井周期7.12天，二开平均机械钻速14.89米/时
	2月21日	铁山北1井、龙会002-H5井两口气井产量实现明显提升和迅速恢复，合计日增产天然气15万立方米，标志着2022年老井挖潜工程取得了"开门红"
	2月23日	蓬深8井333.4毫米井眼钻至茅口顶5828米顺利四开中完，开钻至四开完钻累计周期186天，创蓬莱气区六开井身结构最快钻井纪录
	2月27日	川西北气矿双鱼001-X9井测试获日产气156.17万立方米，进一步巩固川西深层海相碳酸盐岩高产井培育成效
2022年3月	3月4日	金浅516-6-H1井6号砂组测试获气62.08万立方米/天，无阻流量152.21万立方米/日
	3月16日	四川盆地渡口河一七里北气田飞仙关组气藏开发产能建设项目初步设计获中国石油天然气股份有限公司批复
	3月16日	金浅8井区金浅817-8-H1井测试获气38.27万立方米/日，无阻流量80.81万立方米/日，再获高产
	3月21日	"四川盆地川中古隆起北斜坡蓬莱气区立体勘探取得重大突破"项目荣获中国地质学会2021年度十大地质找矿成果
	3月23日	金秋气田6号砂组再获高产气井，中国石油西南油气田公司金秋气田金浅507-6-H1井测试获日产气28.03万立方米，计算无阻流量57.07万立方米
2022年4月	4月1日	2022年天然气产量完成100.2亿立方米（工业产量98.1亿立方米），同比增长6.6亿立方米，增幅7.1%全面完成冬季保供任务
	4月6日	金秋气田沙溪庙组致密气今年累计测试获产20口井，工业井成功率100%，累计测试日产量610万立方米，无阻流量1318万立方米
	4月7日	完成会浅1H井采气树安装，标志着公司首口台阶水平井顺利完井
	4月8日	2022年一季度，西南油气田公司常规气完成工业产量超60亿立方米，其中老区老气田贡献气量10.9亿立方米。公司多举措确保老区老气田40亿立方米长期稳产
	4月11日	鹰探1井超低密度水泥浆固井创川渝地区新纪录，4月11日，鹰探1井219.08毫米尾管固井声幅测井解释工作完成，固井质量合格率99.68%，优质率高达89.94%
	4月15日	云安012-X11-C1井长兴组测试获日产气205.66万立方米、无阻流量426万立方米/日，再次刷新四川盆地生物礁单井测试产量新纪录
	4月18日	蓬深12井四开333.4毫米井眼钻至5871米中完，钻进周期60.38天，刷新射洪一盐亭区块四开333.4毫米井眼钻进周期最短纪录

续表

月份	日期	大事记
2022年5月	5月9日	金秋气田金浅12-6-H1井钻至3470米顺利完钻,全井钻井周期10.03天,再次刷新致密气区水平井最短钻井周期纪录
	5月10日	遂宁净化公司第7列主体装置顺利进气恢复生产,公司提前9天完成龙王庙组气藏60亿元装置全停大修,预计增产1.7亿立方米
	5月11日	川南深层页岩气首个年产50亿立方米开发方案喜获股份公司批复
	5月20日	蓬莱气区首口投产井蓬探1井累计生产天然气1.01亿立方米,突破1亿立方米大关
	5月24日	磨溪008-20-X1井顺利完成首口"Y"形井口带压换阀作业,标志着"三高"气井带压换阀技术迈上新台阶,为后续Y形井口带压换阀作业提供了技术保障
2022年6月	6月6日	金秋气田中浅1井区首个工厂式作业平台获高产,从中国石油西南油气田公司获悉,中浅203平台相继对6-H1井和9-H1井进行测试,并获得高产工业气流
	6月8日	6月6日至8日,中国石油西南油气田公司再获两口致密气井,金浅516平台6-H2和金浅823平台8-H2井分别测试获高产工业气流,为金秋气田规模效益开发再添"底气"
	6月14日	由西南油气田公司负责的中石油重大科技专项"西南油气田天然气上产300亿立方米关键技术研究与应用"顺利通过正式验收,获评"优秀"
	6月23日	西南油气田公司双鱼001-H6井安全钻至井深9010米顺利完钻,完钻层位栖霞组,成为中国石油第一口超9000米的水平井,创中国陆上最深天然气井纪录
	6月28日	西南油气田公司首个"油公司"模式改革试点单位——川中北部采气管理处累产气50.4亿立方米,突破50亿立方米大关
2022年7月	7月6日	从西南油气田公司获悉,国内首口八开八完井红星1井八开顺利完成下114.3毫米尾管固井施工,该井钻进期间创多项钻完井纪录
	7月6日	西南油气田公司角探1井建设工程脱硫装置正式进气生产,产品气合格外输,标志着西南油气田公司首套高压络合铁脱硫装置正式投产试运
	7月12日	四川首座储气库群首口先导试验井——中国石油西南油气田公司牟储1井顺利开钻
	7月13日	从青海油田公司现场获悉,西南油气田公司自主研发的液体胶塞暂堵压井技术首次在青海油田公司主力产气区涩北气田应用取得成功
	7月22日	中国石油西南油气田公司安岳气田二叠系栖霞组气藏首口工艺井——高石045-H2井测试获日产108.75万立方米高产工业气流,展示了安岳气田二叠系良好的勘探开发潜力

续表

月份	日期	大事记
2022年8月	8月7日	四川盆地首口针对茅一段非常规泥灰岩水平井——XT1井加砂压裂改造施工顺利完成，充分证明该区块碳酸盐岩体积压裂改造的可行性
	8月8日	中国石油西南油气田公司致密气川中核心建产区日产量突破500万立方米，年累产气6.24亿立方米，同比增长361%，创历史新高
	8月16日	从西南油气田公司获悉，足203H2平台2口井66段压裂施工顺利完成，其中足203H2-3井平均加砂强度4.61吨/米，创中石油深层页岩气单井最高加砂纪录
	8月18日	川中地区南充构造南充1井茅口组二段测试获100.6万立方米/日、无阻流量207.6万立方米/日高产工业气流。二叠系茅口组气藏勘探开发一体化评价取得重大新进展
	8月24日	四川省首座储气库——牟家坪、老翁场储气库累计注气量突破1亿立方米。截至8月24日，老翁场储气库累计平稳注气4739万立方米，牟家坪储气库累计平稳注气5854万立方米
2022年9月	9月6日	中国石油西南油气田公司川中油气矿自主研发的自动清管装置通过调控中心的远程控制，在遂宁作业区蓬莱002-X7至蓬莱002-4-X1管线顺利完成自动清管作业
	9月8日	1—8月，中国石油西南油气田公司在川渝地区销售天然气突破200亿立方米大关，达到200.15亿立方米，同比增加5.81亿立方米，市场份额始终保持在75%以上，天然气销量再创历史同期新高
	9月14日	中国石油西南油气田公司川东北作业分公司第三列净化装置提前3天顺利恢复投产，标志着中石油最高酸性整装气田——罗家寨（滚子坪）气藏第三列净化装置检修任务圆满完成
	9月23日	国内最大海相碳酸盐岩整装气藏——中国石油西南油气田公司龙王庙组气藏累产天然气突破700亿立方米大关，目前气藏累计投产气井64口，日产气2406万立方米
	9月27日	中浅206平台的中浅206-9-H1井临时流程投产，至此，2022年部署在金秋气田中浅1井区的8个平台已全部开始试生产。目前，该井区日产能195万立方米，累产天然气突破2亿立方米
2022年10月	10月8日	近日，随着金浅5H东集气站产品气外输，标志着西南油气田公司致密油气最大处理规模单体装置成功投运
2022年11月	11月2日	天然气净化总厂万州分厂产品气质量升级改造和硫磺回收装置尾气治理改造工程产品气合格外输，西南油气田公司首座高含硫净化厂新建产品气质量升级和硫磺回收装置尾气治理改造工程成功投产
	11月10日	四川省首座储气库群牟家坪、老翁场储气库年累计注气超1.2亿立方米，圆满完成年度注气指标

续表

月份	日期	大事记
2022年11月	11月11日	西南油气田公司天然气净化总厂大竹分厂硫磺回收装置尾气治理改造项目顺利投产
	11月11日	西南油气田公司"安眼工程"正式上线运行，标志着国内首套在油气田地区公司层面的智能化安全监督综合管理平台全面建成并投入运行
	11月18日	西南油气田公司含硫天然气年累处理量达200.23亿立方米，同比提前14天突破200亿立方米大关，预计全年可处理含硫天然气227.06亿立方米，创历史新高
	11月24日	西南油气田公司自主研发的百万立方米级天然气固定床羰基硫水解成套技术在天然气净化总厂万州分厂一次投产成功并稳定运行
2022年12月	12月1日	西南油气田公司顺利完成足206H1-1井连续油管井下电视测试作业，录取资料精度满足解释要求，标志着国内首口深层页岩气井井下电视孔眼磨蚀评价现场试验顺利完成
	12月5日	龙王庙组气藏投产10年，安全生产3652天，累计生产天然气707.57亿立方米
	12月15日	随着中浅206平台、中浅3平台、中浅204平台向西南油气田公司双合集气站二期扩建工程进气，标志着天府气田金秋区块致密气中浅1井区150万立方米浅冷装置全面建成投运
	12月20日	中国石油西南油气田公司川中油气矿角探1井安全生产167天，累产天然气4075万立方米，提前超额完成了年度配产任务

数据来源：西南油气田官网和公众号。

（4）大庆油田。

表29　大庆油田2022年开发大事记

月份	日期	大事记
2022年2月	2月8日	截至目前，大庆油田共完成生产井射孔425口，生产成果取得"开门红"
2022年3月	3月1日	大庆油田天然气分公司四站储气库群四库平3井、四库平5井开井注气，陆续投用注气井8口，截至3月16日，累计注气1790.2万立方米
2022年5月	5月1日	大庆油田钻探钻井二公司1205钻井队施工的GY3-Q1-H3井顺利完钻，创出完钻井深5399米，三开"一趟钻"单趟进尺3334米的古龙水平井施工纪录
	5月2日	大庆四站储气库群累计注气量突破1亿立方米，创历史新高
	5月2日	大庆油田天然气分公司油气加工9大队的红压天然气净化装置启机成功

续表

月份	日期	大事记
2022年7月	7月8日	大庆油田上半年水驱自然递减率、含水上升值等主要开发指标创近年来最好水平，生产天然气29.06亿立方米，同比增加4.06亿立方米，销售天然气20.47亿立方米，同比增加4.37亿立方米，天然气产销"两旺"
2022年8月	8月12日	大庆油田举行CIFLog3.1换装仪式与应用交流会。CIFLog是基于前沿计算机技术建立的测井处理解释系统，复杂油气藏测井评价技术利器首站"落户"大庆油田
2022年9月	9月13日	大庆油田录井一公司伊拉克Block-9区块施工现场传来好消息，该区块录井油气显示发现率、工程异常预警准确率均实现100%，自2022年年初以来，截至目前已完成录井20口，实现录井进尺10万余米，创产值近5000万元
	9月14日	大庆油田采气分公司（储气库分公司）芳深6-平3井复产监测3周，平均日产天然气5万立方米以上，标志着此分公司首次对长关井实施连续油管射孔作业取得成功
	9月中旬	大庆物探一公司2289队承担的海拉尔盆地乌南三维项目强化各工序质量管控，持续加大质量监控力度，实现安全质量和作业效率"双提升"，本月勘探生产效率提高10%以上
2022年10月	10月5日	大庆钻探钻井一公司70007钻井队施工的徐深3-平3顺利完井，完钻井深4925米，钻进周期110.5天，全井零事故零复杂，刷新了松辽盆徐深气田徐深3区块深层水平井施工周期最短纪录
	10月10日	在松辽，大庆油田国庆期间累计增开15口井，复产集气站2座，天然气井日产量有效提高；在川渝，大庆油田协调解决生产难题，确保了老井措施作业、巡井巡线和轻烃外销等工作正常开展，天然气日产量明显回升
	10月12日	大庆油田川渝流转区块2022年已生产天然气4.82亿立方米，商品气量4.15亿立方米，同比2021年实现翻番
	10月18日	大庆油田重庆分公司已实施措施142井次，实现措施日增产33万立方米，减缓了气田递减率，确保合川气田老井日产水平保持在60万立方米以上
	10月18日	为实现增产增收，大庆油田重庆分公司全力加快液化天然气试采场站建设，2022年1—10月已陆续投产3座LNG试采净化站，其中潼深3井试采站二期项目从开工建设到投产仅用53天，创出川渝流转区块最快建产纪录；LNG场站由2021年的1口井1座站增加到4口井6座站，CNG井站由去年3座增加到5座，零散气销量逐渐提升，实现了质量效益双丰收

续表

月份	日期	大事记
2022年10月	10月25日	大庆油田重庆分公司重点工程川渝流转区块的合深气田合深4区块开发先导试验项目中，嘉陵江穿越工程导向管顺利贯通，标志着穿江工程在关键节点上取得实质性突破。下一步，施工方将对导向管孔径进行扩孔作业，以达到输气管线通过直径，预计所有穿江工程将在2023年1月末竣工
	10月28日	大庆油田采气分公司（储气库分公司）徐深1区块平6井成功投产，该气井运行平稳，瞬时流量4200立方米，日增产天然气可达10万立方米
2022年11月	11月2日	7月1日至今，大庆油田川渝流转区块累计生产天然气超1亿立方米，全部用于地方生产生活，有力支援了当地抗旱救灾，保障了民生用气；目前，大庆油田川渝流转区块开钻24口井，日均开井143口，日产气176万立方米，日产商品气148万立方米，轻烃、液化气等生产有序推进
	11月21日	大庆油田天然气日均产量达1500万立方米，为冬季保供增添了十足"底气"
2022年12月	12月3日	大庆钻探沙特项目DQ050钻井队成功中标沙特阿美公司AFK总包项目
	12月19日	大庆钻探30681钻井队、15160钻井队钻井进尺双双突破10万米大关。这是两支队伍进尺突破10万米的"四连冠"和"两连冠"，展现了大庆钻探铁人队伍用实际行动保障油气稳产的责任与担当
	12月26日	截至12月22日，大庆油田采油七厂运用负压排水采气工艺成功治理的天然气井葡198-18井，已累计产气17.38万立方米，日产气量恢复到1.4万立方米，为油田冬季生产生活添"底气"
	12月31日	在松辽区块，2022年大庆油田建立老井高效挖潜模式，实施各类措施93井次，增气0.45亿立方米，综合递减率控制在5%以内；在肇深区块整体投产5口井。在川渝区块，大庆油田全年产气3亿立方米；合深先导试验区4口井全部完钻，储层预测符合率为90%，初步形成规模产能
	12月31日	大庆油田天然气年产量超过55亿立方米

数据来源：大庆油田官网和公众号。

2. 中石化

（1）普光气田。

表 30　普光气田 2022 年开发大事记

月份	日期	大事记
2022 年 1 月	1 月 22 日	投产 12 年的普光气田累计生产天然气突破 1000 亿立方米
2022 年 3 月	3 月 18 日	中原油田普光气田 D4031-2 井投产成功。该井作为普光气田大湾区块 2022 年首口新投气井，喜获高产，为普光气田今年上产提振了信心。2022 年年初以来，普光分公司采气厂天然气日产量保持了 2586 立方米的稳定态势
	3 月	中原普光油田采用"直井多段＋一体化变黏滑溜水＋多粒径支撑剂"压裂工艺，对普陆 5 井千一段分 3 段进行直井桥塞体积压裂，形成了复杂裂缝，打通了获得勘探突破的"最后一公里"
2022 年 5 月	5 月 10 日	普光气田 55 口生产井开始投产 12 年来的第二次全面停产检修。完成 5 项检修、3 项技改、2 项新增工程，9776 个技改检修子项。普光气田比原计划提前 1 天完成气田所有检修任务，完成中石化中原油田 2022 年度"1 字号"工程，为完成全年天然气产销任务奠定坚实基础。
	5 月 10 日	中原油田普陆 5 井试气作业接近尾声，获日产 1.28 万立方米的工业气流，在普光西向斜侏罗系干佛崖组一段落实致密砂岩气资源量 130.8 亿立方米、页岩气资源量 2228 亿立方米，成功揭示出了普光西向斜的增储前景和生产潜力，在平面上极大拓展了普光探区的含气面积和勘探场面，为普光气田长期稳产准备了又一片资源接替阵地
	5 月 20 日	大湾 406 井场，中原油田川东北项目部 70226 钻井队正在进行施工准备，普光气田产能建设重点项目在紧锣密鼓进行中
2022 年 6 月	6 月 6 日	由中原勘探开发研究院部署实施的普光 3011-5 井顺利开井复产，标志着普光气田停产技改检修后实现全面复产，日产能力接近 2500 万立方米，创上半年最高水平
2022 年 7 月	7 月 7 日	中石化中原油田普光气田举行陆相致密气、页岩气产能建设工程开工仪式，该工程预计新建年产能 1.93 亿立方米，涉及钻井、采气、地面集输及新建 35 千伏供电线路等多项工程
2022 年 11 月	11 月 16 日	普光气田首口水侵区剩余气挖潜井 203-1 侧钻井经过气密、监测、联调，日产井口瞬时气量 20 万立方米左右，显示出良好的资源开发前景
	11 月 20 日	普光气田生产井口气 74.13 亿立方米，净化后气量 55.61 亿立方米，外输商品气量 51.82 亿立方米，为川气东送沿线高质量平稳供气发挥了重要作用
	11 月 22 日	普光气田普陆 301H 井大型多段体积压裂首段压裂顺利实施，标志着普光气田陆相勘探开发一体化实施取得阶段性成功，拉开了中原油田川东北工区陆相勘探开发一体化序幕，勘探试气产能快速建产实现了管理创新

续表

月份	日期	大事记
2022年11月	11月26日	普光气田老君701-2井投产成功，瞬时气量60万立方米/日，对今年冬季提供了天然气保供，在保障国家能源安全的新征程中贡献中原力量
2022年12月	12月20日	由中原油田勘探开发研究院部署在普光气田老君区块首口开发井（老君701-3井）顺利投产，获日产气量45万立方米高产，油压接近18兆帕，标志着老君新区开辟了建产新阵地，增储建产空间进一步扩大
2022年12月	12月30日	中原油田普光气田大湾406井开井投产运行，日产气量30万立方米。为保障该井的顺利投产，普光分公司采气厂集中精锐骨干力量，全程紧密跟踪施工进度，与各施工单位高效配合，做好人员、物资、工序的有效衔接，全力保障该井一次性投产成功

数据来源：普光气田官网和公众号。

（2）涪陵页岩气田。

表31　涪陵页岩气田2022年开发大事记

月份	日期	大事记
2022年1月	1月4日	涪茅3HF井试获9.27万立方米/日的高产工业气流，打响了2022年气田增储上产"发令枪"，展示了气田新层系茅口组良好的开发前景
2022年3月	3月22日	焦页12扩平台采用"井工厂"电驱压裂工艺，一举创下国内页岩气开发单平台压裂井数最多、段数最多、加液量最多、加砂量最多、单机组效率最高等5项施工记录，标志着气田全电驱压裂技术达世界领先水平
2022年3月	3月30日	气田超额完成冬季保供天然气产销任务，累计产气30.07亿立方米、销售28.86亿立方米，均超计划2个百分点，在履行保供使命中交出了一份靓丽"答卷"
2022年6月	6月5日	涪陵页岩气公司荣获全国十佳环保设施开放单位
2022年6月	6月25日	江汉油田涪陵页岩气田第3口重复压裂试验井——焦页2HF井，圆满完成重建井筒和储层重新改造施工，试获17.67万立方米/日的高产工业气流，标志着涪陵页岩气田重复压裂技术取得长足进步，为中国页岩气高效开发提供有力技术支撑

续表

月份	日期	大事记
2022年7月	7月4日	随着焦页85-S3HF井运用试采一体化新技术顺利投产，气田投产井数达700口，标志着该气田规模化开发势头良好，为加快实现国家"双碳"目标贡献力量
	7月20日	江汉油田涪陵气田投产井达700口
2022年10月	10月17日	焦页18-S12HF井刷新中国页岩气井水平段最长4286米、水平段"一趟钻"进尺最长4225米两项纪录，标志着中国页岩气超长水平井钻探取得重大突破
2022年11月	11月17日	焦页10-Z4HF井顺利完钻，钻井周期仅24.12天，创气田开发以来钻井周期最短纪录
	11月28日	焦页1HF井保持国内页岩气井生产时间最长纪录，10年累计产气1.57亿立方米，树立了页岩气开发"中国标本"
2022年12月	12月20日	涪陵页岩气田累计投产气井超870口
	12月28日	中石化江汉油田涪陵页岩气田焦页12号平台18口气井全部完井，投产气井16口，采收率达44.3%，一举创下中国页岩气开发平台井数最多、井组采收率最高两项纪录

数据来源：涪陵页岩气田官网和公众号。

（3）西南石油局。

表32　西南石油局2022年开发大事记

月份	日期	大事记
2022年1月	1月14日	西南石油局新蓬232井获产创河道产量新高
2022年2月	2月9日	西南石油局1月产气同比增长9%
	2月21日	截至目前，西南石油局元坝气田205井安全生产2600多天，累计产气突破15亿立方米，成为元坝气田产量最高井
	2月25日	西南石油局新深102D井获产70.9万立方米
2022年3月	3月2日	西南石油局、西南石油工程公司新场-合兴场须二气藏难动用储量开发先导试验区首口试验井——新场构造新8-3井试采日产天然气8万立方米，合作效益开发首战告捷
	3月4日	西南石油局采气三厂须家河气藏2022年第一口新井新盛101-1井投产成功
	3月14日	新蓬23-8井顺利投产
	3月22日	西南石油局龙89-1HF井日产气3.6万立方米

续表

月份	日期	大事记
2022年4月	4月25日	西南石油局2022年已投产新井34口
2022年5月	5月26日	西南石油局中江气田江沙240-1HF获高产
2022年7月	7月18日	川西须二气藏获无阻流量超200万立方米高产井
2022年8月	8月1日	西南石油局江沙220-5HF井成功投产
2022年8月	8月4日	2022年累计生产天然气50.35亿立方米，较2021年同期增幅10%，日产气量同比增加160多万立方米
2022年9月	9月28日	中江气田须家河组气藏日产气量超百万立方米
2022年9月	9月30日	西南石油局彭州5-3D井获日无阻流量173万立方米
2022年9月	9月30日	西南石油局今年累计产气达60.01亿立方米，同比增长3%，持续保持强劲增储上产势头
2022年9月	9月30日	西南油气分公司今年累计产气60.01亿立方米，同比增长3%
2022年10月	10月18日	西南石油局在四川盆地部署的金石103HF探井获高产稳产工业气流，日产天然气25.86万立方米，评价落实地质资源量3878亿立方米
2022年11月	11月9日	西南石油局日产天然气超2500万立方米，2022年累计生产天然气超70亿立方米，同比增长超4%，累计投产新井90余口，同比增长14%
2022年11月	11月17日	马井1-1H井顺利完成酸压测试任务。该井经大规模酸压改造，在26.09兆帕条件下获天然气测试日产量93.62万立方米
2022年11月	11月22日	西南石油局2022年累计生产天然气73.52亿立方米，同比增长4.8%，累计投产新井108口，同比增长30%，为天然气冬季保供再添底气
2022年12月	12月4日	西南石油局马井雷四气藏高效建成投产
2022年12月	12月7日	西南石油局威页25平台日产气96.9万立方米
2022年12月	12月8日	西南石油局采气二厂2022年累产气超36亿立方米
2022年12月	12月底	西南石油局生产天然气84.01亿立方米，同比增长5%，天然气年产能首次突破100亿立方米

数据来源：西南石油局官网和公众号。

（二）油气采矿权

如前述，根据发布的消息，中国主要油气采矿权在2021年和其他年度油气探矿权按地区分布如表33所示。

表 33 中国 2021 年度和其他年度分地区油气采矿权表

地区	股份公司	2021年采矿权（个）	其他年份采矿权（个）
华东	中石油	3	3
	中石化	112	97
华南	中石油	4	2
	中石化	7	5
华北	中石油	85	69
	中石化	12	11
华中	中石油	0	0
	中石化	51	50
东北	中石油	103	90
	中石化	14	14
西南	中石油	113	106
	中石化	26	23
西北	中石油	179	161
	中石化	25	22

数据来源：自然资源部年度信息。

（三）2016—2021 年主要省份天然气产量及分析

主要省份 2016—2021 年天然气产量如表 34 所示。根据表 34，2016—2021 年期间天然气主要产自 10 个省份，其中产量超过 50 亿立方米的有 6 个省份，而超过 300 亿立方米的有三个，分别是四川、新疆和陕西。三个省份的累计产量占比在 2016—2021 年均超过 70%，且总产量年递增 100 亿立方米的贡献主要来自该三个省份。在年产量递增表现上，四川比较突出，平均增幅为 12.17%，新疆和陕西虽然比起四川稍逊，但分别达到 5.89% 和 6.43%，是 2025 年"十四五"末和 2035 年"十六五"末实现 2400 亿立方米和 3300 亿立方米目标产量的主要贡献省份。

表34 2016—2021年主要省、直辖市、自治区天然气产量表

单位：亿立方米

省、直辖市、自治区	2016年	2017年	2018年	2019年	2020年	2021年
四川	296.91	356.39	369.85	441.35	463.34	522.21
新疆	291.20	307.04	321.85	342.03	369.83	387.59
陕西	411.91	419.40	444.48	473.42	527.38	294.13
内蒙古	0.27	0.19	16.07	22.07	25.55	26.00
广东	79.25	89.23	102.50	112.08	131.59	132.48
山西	43.22	46.76	52.42	64.62	85.93	123.35
重庆	51.75	60.70	61.17	65.10	79.96	87.11
青海	60.80	64.00	64.10	64.00	64.00	62.00
黑龙江	38.00	40.50	43.50	45.70	46.80	50.50
天津	19.70	21.50	33.90	34.90	36.30	39.02

数据来源：中经数据。

（四）2016—2022年主要产气油气田天然气产量

中石油、中石化、中海油和陕西延长石油（集团）有限责任公司旗下主要产气油气田2016—2022年的天然气产量统计如表35所示。根据表35，"十三五"和"十四五"前两年期间，各个产气油气田天然气产量基本都表现为逐年上升，尤其是产量排名前三位的长庆油田、西南油气田和塔里木油田，三家总体占比、各家占比、各家产量增幅计算如表36所示。

表35 2016—2022年主要产气油气田天然气产量表

单位：亿立方米

油田公司	油气田企业	2016年	2017年	2018年	2019年	2020年	2021年	2022年
中石油	西南油气田	190.10	210.20	226.30	268.50	318.19	354.10	383.40
	长庆油田	365.02	369.43	387.48	412.30	448.00	465.43	506.50
	塔里木油田	235.60	253.27	266.21	280.00	311.00	319.00	323.00
	大庆油田	37.70	40.13	43.35	45.53	46.55	50.20	55.40
	新疆油田	28.50	28.40	29.10	29.30	30.00	34.80	38.40
	青海油田	60.80	64.01	64.05	64.00	64.00	62.00	60.00

续表

油田公司	油气田企业	2016年	2017年	2018年	2019年	2020年	2021年	2022年
中石化	西南石油局	55.10	60.70	61.45	66.00	67.14	80.01	84.01
	普光气田	80.00	76.00	80.00	91.00	84.00	89.65	84.59
	涪陵页岩气田	50.00	60.04	60.20	64.43	68.05	72.97	71.96
	华北石油局	35.20	37.24	40.60	45.00	47.44	50.57	50.01
中海油	渤海油田	13.88	15.43	17.05	16.36	29.36	30.00	34.80
	南海东部油田	19.21	24.62	35.70	40.40	41.44	66.00	68.20
	南海西部油田	28.31	28.27	27.41	32.89	45.65	51.49	87.50
陕西延长石油（集团）有限责任公司		20.40	25.80	23.70	48.00	55.15	67.82	75.60

数据来源：1. https://www.sohu.com/a/624598860_505855；2. https://zhuanlan.zhihu.com/p/454708564；3. https://www.hxny.com/nd-52640-0-17.html；4. https://www.sohu.com/a/364346533_649809；5. https://wenku.baidu.com/view/334d6e154a2fb4daa58da0116c175f0e7cd1191f.html?_wkts_=1680665257252&bdQuery=%E3%80%8A%E5%9B%BD%E9%99%85%E7%9F%B3%E6%B2%B9%E7%BB%8F%E6%B5%8E%E3%80%8B%E6%B1%87%E6%80%BB+2010%E2%80%942018+%E5%B9%B4%E5%A4%A9%E7%84%B6%E6%B0%94%E4%BA%A7%E9%87%8F%E6%95%B0%E6%8D%AE；6. 中国海洋石油集团有限公司年报2020—2021。

表36　2016—2022年三家油气田天然气产量变化表

油气田企业		2016年	2017年	2018年	2019年	2020年	2021年	2022年
全国天然气产量（亿立方米）		1366.40	1479.60	1583.80	1730.80	1904.00	2049.40	2170.00
西南油气田	天然气产量（亿立方米）	190.10	210.20	226.30	268.50	318.19	354.10	383.40
	增幅（%）	—	10.57	7.66	18.65	18.51	11.29	8.27
	占比（%）	13.91	14.21	14.29	15.51	16.71	17.28	17.67
长庆油田	天然气产量（亿立方米）	365.02	369.43	387.48	412.30	448.00	465.43	506.50
	增幅（%）	—	1.21	4.89	6.41	8.66	3.89	8.82
	占比（%）	26.71	24.97	24.47	23.82	23.53	22.71	23.34

续表

油气田企业		2016年	2017年	2018年	2019年	2020年	2021年	2022年
塔里木油田	天然气产量（亿立方米）	235.60	253.27	266.21	280.00	311.00	319.00	323.00
	增幅（%）	—	7.50	5.11	5.18	11.07	2.57	1.25
	占比（%）	17.24	17.12	16.81	16.18	16.33	15.57	14.88
三家产量（亿立方米）		790.72	832.90	879.99	960.80	1077.19	1138.53	1212.90
三家占比（%）		57.87	56.29	55.56	55.51	56.58	55.55	55.89

数据来源：同表35。

根据表36，认为在总体天然气产量持续递增的状况下，三家天然气产量占比稳定在55%以上，说明三家的产量与总体的趋势一致。三家油气田产量变化如图34所示。根据图34，西南油气田产量先快速递增后有所减缓，长庆油田产量增幅前面上升后面震荡变化，塔里木油田则主要呈现增幅下降的趋势。结合各家在总产量中的占比、三家累计产量在总产量中的占比，说明要想实现2025年2400亿立方米和2035年3300亿立方米的产量目标，西南油气田和长庆油田在产量增幅上需要更多的努力，而塔里木油田则需要以产量规模维持为主。

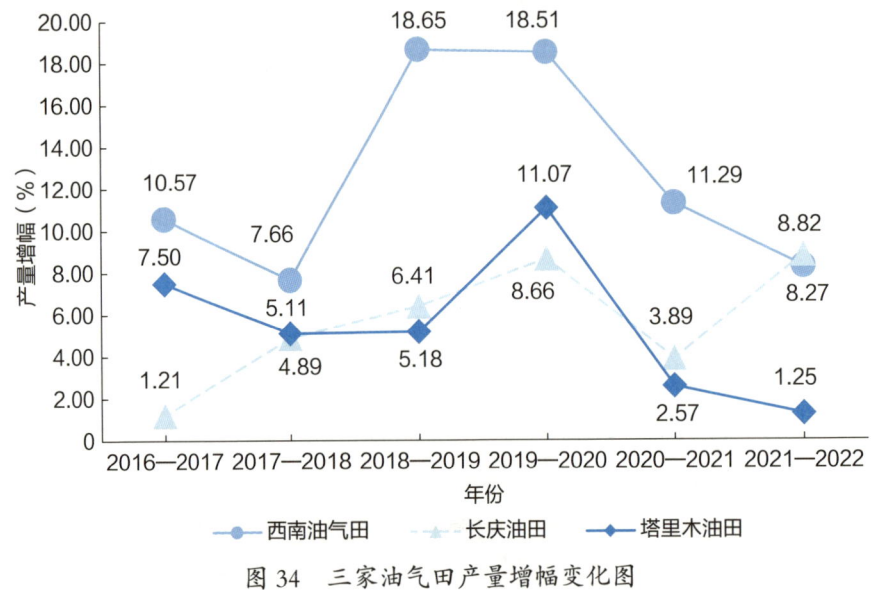

图34 三家油气田产量增幅变化图

(五)2016—2022 年全国天然气产量

2016—2022 年全国天然气产量情况根据国家统计局相关信息资料统计如表 37 所示。"十三五"和"十四五"头两年,全国天然气产量保持良好的上升势头,连续 7 年都递增了超过 100 亿立方米。

表 37　2016—2022 年全国天然气产量变化表

单位：亿立方米

月份	2016 年	2017 年	2018 年	2019 年	2020 年	2021 年	2022 年
1—2	250.70	251.50	261.90	286.80	314.00	348.00	372.00
3	122.70	135.80	135.20	151.00	169.00	185.00	197.00
4	105.80	122.00	128.90	141.00	161.00	169.00	177.00
5	108.30	119.90	126.20	144.00	159.00	169.00	177.00
6	101.60	115.50	121.80	139.00	152.00	172.00	173.00
7	103.10	117.40	130.00	139.00	142.00	158.00	171.00
8	107.80	119.50	129.00	138.00	142.00	159.00	170.00
9	101.50	111.50	122.00	135.00	146.00	157.00	164.00
10	108.30	124.10	134.00	146.00	163.00	165.00	185.00
11	123.50	126.30	143.00	151.00	169.00	177.00	189.00
12	133.10	136.10	153.00	160.00	187.00	192.00	226.00
合计	1366.40	1479.60	1585.00	1730.80	1904.00	2051.00	2201.00

数据来源：国家统计局各年份月度产量数据；https://www.chyxx.com/data/201702/495087.html。

四、天然气勘探开发前景展望

(一)天然气勘探 2022—2025 年前景

以 2016—2020 年天然气探明地质储量、煤层气探明地质储量、页岩气探明地质储量为基础,计算各种探明地质储量平均增长率为 0.04、0.01 和 0.36,以 2021 年实际数据为基准数据,计算得到 2022—2025 年各探明地质储量预测结果如表 38 所示。

表38 天然气储量2016—2025年变化表

单位：亿立方米

年份	天然气探明地质储量	煤层气探明地质储量	页岩气探明地质储量
2016	54365.50	3344.04	1224.13
2017	55220.96	3025.36	1982.88
2018	57936.08	3046.30	2160.20
2019	59665.80	3841.80	3040.70
2020	62665.78	3315.54	4026.17
2021	63392.67	5440.62	3659.63
2022	65928.38	5495.03	4977.10
2023	68565.51	5549.98	6768.85
2024	71308.13	5605.48	9205.64
2025	74160.46	5661.53	12519.67

数据来源：2016—2021年天然气、煤层气、页岩气探明地质储量数据与表24来源相同。

（二）天然气开发2021—2035年展望

1. 2021—2025年产量预测

根据对"十四五"天然气产量的展望，预计到2025年"十四五"末期天然气产量将达到2400亿立方米，2021年取实际产量2047亿立方米，计算"十四五"年度产量增长率为0.0431，计算"十四五"期间天然气产量如表39所示。

表39 2021—2025年天然气产量预测值

年份	预测产量（亿立方米）
2021	2047.00
2022	2135.23
2023	2227.25
2024	2323.25
2025	2423.38

2. 2026—2035 年产量预测

根据对远景天然气产量的展望,预计到 2035 年"十六五"末期天然气产量将达到 3300 亿立方米,2025 年取预测产量 2423.38 亿立方米,计算"十五五"和"十六五"年度产量增长率为 0.0361,计算 2026—2035 年天然气预测产量如表 40 所示。

表 40 2026—2035 年天然气产量预测值

年份	预测产量(亿立方米)
2026	2423.38
2027	2510.86
2028	2601.51
2029	2695.42
2030	2792.73
2031	2893.54
2032	2998.00
2033	3106.23
2034	3218.36
2035	3334.55

中国天然气储运

2022年全球天然气供应格局发生巨大变化，面对严峻的国内外形势和风险挑战，确保能源安全是中国做好能源工作的首要任务。据国家统计局、国家发展改革委和海关总署发布的数据，2022年中国天然气产量为2201亿立方米；表观消费量为3663亿立方米；天然气进口量为10925万吨，其中LNG进口量为6344万吨，占天然气总进口量的58%，管道气进口量为4581万吨，占比42%。产量较2021年增加了150亿立方米，涨幅为7.31%；消费量同比减少63亿立方米，下降了1.7%；天然气进口量同比减少1211万吨，下降了9.9%。其中，LNG进口量近七年来首次出现下滑，同比减少1549万吨，下降了19.5%，管道气进口量同比增长338万吨，涨幅8%。按照产量为2201亿立方米、消费量为3663亿立方米的预测值计算，2022年我国天然气对外依存度为40.9%，较上年的44.9%陡降了4个百分点，降幅之大也是历史新高。目前中国天然气地下储气库总库容约638.2亿立方米，工作气量不足300亿立方米，储气库工作气量占年消费量的比重仅在8%左右。根据国际经验，地下储气库工作气量一般不能低于天然气总消费量10%的红线，8%的水平不足以应对调峰供保的严峻挑战。要达到既定的储气目标，就必须大力建设天然气储运基础设施以弥补国内储气量不足的现状。

2022年中国地下储气库、LNG接收站、天然气管道等基础设施建设加快推进，确保能源供应保持合理的弹性裕度。据不完全统计，截至2022年年底，中国已累计建成地下储气库（群）39座，总库容达638.2亿立方米；规划在建地下储气库（群）33座，设计总库容699.69亿立方米。同时，累计建成投产LNG接收站24座，总储气能力达1239万立方米（液），不同规格大小的LNG储罐83个；规划在建LNG接收站7座，总储气能力462万立方米（液），LNG储罐22个；扩容LNG接收站6座，总储气能力588万立方米（液），

LNG储罐26个。管道建设方面，自2022年年初以来，国家石油天然气管网集团有限公司（以下简称"国家管网"）累计焊接管道里程已突破3000千米大关，较2021年同比增长14%，"全国一张网"进一步织牢织密。截至2022年年底，中国天然气长输管道长度约为11.3万千米。中国油气管道已基本形成连通海外、覆盖全国、横跨东西、纵贯南北、区域管网紧密跟进的油气骨干管网布局。

一、天然气储气设施

近年来中国不断提升天然气勘探开发能力，目前中石油在国内已经建成长庆、西南、塔里木、青海四大主力产气区，国内天然气产量连续5年突破千亿立方米。2022年以来，中国多个储气设施项目快速推进。据不完全统计，截至2022年年底，中国已累计建成地下储气库（群）39座，总库容达638.2亿立方米；规划在建地下储气库（群）33座，设计总库容699.69亿立方米。同时，累计建成投产LNG接收站24座，总储气能力达1239万立方米（液），不同规格大小的LNG储罐83个；规划在建LNG接收站7座，总储气能力462万立方米（液），LNG储罐22个；扩容LNG接收站6座，总储气能力588万立方米（液），LNG储罐26个。近年来，加强天然气储气设施建设一直被视为保障中国能源安全的重要工作。

（一）中国天然气储气库建设

将天然气储存起来是解决需求波动、保障能源供应安全的重要方式之一。天然气作为清洁能源和战略资源，是中国"双稳"经济目标和"双碳"目标的能源基础。储气库作为应对市场波动、顶尖峰的最后一环，调峰作用无可取代。自2017年以来，中国储气设施开工建设全面提速，2022年全国已建成储气能力638.2亿立方米。不过，与发达国家相比，中国储气能力依旧薄弱。2022年国内地下储气库工作气量不足300亿立方米，年度天然气消费量比例不足8%，远低于12%~15%的国际平均水平。储气能力已成为天然气乃至整个能源产供储销的短板，使中国应对调峰需求和国际市场变化的能力严重受限。为了缓解我国天然气资源分布不均、各区域供需不均衡的现状，在当前我国能源战略转型的关键时期，大力发展和加快推进建设天然气地下储气库，可有效推动我国天然气行业的可持续发展。

储气库是天然气季节调峰的重要保障。能源企业开足马力，加大油气增储上产的同时，也在加快储运设施建设，充分发挥储气库调峰能力。入冬以来，与国家管网相连的14座储气库已全部启动采气，日采气峰值超过1.6亿立方米，创历史新高。自供暖季中石化启动储气库采气调峰以来，形成有效工作气量超20亿立方米。根据《"十四五"现代能源体系规划》，到2025年，我国集约布局的储气能力将达到550亿~600亿立方米，占到天然气消费量的13%左右。国家发展改革委提出，到2030年，预计天然气消费量将达到4500亿~5000亿立方米，国内能源消费比重达到15%，而目前占比仍不足10%，天然气产供储销体系建设仍将继续推进。

1. 国内储气库建设现状

为提高能源安全保障能力，我国加快推动天然气增储上产，多个储气库项目进入新进程。据不完全统计，截至2022年年底，中国已累计建成地下储气库（群）39座，总库容达638.20亿立方米；规划在建地下储气库（群）33座，设计总库容699.69亿立方米。2022年中国地下储气库快速发展，如下归纳汇总了2022年中国新建成投产的地下储气库。

2022年5月，新浪财经消息，作为国家重点能源项目，随着大港油田白15储气库开始注气，标志着国内首座全水平井建设的储气库试注成功，首日注气量约40万立方米。白15储气库是国内首座立体双层位协同建设的气藏型储气库，依托原板南储气库现有注采系统实施地层改造，设计库容2.65亿立方米、工作气量1.3亿立方米，处理老井7口、新钻水平井3口。

2022年6月，央视网讯，国内最深的盐穴地下储气库——江汉盐穴天然气储气库王储6井正式投产注气，首日注气量达19万立方米。江汉盐穴天然气储气库位于湖北省潜江市，利用地下盐穴而建，储气库井深达2000多米。项目于2019年正式启动，设计总库容48.09亿立方米。本次投产注气的"王储6"储气井是江汉盐穴天然气储气库一期工程的先导实验井之一，项目将于

2026年全部投产。该储气库重点解决了巨厚夹层的垮塌难题，使该储气库的建库高度从100米提高到了200米，储气能力大大提升。

2022年6月，人民网报道，国家石油天然气基础设施重点工程——中石油长庆油田采气五厂苏东39-61储气库建成注气，标志着内蒙古首座天然气地下储气库正式建成投产。该储气库位于乌审旗乌兰陶勒盖镇，设计库容22.3亿立方米，设计工作气量10.8亿立方米，可以更大程度发挥调峰优势。作为长庆油田已建最大储气库，苏东39-61储气库平均日注气量540万立方米，日最大注气量600万立方米；日平均采气量900万立方米，最高日采气能力可达1256万立方米。该项目总投资23.5亿元，建设内容包括注采实验站、24口气井、7条49千米输气管线和2个天然气处理厂等。储气库将对天然气陕京线、长呼线等输气管线进行调峰和应急，将为推进天然气产供储销体系建设和保障国家能源安全提供有力保障。

2022年9月，天山网讯，位于吐哈盆地的温吉桑储气库温西一库平稳注气，投运成功。温吉桑储气库建设项目是自治区重点工程，该项目一期建设工程温西一库于2019年启动，2021年5月正式开工，2022年8月31日注气投运。按照项目总体规划，吐哈油田将在2022年年底完成温西一库采气系统建设，2023年启动二期项目温八气库建设。温吉桑储气库温西一库是中石油在西北建设的第二座储气库，将为西气东输沿线城市天然气供应提供调峰服务。

2022年11月，中国石油网消息，国内首座井站一体标准化储气库——驴驹河储气库日前正式投用。驴驹河储气库是国家重点能源项目、天津市天然气基础设施重点项目，同时，也是中石油首批全数智化建设运营的气藏型储气库，属于陕京二、三线配套储气库，设计库容5.7亿立方米、有效工作气量3亿立方米。该库一改传统井站分离的模式，在全水域建设情况下，填垫并新建集注站1座，新建6大功能区域，核心设备国产化率达100%。驴驹河储气库正式投用，对于优化京津冀地区能源结构，满足冬季用气调峰需求具有重要现实意义。

据不完全统计，截至2022年年底，中国天然气地下储气库分布如表41所示。

表 41　中国天然气地下储气库分布表

地区	储气库（群）	库容（亿立方米）	数量（座）	运营商
天津	大港	79.45	10	中石油
	驴驹河	5.70	1	
河北	京 58	16.80	3	
	苏桥	67.38	5	
辽宁	双 6	36.00	1	
	雷 61	5.25	1	
黑龙江	喇嘛甸	7.60	1	
重庆	相国寺	42.60	1	
新疆	呼图壁	107.00	1	
	温吉桑	56.00	1	
内蒙古	苏东 39-61	22.30	1	
陕西	陕 224	10.40	1	
江苏	金坛	7.90	1	
	刘庄	4.60	1	
	金坛	4.60	1	港华燃气
	金坛	4.59	1	
河南	文 96	5.60	1	中石化
	文 23	84.30	1	
	卫 11	10.09	1	
	文 13	5.69	1	
吉林	孤西	0.40	1	
山东	永 21	5.00	1	
四川	清溪	3.49	1	
湖北	江汉	48.09	1	
总和	—	638.20	39	—

数据来源：根据中石油新闻中心，中石化新闻网等公开资料整理。

若地下储气库的有无体现了储气能力的大小，注气与采气则体现了地下储气库的利用效率。如下归纳梳理了 2022 年中国主要地下储气库的注气采气情况。

2002 年 4 月，国际能源网讯，随着中原—开封输气管道黄河南阀室 BV101 阀门缓缓打开，国家管网西气东输中原天然气公司正式向中原油田白 9 储气库供气。此次开始注气的白 9 储气库，将新增库容气量 3.59 亿立方米，加上原来的文 96 储气库、文 23 储气库、卫 11 储气库和文 13 西储气库 4 个储气库，中原储气库群的"成员"增加至 5 个，储气库库容气量累计达到 109.58 亿立方米，对保障华北地区和黄河流域储气调峰，以及更好地满足应急保供、下游工业和居民采暖季用气需求均具有重要意义。

2022 年 5 月，青岛半岛信网讯，胜利油田永 21 储气库启动 1 号压缩机组，两口注采井陆续开井注气，100% 加载运行，标志着永 21 储气库正式启动第一个注采周期注气生产。永 21 储气库是中石化百亿立方米储气调峰体系重点项目之一，也是山东省首座储气库，设计库容 5 亿立方米，工作库容 2.38 亿立方米，设计日调峰供气能力 198 万立方米，2021 年 8 月 25 日投入试运。

2022 年 8 月，潇湘晨报报道，四川首座储气库群——牟家坪、老翁场储气库累计注气量突破 1 亿立方米。四川首座储气库群位于宜宾境内，是国内首个由缝洞型储层改建的地下储气库，由牟家坪、老翁场储气库组成。根据建库整体规划，两座储气库将于 2022 年完成先导性试验建设及试注气，2023 年完成施工建设。截至 8 月 24 日，老翁场储气库累计平稳注气 4739 万立方米，牟家坪储气库累计平稳注气 5854 万立方米。中国石油西南油气田公司重视储气库建设工作，精细生产运行组织，多举措保障平稳注气。日注气能力由投产初期的 60 万立方米提升至 90 万立方米，实现了发动机负荷增加 20%、燃料气消耗量仅增加 10%、日注气量提升 50% 的作业效果，切实保障全年注气任务的完成。

2022 年 8 月，人民网讯，中国石油辽河储气库群截至 2022 年 8 月 2 日阶段累计注气量突破 22 亿立方米，超出 2021 年总注气量 2.26 亿立方米。库群目前整体开井 27 口，日注气量 1530 万立方米。辽河储气库群是中国石油辽河油田公司打造中国石油东北储气中心的一项国家级重点工程。多年来，累计注气量已经突破了 100 亿立方米，总采气量达到 70 亿立方米以上。从 3 月底开始，雷 61、双 6 储气库先后开启新一轮注气；5 月下旬，双 51、双 31 两座新库开启首轮注气，库群整体注气能力从每天 1400 万立方米提升至 3000 万立方米，成为全国注气能力最大的储气库群。当前，辽河油田正在全速推进两处新的采气装置区建设，建成投用后辽河储气库群整体日采气处理能力将大幅攀升。

2022 年 10 月，中国新闻网讯，西南地区首座地下储气库——重庆相国寺储气库已完成第十注气期共计注气21.5亿立方米，库存量达到44.06亿立方米，再创注气新高，成为建库以来注气最多的一个周期。在本期注气工作中，相国寺储气库继2021年完成扩容达产后，率先在国内储气库中实施提压注气，连续51天日注气量达1400万立方米以上，最高日注气量1518万立方米，其中有6天日注气量超过1500万立方米，日注气量和库存量再创历史新高，也刷新了连续高强度、满负荷注气新纪录。相国寺储气库于2011年开工建设，2013年建成投运，2021年完成扩容达产，是保障川渝地区和京津冀地区冬季天然气供应的重要气源。

2022年11月，中国经济新闻网讯，目前全国最大的天然气储气库——中国石油新疆油田呼图壁储气库正式启动第十周期采气运行。呼图壁储气库设计总库容107亿立方米，是全国首个百亿立方米储气库，也是西气东输二线的首座储气库，具备新疆北部地区季节调峰和应急储备双重功能。作为地下储气库，呼图壁储气库具有储藏量大、调节工作气量大、安全性高和成本低等优势。自2013年6月正式投运至今，已累计注气184.8亿立方米，累计采气130.8亿立方米，总注采吞吐量315.6亿立方米。为确保今冬明春安全平稳供气，呼图壁储气库夏季按照应储尽储、力争多储的原则，圆满完成注气储备任务，较2021年多注气5.8亿立方米，达到历史最高水平。

2022年11月，央视网讯，作为京津冀季节调峰的主要气源，国内首座地下商业储气库群——中国石油大港油田所属的11座地下储气库开井采气，首日开井4口，日采气量达230万立方米，预计今冬明春将采天然气超23亿立方米。该储气库群坐落在天津滨海新区南部，主要承担京津冀区域天然气区域调峰、应急供气等职能，地下所采天然气2小时即可到达北京中心城区。2022年以来阶段累计注气21.35亿立方米，完成年度注气计划的102.8%，比历史最高周期增注8700万立方米。随着今冬明春天然气保供逐渐拉开序幕，大港油田储气库群预计将有92口井投入采气生产，整个库群日采气量有望突破3000万立方米，将有力保障京津冀地区天然气平稳供应，为地区经济持续稳定打下坚实基础。

2022年11月，人民日报报道，我国中东部地区最大的天然气地下储气库——国家管网西气东输文23储气库顺利完成年度注气任务。文23储气库地处华北中原腹地，设计库容103亿立方米，工作气量40亿立方米。自2022

年注气以来，文 23 储气库刷新了多项纪录：共 50 口井参与注气，为历年之最；库存量达 87 亿立方米，创历史新高；整体注气能力达 1704 万立方米，日注气量在 1500 万立方米以上达 34 天，刷新了连续高强度注气纪录。建设团队艰辛付出，科学优化注气运行方案，构建地层—井筒—地面"三位一体"风险管控体系，持续加强储气库周期性、完整性管理；加速推进扩能增产工程进度，顺利完成一期 2 口加密井工程，新增调峰工作气量 6800 万立方米，进一步提升了文 23 储气库冬季应急采气能力。

2022 年 12 月，中国石化新闻网讯，中原油田清溪储气库正式开井采气，这也是这个储气库建成后第一次采气外输。为了实现天然气存得住、采得出的建设管理目标，中原油田普光分公司精心组织、高效运行，严格按照时间节点完成清溪储气库建设任务。首次采气外输一次性完成注、采工艺流程切换，深度隔离，关断测试，气密条件确认等系列准备工作，如期采气保供，日采气量 30 万立方米，预计今冬明春采天然气量 4584 万立方米。为保障川气东送沿线 6 省 2（直辖）市居民冬季供暖做好保供工作。

2022 年 12 月，河北新闻网讯，位于中国石油冀东油田公司南堡 2 号人工岛的南堡 1-29 储气库开始正式采气，这标志着中国第一座海上储气库正式进入采气期。冀东油田位于京津冀国家天然气重要消费中心，南有 2 座 LNG 接收站，北有中俄、永唐秦管道，东有规划秦丰线，西有在建新天管道，进出管输密集，同时地下储层条件好，压力系数高、建设成本低，拥有天然的地质优势。2021 年以来，冀东油田以南堡 1-29 储气库和堡古 2 为先导试验，采取注气试压、边建边采的方式，大力推进储气库建设。目前，已累计注气 2.42 亿立方米，达到每天 180 万立方米的注气能力，以及每天 50 万立方米的采气调峰能力。南堡 1-29 储气库设计有效库容 18.14 亿立方米，采取"超压设计、逐步提压"设计理念，所采用的注采集输海底管道和双向输气管道具有口径大、壁厚大、钢级高、压力高等特点，分别创下国内海底天然气管道和冀东油田陆地天然气管道之最。

2022 年 12 月，吉林油田双坨子储气库开始采气生产，日采气量 70 万立方米，预计将为今冬明春保供输送 1 亿立方米天然气。吉林油田双坨子储气库主要为长吉管道及松原周边市场发挥季节调峰、应急供气作用。该储气库气源为中俄东线来气，总库容 10.71 亿立方米，工作气量 5.28 亿立方米，气库分两套层系建库。2022 年 3 月 3 日，该储气库开始注气，10 月 12 日停注。为快速推进储气库达容达产，吉林油田松原采气厂坚持钻井、地质、工程同步推进，做到"完井 1 口，投产 1 口"。截至 11 月末，双坨子储气库已投新建注采井 14 口、老井采气利用投产井 5 口。建库以来，双坨子储气库已平稳注气 3 个周期。2022 年累计注气达到 3.14 亿立方米，完成全年计划的 104.7%。

2. 规划在建储气库

为了更高效地应对我国天然气短缺问题，发展天然气地下储气库、提升天然气储存能力具有重要意义。在我国天然气进口依存度持续高位、天然气供需存在矛盾的形势下，天然气地下储气库的建设为我国能源安全提供了有力的保障。

2022 年 4 月，中国能源报报道，江苏油田启动朱家墩储气库建设项目。该项目设计库容 6.62 亿立方米，工作气量 3.3 亿立方米，预计投入运行后，最大日调峰能力可达 410 万立方米，每天可满足 820 万户家庭用气需求，将进一步提升长三角地区的天然气季节调峰和应急储备能力，保障该地区供气需求。朱家墩储气库位于江苏省盐城市亭湖区盐东镇，主体项目以江苏油田朱家墩气藏为基础。据论证，朱家墩气藏盖层和断层具有良好的封闭性，具有建成地下储气库的有利条件。该储气库采用"水平井 + 常规井"相结合的部署方案，充分发挥水平井"大吞大吐"优势。同时，将采用"全数字化设计、全生命周期管理"的智能储气库建设管理模式。

2022 年 6 月，人民日报报道，国家石油天然气基础设施重点工程——文 23 储气库二期工程项目正式开工建设。文 23 储气库设计总库容 103 亿立方米，工作气量 40 亿立方米，规划分二期建设，一期工程设计库容 84 亿立方米，工作气量 32 亿立方米，已于 2019 年 7 月建成投运。本次二期工程项目建成后，可新增库容 19.34 亿立方米、工作气量 7.35 亿立方米，实现总注气规模 2400 万立方米 / 日、采气规模 3900 万立方米 / 日的建设目标，极大提升文 23 储气库的储气调峰和应急保障能力。文 23 储气库是我国中东部地区库容最大、压力最高、调峰能力最强的天然气储气调峰设施。截至目前，文 23 储气库 2022 年已累计注气 10 亿立方米，日均注气量达 1450 万立方米。

2022年8月，人民网讯，重庆铜锣峡储气库部署建设工程已全面开启。铜锣峡储气库系国家重大建设项目，旨在为川渝地区在季节调峰、应急供气等方面提供稳定气源。根据计划，2022年铜锣峡首批部署注采井3口，具有目的层压力系数低、井控风险高、地表地层倾角大、防碰难度大、纵向多气层且含硫化氢等难点。为保障安全顺利施工，建设方已成立了专门的管理小组，紧盯防碰、绕障、防塌、轨迹控制等关键技术点，持续优化施工方案。铜锣峡储气库位于重庆市渝北区石船镇，是中石油计划在川渝地区分三批建设的8个储气库之一。铜锣峡储气库全面建成后，天然气注采规模将分别达到608万立方米/日和922万立方米/日，届时，将发挥重要的天然气应急调峰作用。

2022年12月，新浪财经报道，黄草峡集注站新建压缩机区域破土，黄草峡储气库建设工程正式启动，黄草峡储气库从先导性试验进入整体建库冲刺阶段。按照中国石油西南油气田公司提出未来将建成"满足川渝地区应急调峰和支持全国战略储备、应急调峰需求的中国石油西南储气调峰中心，2035年两级定位形成百亿工作气量"的规划目标，黄草峡储气库具备季节调峰、事故应急以及国家能源战略储备三大功能。本工程在黄草峡储气库先导试验工程基础上扩建集注站和分输站，新建注采站4座、倒班生活区1座、注采管道3.77千米，项目建设后将进一步提升黄草峡储气库的注采能力。

据不完全统计，截至2022年年底，中国规划在建储气库如表42所示。

表42 规划在建储气库情况表

地区	储气库（群）	库容（亿立方米）	数量	运营商
江苏	朱家墩	6.62	1	中石化
河南	文23二期	19.34	1	
重庆	铜锣峡	14.80	1	中石油
	黄草峡	19.43	1	
	沙坪场	200.00	1	
	万顺场	34.50	1	
河北	冀东油田大型储气库	105.00	18	
四川	老翁场，牟家坪	59.00	2	
辽宁	辽河储气群	241.00	7	
合计	—	699.69	33	—

3. 储气库设施发展

按照"十四五"规划，中石油未来3年新建储气库将超过15座，年均增加调峰能力近40亿立方米，建库速度将是过去10年的3~5倍。但随着优质库址目标的减少和建库地质条件更加复杂，规划新建的储气库地质条件也将进一步复杂化。其中，油藏、大型低渗泛连通气藏、含硫气藏、复杂盐层占比达到70%~80%，给储气库建设带来诸多挑战。随着储气库建设难度和速度成倍增加，对新技术、新工艺、新装备提出了新的更高需求。

2022年5月，新浪财经报道，大港油田白15储气库开始注气。白15储气库是国内首座立体双层位协同建设的气藏型储气库，针对注气期时间紧、任务重、水平井建设难度大等难点，大港油田创新应用国内多项储气库建设工程"卡脖子"技术，填补了储气库多层位协同建库井位优化、水平井地质导向钻井等技术空白。其中，钻井过程中采取批钻的方式并对泥浆重复利用，使白15储气库水平井建井周期缩短30%，单井泥浆重复利用率达40%。

2022年6月，中国石油网讯，苏东39-61储气库正式建成投产。苏东39-61储气库是目前国内第一座与气田合建储气库，注采工况多变，压力等级跨度大，无成熟的地面工艺可借鉴。工程在国内首次引入往复式压缩机串并联工艺，采用单日天然气处理量650万立方米的三甘醇脱水装置，满足了储气库高压比、高气量的要求，填补了我国储气库地面工艺设计空白。同时，集注站各区域首次全面实现工艺装置橇装化，全过程、全区域、全时段开展数字化交付，首开长庆油田储气库建设先河。建设过程中，经多方组织协调，长庆油田首次在C11H3井注气管线试验应用DR检测技术，弥补了检测底片非数字化的不足，真正实现了管道信息全过程数字化。

2022年9月，天山网讯，位于吐哈盆地的温吉桑储气库温西一库平稳注气，投运成功。温西一库在建设过程中，首次采用三维一体化协同设计、数字化全过程交付和智慧化工地建设技术，建立了全方位视频感知监控系统，并在国内首次实现了生产运行远程调控，应用机器人自动巡检，确保场站"少人值守、自动操控"。温吉桑储气库温西一库是中石油在西北建设的第二座储气库，将为西气东输沿线城市天然气供应提供调峰服务。

2022年年初以来，冀东油田大力开展油藏建库关键核心技术攻关，全力加快储气库先导试验进度，高质量推进地面工程建设，精心组织注气工作，为提升京津冀天然气调峰保供能力、加快油田转型升级奠定坚实基础。冀东油田密切跟踪钻井、作业运行情况，提前了解影响注气的因素，及时对注气运行计划动态调整。密切跟踪注气压缩机等设备的运行状态，利用停注期完成注气设备设施检修保养，确保了注气恢复后安全平稳运行。根据气候变化，提前着手落实冬防保温工作部署，对易发生冻堵的设施，提前制订保温防护措施。针对建库区浅层储层疏松、深井温度高的特点，冀东油田以实现"大吞大吐、安全长效、快速达容"为目标，积极开展技术创新攻关，形成了疏松砂岩防砂完井、高效注采管柱工艺设计、气举高效安全排液和配套井口安全控制系统等储气库高效注采工艺技术。先导试验运行证明，整体工艺技术满足储气库建设运行需求，为后续正式建设奠定了良好基础。

2022年10月，中国石油报报道，大庆油田四站储气库群增压注气改造项目顺利投产，成为国内首座可自压增压注采气切换的储气库。储气库群采用"自压注气，压缩机增压采气"的工艺路线进行设计。随着地层压力升高，油田自压注气能力逐渐降低，高压气受源头和下载量限制，制约着储气库达容达产。面对这些问题，大庆油田天然气分公司先后开展压缩机运行模式及工况适应性研究、增压注气地质可行性分析等，综合编制了《大庆油田四站储气库群增压注气改造可行性分析与技术改造方案》。经论证和审核后，于9月底开始实施增压注气改造项目。经过增压注气改造后，大庆油田四站储气库群注气方式更加灵活，除可满足高压气注入条件外，还解决了大庆及周边地区冬夏季天然气需求不平衡的供给矛盾。

2022年11月，中国石油网讯，驴驹河储气库是一座集井站一体化、运营数智化、绿色低碳化、管理扁平化为一体的现代化储气库。面对建设用地紧缺、工艺技术复杂、国外技术封锁等难题，大港油田科学决策，首次采用"注采井场与集注站一体化"的建库新模式，创造性制定了《油气藏型地下储气库地面工程标准化技术规定》《油气藏型储气库标准化定型图》，开创了国内油气藏型井站一体化储气库地面建设新标准。驴驹河储气库地处盐田卤池核心区域，是国内首座全水域施工建设的储气库，施工过程中施工区域全围堰、全围挡、全遮盖，确保了敏感施工区域零污染。为实现低碳运营，该储气库采用压缩机降噪、油污水零排放、生活垃圾分类回收处理设计。大港油田抓住数字技术变革的新机遇，在驴驹河储气库建设和运行方面大力推行数字化交付和数智化管理，实现了井站一体化全局智能管控。在储气库管理方面，压缩管理层次，精简组织机构，不设储气库机关和综合性管理班组，形成了"管理+技术+核心操作"高效简化的岗位模式。

（二）中国 LNG 接收站

1. LNG 接收站现状

据不完全统计，截至 2022 年年底，中国已建成投产 LNG 接收站 24 座，总储气能力达 1239 万立方米（液），不同规格大小的 LNG 储罐 83 个。2022 年，虽疫情频发且 LNG 气价高企严重打压市场，导致中国天然气需求放缓，但我国政府坚持能源转型目标，加快对 LNG 项目设施的推进。天然气作为稳定国民经济发展和实现"双碳"的重要能源，其储备能力的重要性不言而喻。近几年，在各方"储气指标"驱动下，中国 LNG 接收站不断在沿江沿海布局，投资建设速度显著加快。预计 2030 年接收站数量将达到 47 座左右，接收能力达到 2.35 亿吨/年，负荷率为 45% 左右。自 2019 年以来，中国大陆一直保持着 22 座 LNG 接收站的数量，年设计接收能力达 1.0957 亿吨，储罐能力达到 1398 万立方米。2022 年中国新投产两座 LNG 接收站，分别是杭燃集团和嘉燃集团共同投资建设的浙江嘉兴 LNG 应急调峰储运站和中海油盐城绿能港 LNG 接收站。

2022 年 5 月，搜狐网讯，中海油江苏 LNG 滨海接收站一期工程通过机械完工验收，标志着我国在建规模最大 LNG 储备基地主体项目一期工程已经施工完成，向项目投产运营又迈出关键一步。该项目一期工程建设 4 座 22 万立方米 LNG 储罐及配套设施和 1 座可停泊 8 万～26.6 万立方米 LNG 船型码头，LNG 年处理能力达 300 万吨，总投资 70 亿元。据悉，一期项目包括储罐工程、110kV 输变电工程、海上高架火炬工程、码头与港池及航道疏浚工程、防波挡沙堤与海水取排水口工程等多个重大工程及其配套设备。

2022 年 7 月，惠州日报报道，广东能源集团惠州 LNG 接收站项目首座储罐升顶成功。该项目储罐有效容积为 20 万立方米，罐体外径 87.6 米，储罐高度 58 米，穹顶跨度 85.8 米。此次储罐升顶作业耗时两小时。在 3 台鼓风机的

"托举"下，2 号储罐拱顶缓缓升起，逐渐靠近 55.318 米高的设计位置，最终实现完美契合。2 号储罐拱顶气升顶作业顺利完成，标志着惠州 LNG 接收站项目 LNG 储罐施工正式进入安装阶段。作为国家石油天然气基础设施重点工程，惠州 LNG 接收站项目于 2021 年 7 月开工建设，一期工程投资 66 亿元，建设 3 座 20 万立方米 LNG 储罐及相关配套接卸、气化、外输等设施，1 个 8 万~26.6 万立方米 LNG 船舶接卸泊位，年最大接收 LNG 能力 610 万吨，计划 2023 年年底建成投入运营。

2022 年 7 月，嘉兴日报报道，来自马来西亚民都鲁港的 LNG 运输船"LNG JIAXING"号顺利离泊，标志着由嘉燃集团和杭燃集团共同投资建设的嘉兴 LNG 接收站完成首船全部接卸工作，正式投产。嘉兴 LNG 接收站是继上海燃气、深圳燃气之后全国第 3 家城市燃气企业投产的 LNG 接收站，也是继宁波 LNG 接收站、舟山 LNG 接收站之后，浙江省投入运营的第 3 座 LNG 接收站。该项目于 2018 年 3 月开始建设，总投资约 24 亿元，包括库区工程、码头工程和外输管线工程，设计 LNG 年接卸量 100 万吨，相当于每年可替代约 182 万吨煤炭，减少二氧化碳年排放量约 380 万吨。其中，库区工程包括 2 座 10 万立方米混凝土全容储罐、工艺设施及辅助设施；码头工程则包括一个 3 万总吨级 LNG 卸船泊位和一个 5000 总吨级 LNG 装船泊位；外输管线与国家管网和嘉兴市网连接，天然气可以通过 LNG 专用船只、接收站、天然气管网输送至长三角地区，大幅提高城市燃气的应急调峰能力。

2022 年 8 月，中国石化报报道，天然气分公司天津 LNG 接收站二期项目 9 号 LNG 储罐气顶升作业一次成功，标志着该接收站二期项目主体结构全面完工。该项目于 2020 年 4 月 5 日开工，共建设 5 座 LNG 储罐及配套设施。截至 2022 年 8 月，5 座 LNG 储罐已先后安全平稳完成气顶升作业，进入内罐施工阶段。为保障居民温暖过冬，在 2022 年供暖季开始时，中石化天津 LNG 接收站及时投用了二期项目的 5 号、6 号 LNG 储罐。每个 LNG 储罐的有效容积 22 万立方米，如果装满，可以满足 880 多万户居民冬季一个月的用气需求。二期项目其余 3 座 LNG 储罐正在紧锣密鼓建设中，计划将于 2023 年供暖季前全部投用，届时中石化天津 LNG 接收站的年接卸能力将从 600 万吨提升至 1080 万吨，迈入千万吨级 LNG 接收站行列。

2022年9月，中国石油企业协会报道，国内规模最大LNG储备基地——中海油盐城"绿能港"项目投产仪式在江苏盐城滨海港举行。该项目由中海油江苏天然气有限责任公司投资建设，是国家天然气产供储销体系建设及互联互通重点规划项目，是我国自主设计和建设的LNG储罐，也是全球一次性建设规模最大的LNG接收站项目。一期工程共建造10座大型LNG储罐，其中4座22万立方米储罐已于2022年9月26日投入使用，6座全球最大27万立方米储罐将于2023年年底建成投用。整个基地所有储罐均完成升顶工作，主体结构基本完成。作为国家初步规划为3000万吨/年的天然气产供储销基地，中海油盐城"绿能港"LNG项目被赋予"增加华东地区天然气供给，补充江苏省天然气市场缺口，优化长三角地区能源结构，促进地区能源安全"的重要作用，对助力我国实现"双碳"目标具有十分重要的意义。

2022年9月，中国石油网讯，中国石油管道局工程有限公司（以下简称"管道局"）承建的黄冈LNG储气设施项目混凝土全容罐气顶升作业成功完成。这是管道局首次采用气顶升工艺施工。黄冈LNG储气设施项目是管道局承揽的第一个低温混凝土9%镍钢全容罐项目，是目前国内内陆城市应急调峰储备库预应力混凝土最大罐容项目。项目包含新建1座8万立方米LNG混凝土全容罐，配套建设1套LNG气化返输设施和闪蒸气增压装置，改造3台装车设施以及部分改扩建任务。为保证施工科学、安全进行，项目部采用气顶升施工工艺，将拱顶结构从储罐底部缓慢提升到储罐顶部预定位置。该工艺是大型LNG储罐安装施工中难度最大、工艺最复杂、风险最高的工程节点之一。项目部利用平衡系统、密封系统、动力系统等，依靠浮力、提升力将储罐拱顶和铝吊顶顺利提升到预定位置。

2022年10月，国际燃气网讯，北京燃气天津南港液化天然气应急储备项目三期工程的第二座储罐成功升顶，意味着该项目所有储罐全部完成升顶。项目共设计建造10座LNG储罐，其中包括两座容量为20万立方米的9%镍钢储罐，8座容量为22万立方米的薄膜储罐；1座可靠泊1万~26.6万立方米LNG船舶的接卸码头、215千米外输管道，以及日气化能力6000万立方米的气化设施和汽车装载配套设施。项目建成投产后，将具备12亿立方米天然气储气量，通过互联互通、资源调配，能够提升区域内天然气稳定供应的能力，促进京津冀地区协同发展和能源优化利用，推动京津冀地区清洁能源改造的力度。

2022年10月，中国新闻网讯，河北曹妃甸新天LNG项目2号储罐气顶升圆满成功。2号储罐作为新天LNG项目二阶段工程首座完成气顶升的储罐，土建施工已全部完成，准备转入下一阶段内罐安装工作。河北曹妃甸新天LNG项目是环渤海地区在建和规划LNG接收站接卸能力最大的项目，是国家天然气基础设施互联互通重点工程，也是环渤海地区天然气基础设施建设重点工程。项目共分三个阶段建设，计划建设20座20万立方米LNG储罐，2个泊位，设计接卸能力1200万吨/年，高峰最大气化外输能力可达1.6亿立方米/日。项目建成投产后将有力提高京津冀地区天然气应急调峰和供应保障能力，对改善能源结构，推进大气治理，实现"双碳"战略目标，助力打赢"蓝天保卫战"，具有重要意义。

2022年12月，腾讯网讯，国家天然气基础设施互联互通重点工程，国家管网龙口南山LNG接收站项目，一期工程5号、6号两座储罐近日成功升顶，伴随着两座储罐的成功升顶，龙口南山LNG接收站项目一期工程所有储罐升顶作业均已完成。位于龙口港区的龙口LNG项目，是我国环渤海地区天然气产供储销体系建设的重要组成部分。项目一期工程于2020年5月正式开工，设计LNG接卸能力为500万吨/年，同时建造6座22万立方米LNG储罐，其中包括1座半地下式储罐、1座坐地式储罐、4座常规高桩承台式储罐。

2022年12月，扬子晚报报道，广汇启东LNG接收站6号20万立方米LNG储罐重达960余吨的钢铁穹顶升顶作业成功，标志着外罐主体结构基本完成，也标志着广汇启东LNG接收站向实现500万吨/年的周转能力迈出最坚实的一步。广汇启东LNG接收站第一座20万立方米LNG储罐——5号罐于2022年10月建成并投入试运行，6号罐计划于2023年12月底建成投用。广汇启东LNG分销转运站位于南通沿海开发中的重要战略节点吕四港、大唐电厂码头东侧，是江苏第二座、中国沿海第12座、国内首个民企投资的LNG接收站。广汇能源启东接收站LNG总罐容已达到62万立方米，7号20万立方米储罐和第二座接卸码头等项目正在前期规划中。待所有项目建成，该站年周转能力将达到1000万吨，可为江苏省提供更加稳定可靠的LNG应急调峰气源，切实保障全省应急调峰供气需求。

2022年12月，中国新闻网讯，中国内陆地区最大规模LNG政府储气项目——山东济南南曹范LNG调峰储配站全面建成投产。作为中国环渤海地区天然气产供储销体系建设的重点项目，济南南曹范LNG调峰储配站项目由济南市政府投资建设，总投资约13亿元人民币，总占地面积22.8公顷。全面建成后，最大储气能力将达到4200万立方米，可满足济南市及周边地区7天以上的民生用气需求，是中国内陆地区政府投资的最大规模LNG储气项目。该项目一期已于2021年9月建成投产，最大储气能力为1800万立方米，在2021—2022年采暖季保供期间，累计外输天然气1244万立方米。此次全面投产后，南曹范LNG调峰储配站的日供气量将由之前的250万立方米，增长到620万立方米。

据统计，目前中国已建成投产LNG接收站分布如表43所示。

表43 中国大陆LNG接收站分布表

序号	地区	名称	总罐容（万立方米）	储罐数	运营商
1	广西	北海LNG接收站	64	4	国家管网
2		防城港LNG接收站	6	2	国家管网
3	海南	洋浦LNG接收站	32	2	国家管网
4		澄迈LNG接收站	20	1	中石油
5	江苏	如东LNG接收站	108	6	中石油
6		启东LNG接收站	46	4	国家管网
7	广东	迭福LNG接收站	64	4	国家管网
8		粤东LNG接收站	48	3	国家管网
9		金湾LNG接收站	48	3	中海油
10		大鹏LNG接收站	64	4	中石油
11		九丰LNG接收站	16	2	九丰天然气储运有限公司
12		华安LNG接收站	8	1	深圳能源集团
13	浙江	舟山LNG接收站	35	2	新奥液化天然气有限公司
14		宁波LNG接收站	48	3	中海油
15		嘉兴LNG接收站	20	2	嘉燃集团
16		绿能港LNG接收站	88	4	中海油

续表

序号	地区	名称	总罐容（万立方米）	储罐数	运营商
17	天津	天津浮式LNG接收站	22	3	中海油
18		天津LNG接收站	108	6	国家管网
19	辽宁	大连LNG接收站	48	3	国家管网
20	上海	五号沟LNG接收站	32	5	上海燃气有限公司
21		洋山LNG接收站	90	5	上海液化天然气有限公司
22	福建	莆田LNG接收站	64	4	中海油
23	河北	唐山LNG接收站	64	4	中石油
24	山东	青岛LNG接收站	96	6	中石化
—	总和	—	1239	83	—

数据来源：根据中石油新闻中心，中石化新闻网等公开资料整理。

2022年中国大陆进口LNG约6413万吨，较2021年的7893万吨下降约18.8%。其中，年接收量超过700万吨的有中海油大鹏LNG、中石油如东LNG，年接收量超过600万吨的有中石化天津LNG，年接收量超过500万吨的有中海油宁波LNG，年接收量超过400万吨的有中石化青岛LNG、国家管网迭福LNG、中石油唐山LNG。

2022年全国所有LNG接收站接卸LNG船总容积20294.70万立方米，全国所有LNG接收站总共到港LNG船舶1320艘（既包含卸船，也包含装船船舶）。

2021年11月至2022年3月，唐山LNG接收站共计接卸LNG船36艘，接卸量287.3万吨，外输40.94亿立方米，有力保障了首都及华北地区冬季天然气供给，发挥了冬季天然气应急调峰主力军作用。唐山LNG接收站是中国石油自主设计、自主采办、自主施工、自主运营的首批LNG接收站之一，也是当前国内LNG存储能力最大、天然气调峰能力最强的接收站，是保障京津冀地区用气的可靠气源之一。自2013年接收站投产，唐山LNG接收站于今冬正式迎来第10个"冬供季"。期间，该接收站已连续9年完成京津冀地区尤其是首都北京的冬季保供任务，日最大供气量占据北京冬季最大用气量的35%~40%。

2022年12月，新华网讯，14日15时，满载近6.18万吨LNG的巴哈马籍"GRACE ACACIA（阿卡西娅）"轮安全平稳靠泊北海LNG接收站码头，这是北海LNG接收站累计接卸的第201船。截至12月7日，北海LNG接收站已累计接卸LNG船舶突破200船，接卸LNG约1324万吨，约合天然气185.4亿立方米。北海LNG接收站是国家管网在西南地区的主力气源，自11月15日进入国家2022年至2023年今冬明春天然气保供期以来，北海LNG公司继11月16日单日气态外输量突破1900万立方米、12月2日突破2000万立方米之后，12月3日单日气态外输量达到2504万立方米，连续刷新建站以来单日气态外输量最高纪录。北海LNG在接卸不同船舶的过程中，逐步建立了LNG船舶接卸作业标准化体系，涵盖了船岸兼容、接卸操作、应急处置和口岸工作，圆满完成每船次接卸任务。下一步，北海将进一步加强冬季保供期生产运行管理，提高设备运行效率，保障地区能源供应，确保人民群众温暖过冬。

2022年，浙江LNG完成接靠LNG船77艘次，接卸量529.8万吨，外输量525.2万吨（其中气态管道外输393.3万吨、槽车液态外输131.9万吨），三项数据与2021年基本持平，接近历史最高值，位居我国已投运24座LNG接收站前列，在全国进口总量中约占8%，在全省气源比重中占37%（最高日峰值达54.3%）。近3年来，尽管新冠肺炎疫情席卷全球，LNG行业快速增长趋势总体放缓，城市燃气、燃气发电和工业燃料三大消费需求均有所减低，但浙江LNG仍然逆势而扬，不仅2022年产能逐步接近历史最高值，而且更加突显出高质量发展态势。

2022年12月，江苏省发展改革委消息，中石油江苏LNG接收站2022年已累计外输天然气总量1000320.3万立方米，这是该站投运11年来，单年输气量首次突破百亿立方米，相当于5000万户家庭一年的用气量。中石油江苏LNG接收站是国家重点工程，2011年5月24日正式投产，是华东地区应急调峰保供的主力站。该站现有LNG储罐6座，总罐容108万立方米，最大储气能力为6.7亿立方米，冬季保供高峰单日最大气化外输能力可达3900万立方米。2022年12月以来，中石油江苏LNG接收站已接卸9艘LNG运输船。作为江苏省最先投产的LNG接收站，也是最大的LNG接卸基地，11年来，中石油江苏LNG接收站累计接卸来自25个国家和地区的LNG运输船585艘，接卸总量超 5000 万吨，外输天然气超 700 亿立方米。

2023 年 1 月，中石化讯，中国石化天然气分公司天津 LNG 接收站 2022 年度气化外输天然气超 86 亿立方米，同比增长 19%，气化外输量创历史新高，86 亿立方米天然气可供 9000 多万户家庭用半年，为地区经济发展和生态环境改善提供了有力保障。天津 LNG 接收站强化责任落实，持续深化天然气产供储销体系建设，多措并举增强储气能力，确保人民群众温暖过冬，截至目前，累计接卸 LNG 运输船 89 艘次，630 多万吨，有力保障了京津冀及华北地区的天然气供应。自投产以来，天津 LNG 接收站不断优化生产运行，科学安排船舶靠港，确保各个作业环节平稳有序。目前，中国石化首座有效容积 22 万立方米全容式 LNG 储罐在天津 LNG 接收站建成投产，这也是京津冀地区首次投用单罐容量最大的 LNG 储罐，储气能力从 3.8 亿立方米增至 6.4 亿立方米，同比提升 68.42%，其余三座 LNG 储罐计划于 2023 年供暖季前建成投产，接转规模将达到 1080 万吨 / 年。

2. 规划在建 LNG 接收站

近几年，在各方"储气指标"驱动下，中国 LNG 接收站不断在沿江沿海布局，投资建设速度显著加快。2022 年，我国规划在建 LNG 接收站 7 座，总储气能力 462 万立方米（液），LNG 储罐 22 个；扩容 LNG 接收站 6 座，总储气能力 588 万立方米（液），LNG 储罐 26 个。

2022 年 1 月，福建日报报道，国家发展改革委核准建设哈纳斯莆田 LNG 接收站项目。该项目是国家"十三五"规划重大项目，也是宁夏在福建省投资建设的首个重大能源项目，标志着闽宁协作开始由单向投资转变为双向互助。哈纳斯莆田 LNG 接收站项目总投资 50 多亿元，规划在湄洲湾港东吴港区建设 1 个 LNG 专用泊位、2 个 20 万立方米的 LNG 储罐，以及配套的工艺、公用工程及辅助工程设施等，年接收 LNG 能力可达 565 万吨。该项目实施后，将按照"全国一张网"布局原则，推进 LNG 接收站外输管道建设，与西气东输三线、中海油莆田 LNG 接收站互联互通，并为福建省探索建立储气调峰市场化运营机制，同时为第三方用户提供公平公正的接卸、储存和气化服务。

2022 年 2 月，澎湃新闻报道，国家发展改革委批复同意建设惠州 LNG 接收站项目。该项目归属于广东惠州液化天然气有限公司，接收站最大能力为

610万吨/年。该项目位于广东省惠州港惠东港区碧甲作业区，将建设三座20万立方米LNG储罐及相关配套接卸、气化、装车等主要工艺设施，一座可靠泊8万~26.6万立方米LNG船的接卸码头，以及一座工作船码头。项目建成后可进一步提升广东省天然气供应和储气能力，促进粤港澳大湾区经济社会发展和能源结构优化，改善大气环境质量。

2022年3月，舟山市政府网讯，浙江省发展改革委核准浙江舟山LNG接收及加注站三期LNG储罐及配套设施项目。该项目由新奥集团投资建设，主要包括4座22万立方米LNG储罐及配套罐内设施、LNG外输工艺系统。建成后，浙江省将新增LNG接收能力350万吨/年。该项目是宁波舟山LNG接收中心的重要组成部分，建成后对保障浙江省天然气稳定供应、推进油气全产业链发展具有重大意义。

2022年6月，中国江苏网讯，华电赣榆LNG接收站项目获得国家发展改革委核准批复，标志着华电集团首个LNG接收站项目前期工作取得重大突破。华电赣榆LNG接收站项目是全省重点项目，列入国家天然气发展规划、江苏省能源发展规划、长三角一体化发展规划"十四五"实施方案重大项目库。项目位于赣榆港区，建设内容主要包括1座21.7万立方米LNG卸船码头、3座22万立方米LNG储罐及配套设施，配套建设25千米外输管道，在青宁输气管道柘汪分输清管站接入国家干线管网，纳入"全国一张网"运营调度。

2022年9月，南通广播电视台发布消息，协鑫汇东江苏如东LNG接收站工程在洋口港阳光岛奠基，成为继中石油、国信之后落地如东的第三个LNG接收站。该工程一期总投资约50亿元，拟建设1座LNG卸船码头、1座装船码头、2座20万立方米容积的LNG储罐及配套工艺和公用工程设施，建设规模达到年处理能力40亿立方米天然气，计划于2025年年中投产运营。协鑫汇东江苏如东LNG接收站工程是国家"十四五"能源发展规划项目，也被江苏省和国家发展改革委列为2022年度重大项目。该接收站工程集LNG接卸储存、气液外输、装船转运等多业务、多功能于一体，建成后年处理能力可达40亿立方米天然气。项目将在洋口港首次建设LNG卸船转泊码头，这也是全国首个卸船转泊码头，建成后，可弥补如东LNG行业领域集疏运体系的空白，为如东打造全国LNG接卸基地、储备基地、供应基地和市场中心奠定更坚实的基础。

2022年10月，中国日报网讯，中交营口LNG接收站项目将在营口仙人岛经济开发区举行奠基仪式。该接收站位于营口港仙人岛港区，总投资约116亿元，占地总面积55.2万平方米，涵盖码头与栈桥区、LNG储罐区、工艺生产区等九大区域，主要建设内容包括8万~26.6万立方米LNG专用泊位1座，20万立方米LNG储罐4座，以及配套工艺、公用工程、辅助工程设施。中交营口LNG接收站主要接收来自澳大利亚、卡塔尔、俄罗斯等国家的LNG资源，年最大接收能力为620万吨。中交营口LNG接收站项目建设计划2025年年底完成接收站工程和码头工程的建设，实现项目竣工投产。项目建成达产后，每年将为东北地区提供87亿立方米天然气，每年可减排二氧化碳1151万吨、二氧化硫8.9万吨、二氧化氮7.8万吨。该项目将成为国家进口天然气供应和能源大循环的重要组成部分，有力带动区域天然气产业基础设施建设。

2022年12月，新浪财经消息，浙能舟山六横LNG接收站项目获国家发展改革委核准，浙能集团首座自主开发的LNG接收站项目正式落地。浙能舟山六横LNG项目选址于舟山六横小郭巨地块，设计规模为LNG接收能力600万吨/年，拟建设一座15万总吨LNG专用码头，4座22万立方米储罐及相应工艺与配套设施，占地面积约44公顷，用海面积约82公顷，总投资约95亿元。项目建成后将新增天然气保供能力84亿立方米/年，最大气化外输能力5700万立方米/日。

据不完全统计，中国规划在建LNG接收站分布如表44所示。

表44 规划在建LNG接收站分布表

名称	总罐容（万立方米）	储罐数（个）	预计完成年份	运营商
新建				
哈纳斯莆田LNG接收站	40	2	—	莆田哈纳斯液化天然气有限公司
惠州LNG接收站	60	3	—	广东惠州液化天然气有限公司
舟山LNG接收站	88	4	2025	新奥集团
赣榆LNG接收站	66	3	2025	华电集团

续表

名称	总罐容（万立方米）	储罐数（个）	预计完成年份	运营商
如东 LNG 接收站	40	2	2025	协鑫集团
营口 LNG 接收站	80	4	2025	中交集团
六横 LNG 接收站	88	4	2025	浙能集团
新建合计	462	22	—	—
扩容				
浙江 LNG 接收站（三期）	162	6	2025	中海油
天津 LNG 接收站（三期）	88	4	2026	国家管网
南山 LNG 接收站	54	2	—	国家管网
上海 LNG 接收站	220	10	2030	申能洋山液化天然气有限公司
广州 LNG 接收站（二期）	32	2	—	广州发展集团
深圳市天然气储备与调峰库（二期）	32	2	—	深圳市燃气集团
扩建合计	588	26	—	—
合计	1050	48	—	—

数据来源：根据中石油新闻中心，中石化新闻网等公开资料整理。

如下梳理归纳 2022 年中国主要 LNG 接收站扩建情况。

2022 年 6 月，中海石油气电集团消息，浙江 LNG 三期项目接收站工程获得浙江省发展改革委正式核准，向早日开工迈进了一大步。中海油宁波"绿能港"在浙江省宁波市北仑区穿山半岛公鹅咀地块建设浙江 LNG 三期项目，建设规模为 600 万吨 / 年，新建 6 座 27 万立方米储罐及配套设施，配套将宁波光明码头改造为一座 LNG 专用码头和工作船码头。项目获得核准后，下一步将积极获取相关开工许可，中海油宁波"绿能港"将紧咬开工目标，确保按照国家和浙江省的要求完成项目建设任务，助力加快我国天然气产供储销体系建设，保障长三角及周边区域天然气安全稳定供应，助推浙江省"双碳"目标实现。

2022 年 7 月，上海石油天然气交易中心发布消息，天津市发展改革委同意建设天津 LNG 接收站三期工程。天津 LNG 接收站三期工程的规划建设是国家管网基于我国能源结构调整的大势所做出的重要战略部署，亦是履行政治与社会责任的必然选择和坚实保障。该工程作为国家管网新增储气能力设施的重要组成部分，建成后将为天津 LNG 接收站新增储气能力 5.28 亿立方米，这些天然气可供蒙西管道连续满负荷外输 10 天；接收站建设规模亦将达到 1000 万吨 / 年，其中液态为 350 万吨 / 年，气态为 650 万吨 / 年，对于缓解环渤海地区天然气供应紧张局面、提升企地储气调峰能力、改善区域生态环境、促进环渤海地区经济社会发展具有重要意义。该工程是在天津 LNG 接收站一期工程、替代工程及二期工程（建设中）基础上的扩建项目，包括 4 座 22 万立方米 LNG 储罐、12 台罐内低压泵、4 台装船泵、5 台 ORV（开架式海水气化器）、1 座地面火炬及其配套设施。

2022 年 8 月，大众日报报道，在国家管网龙口南山 LNG 接收站发力冲刺一期工程的同时，龙口南山 LNG 项目又迎来扩建项目获得核准批复喜讯。扩建项目位于 LNG 接收站南侧，在接收站 6 座 22 万立方米 LNG 储罐的基础上，新建 2 座 27 万立方米 LNG 储罐及相关设施，可新增储气能力 3.375 亿立方米，可进一步增强接收站天然气调峰和应急保供能力。据悉，该工程是国家管网首座、山东省第二座 27 万立方米 LNG 全容储罐项目，储罐容量增加 22.7% 的同时，单位罐容造价降低 6%，土地利用率进一步提高。

2022 年 11 月，澎湃新闻报道，上海 LNG 站线扩建项目在洋山深水港正式启动。该项目将新建 1 座 15 万吨级的 LNG 船舶专用泊位，最大可靠泊载运 26.6 万立方米的 LNG 船舶；同时将新建 10 座 22 万立方米以上的 LNG 储罐及配套附属设施，建成后洋山 LNG 码头的液态存储能力将达到 309.5 万立方米，是现有储罐容量的近 3.5 倍。洋山 LNG 一期工程现有 5 座 LNG 储罐，液态存储能力为 89.5 万立方米，可储备 5.4 亿立方米天然气，最大外输供气能力 214 万立方米 / 时，年供应量已占上海天然气需求量的 50% 以上，高峰供应量达 80%，是上海天然气应急调峰和安全保供的"生命线"。洋山 LNG 码头于 2009 年建成投产，洋山港海事局针对 LNG 运输船舶具有高度的危险性和洋山港进港船舶密度大、船舶交通流复杂、渔船来回穿梭等特点，实施"一船一方案"保障措施，累计保障 600 艘 LNG 船舶、3585 万吨天然气安全运输，向上海市输送天然气近 480 亿立方米，减少碳排放量 6000 万吨。

2022 年 12 月，证券时报报道，广州发展公告其全资子公司粤海公司拟投资建设广州 LNG 应急调峰气源站储气库二期工程项目，总投资为 17.02 亿元。公告显示，该项目已取得广州南沙经济技术开发区行政审批局下发的备案证。拟在广州 LNG 应急调峰气源站储气库一期项目预留土地上扩建 2 座 16 万立方米的 LNG 全包容储罐。储气库二期项目建成后，气源站整体储气能力达到 64 万立方米，可满足应急保障储备需求，充分应对城市燃气管网的调峰需求，将广州市天然气应急保障能力提升至近 15 天。

2022 年 12 月，国际燃气网讯，由深圳市燃气集团投资建设的深圳市天然气储备与调峰库二期扩建工程正式开工。该项目位于大鹏新区葵涌办事处土洋社区下洞油气仓储基地北侧，总投资 37 亿元，拟建设 2 座 16 万立方米 LNG 储罐及其站内工艺、公用及辅助设施，并配套扩建 1 座可接卸 3 万~21.7 万立方米 LNG 船泊位和 4.7 千米的超高压出站管线。项目设计周转能力为 200 万吨 / 年，高压最大输出能力 79.5 万立方米 / 时。库区占地面积约 10 万平方米，海域港池面积约 80 公顷。该项目建成投产后，深圳市城市燃气应急储备量将由 7 天提升至 30 天以上，将进一步保障全市天然气安全稳定供应，对推动深圳绿色低碳高质量发展意义重大。

3. LNG 接收站设施发展

2022 年 9 月，中国石油网讯，管道局承建的黄冈 LNG 储气设施项目混凝土全容罐气顶升作业成功完成。这是管道局首次采用气顶升工艺施工。黄冈 LNG 储气设施项目是管道局承揽的第一个低温混凝土 9% 镍钢全容罐项目，是目前国内内陆城市应急调峰储备库预应力混凝土最大罐容项目。项目包含新建 1 座 8 万立方米 LNG 混凝土全容罐，配套建设 1 套 LNG 气化返输设施和闪蒸气增压装置，改造 3 台装车设施以及部分改扩建任务。为保证施工科学、安全进行，项目部采用气顶升施工工艺，将拱顶结构从储罐底部缓慢提升到储罐顶部预定位置。该工艺是大型 LNG 储罐安装施工中难度最大、工艺最复杂、风险最高的工程节点之一。项目部利用平衡系统、密封系统、动力系统等，依靠浮力、提升力将储罐拱顶和铝吊顶顺利提升到预定位置。

2022 年 9 月，中海油宣布，我国自主研发制造的国内最大尺寸 LNG 卸料臂在江苏正式投用。卸料臂是连接运输船与接收站管线，输送 LNG 的重要通道，被称作接收站的"咽喉"。作业中，卸料臂不仅要承受 –162 摄氏度的液化天然气的超低温考验，自动适应 5 米左右的潮汐落差和高达 65 米/秒的风荷载影响，还要具备快速对接、紧急脱离、自动关闭等复杂功能，世界上仅少数国家掌握设计与制造的关键技术。此次投用的卸料臂在国内率先具备装卸一体化功能，既可以接卸 LNG，也可以实现向运输船反输，灵活性更高。

2022 年 10 月，中国石化新闻网讯，由中石化第四建设有限公司承建的龙口南山 LNG 接收站工程项目，在单层面积最大的中央控制室施工中，采用国家推广的新式盘扣式脚手架，并一次性通过有关部门的验收，赢得专家好评。此类脚手架的特点是材料轻、安装快捷、坚固耐用、周转频率高。材料采用低合金高强度钢，横杆、斜杆的连接方式均为插销式的，连结牢固、稳定性好、承载能力高。操作简便，对特种作业人员技术要求低，工效高。各配件表面都经过了热镀锌处理，颜色与规格统一，极大提升现场的文明施工形象。

2022 年 11 月，中国石油报报道，随着 T–6024 薄膜罐的波纹板焊接完成，由中国寰球工程有限公司总承包建设的北京燃气天津南港 LNG 应急储备项目一期 2 台薄膜罐完工。这两台薄膜罐罐容为 22 万立方米，是国内首次建设、世界陆上最大的薄膜罐，标志着京津冀 LNG"超级工程"一期进入投产倒计时。此次两台薄膜罐顺利完工，对国内 LNG 工程行业具有重要引领作用，将有效促进 LNG 储罐技术多元化发展。天津南港 LNG 应急储备项目是为北京市提供安保用气、加速京津冀一体化的重点项目，全部建成后将实现 500 万吨/年 LNG 接卸能力，6000 万立方米/日的管道气化外输和 170 万吨/年 LNG 槽车装车的外输能力。该项目被列为国家石油天然气基础设施重点工程项目，对缓解京津冀供气紧张局面具有重要意义。

2022 年 12 月，国际燃气网讯，深圳市天然气储备与调峰库二期扩建工程正式开工。该项目初步设计攻克了设计界面复杂、总平面布置空间受限、竖向布置土石方量大、站外衔接管廊路由受限、工艺系统复杂、内罐抗震设计难度大等难题，并在竖向布置、储罐基础、进站道路、BIM 智能化等方面，与储备库一期项目相比有大幅度创新。尤其是项目运用 BIM 技术，可实现全数字化交付，通过可视化模型及数据信息与深圳市燃气集团智慧燃气系统深度融合，为智能储库的孪生体建设提供了数字化基础，建成后将全智能化、全生命周期管理运营，力争打造国内领先的智能 LNG 储备库。

二、天然气管道

伴随着"双碳"目标和《天然气发展"十四五"规划》中对天然气行业发展的指导，我国天然气行业发展迎来历史机遇。规划提出，到 2025 年将实现国内天然气年产量达到 2300 亿立方米以上，储气能力达到 550 亿~600 亿立方米，同时加快天然气管道管网建设，推动管网互联互通等一系列措施来推动国内天然气产业链发展。目前，我国天然气长输管道蓬勃发展，全国性管网逐步形成。2022 年，我国天然气管道里程数达到 11.3 万千米，同比增长 2.7%。天然气是重要的清洁能源，近年来国家积极推进天然气的使用，天然气油气管道建设备受关注。

（一）进口管道建设

1. 进口管输现状

我国的管道气进口主要来自中亚、俄罗斯及缅甸，在运天然气管线产能合计 1050 亿立方米/年，主要包括中亚天然气管道 ABC 线合计 550 亿立方米、中俄东线天然气管道 380 亿立方米、中缅天然气管道 120 亿立方米。目前在建管道产能约 400 亿立方米/年，其中，远东管线 100 亿立方米，中亚 D 线 300 亿立方米。除此之外，在 2022 年 9 月的中、俄、蒙三国元首第六次会晤上，三方确认《建设中蒙俄经济走廊规划纲要》延期 5 年，正式启动中蒙俄经济走廊中线铁路升级改造和发展可行性研究，中俄西线天然气管道项目西伯利亚力量 2 号计划于 2024 年开工，2030 年投产。到 2030 年，中俄间天然气贸易量有望达到 1000 亿立方米。

目前中国和土库曼斯坦已经建成中国—中亚天然气管道 A、B、C 三条线，西起土库曼斯坦和乌兹别克斯坦边境，穿越乌兹别克斯坦中部和哈萨克斯坦南部，经国内新疆霍尔果斯口岸入境，全长 1833 千米。可将中亚天然气直接运输至我国华东、华南等主要消费区。A、B 两线基本为同期双线敷设，起点在阿姆河右岸的土库曼斯坦、乌兹别克斯坦边境，经乌兹别克斯坦中部和哈萨克斯坦南部，从阿拉山口入境，成为西气东输二线。全长约1万千米，是世界上最长的天然气管道。A线于2009年12月投入运行，B线于2010年10月投入运行。到2017年6月，A、B两线输气能力已提升至300亿立方米/年。土库曼斯坦的天然气经这一管道进入中国后，从新疆霍尔果斯一路向东抵达上海、向南抵达广州。C线主要是为了保证乌兹别克斯坦对中国的天然气出口，2012年9月全面启动建设。与A、B线并行敷设，线路总长度1830千米，设计年输气能力250亿立方米/年，线路起于土库曼斯坦和乌兹别克斯坦边境格达依姆，经乌兹别克斯坦、哈萨克斯坦，在新疆霍尔果斯口岸入境。2017年6月15日，C线天然气到达霍尔果斯计量站。与西气东输三线相连的中亚天然气管道C线，将提升中亚天然气管道全线输送能力至每年550亿立方米。中亚天然气管道D线起始于土库曼斯坦、乌兹别克斯坦边境，与前三条线路不同，D线不再从霍尔果斯入境，而是从与吉尔吉斯斯坦接壤的天山南麓与昆仑山两大山系结合部的新疆乌恰入境。这不仅在国家能源安全战略上有特殊意义，同时还能拉动南疆基础建设。D线全长1000千米，设计输气量为300亿立方米/年，与西气东输五线相接。D线投产后，中国从中亚进口天然气规模将达850亿立方米/年，将主供国内华北地区的天然气市场。2023年1月，国家管网西部管道公司霍尔果斯压气首站消息，2022年中亚天然气管道向中国国内输气432亿立方米，日输气量为1亿立方米左右，为中国国内天然气市场需求提供了有力保障。霍尔果斯压气首站是中亚天然气进入中国的第一站，也是中国"西气东输"二线、三线共同的"龙头站"和全线运行的"心脏"和"动力舱"。该站承担着来自中亚的跨国天然气和新疆伊犁州煤制气的接收、计量和外输任务，运行的天然气管道压力达12兆帕。同时，站内拥有的8台天然气压缩机总功率超过240兆瓦，每秒可为超过2000立方米的天然气增添动能。中亚天然气管道通过霍尔果斯压气站与"西气东输"二线、三线管道相连，有力保障了下游管道沿线27个省区市和香港特别行政区居民的用气。

中缅油气管道是近年中石油在缅甸建设的跨境重大能源和工业项目，是缅甸境内重要的能源动脉和基础设施。项目于2010年6月正式开工建设,包括原油管道项目和天然气管道项目,其中天然气管道于 2013 年投产运行。2022 年 7 月,国家管网统计,自中缅油气管道进入中国后的第一个运营机构德宏输油气分公司投产以来,已累计向国内输送天然气约 10 亿立方米。中缅油气管道南起缅甸 Kyaukpyu 港,在缅甸境内穿行近 770 千米后,于瑞丽市入境我国。入境后,输油管道继续向北抵达云南昆明,而输气管道转向东南,终点为广西贵港。中缅油气管道建成后,油气资源无需绕过整个马来半岛、再横穿南海而抵达我国东南沿海地区,可直接从缅甸入境我国西南。这不仅极大节约了能源运输的成本,还为我国西部开发计划提供了稳定而充足的"血液",同时管道的建设与维护也为缅甸提供了就业岗位。

中俄东线天然气管道工程北起黑龙江省黑河市,途径 9 个省、市、自治区,南至上海,是继中亚管道、中缅管道后,向中国供气的第三条跨国境天然气长输管道。全线分黑河—长岭、长岭—永清、永清—上海的北、中、南三段核准和建设。北段工程和中段工程已分别于 2019 年 12 月 2 日、2020 年 12 月 3 日建成投产,南段工程于 2021 年 1 月 6 日全面开工建设。管道设计输量 380 亿立方米 / 年,是目前世界上单管输量最大的长输天然气管道。2022 年 12 月,国家管网消息,中俄东线天然气管道自投产以来,已累计向国内输送天然气超 300 亿立方米,日输气量提升到 6100 万立方米,大幅提升了东北、华北及华东地区天然气保供能力。中俄东线天然气管道口径之大、压力之高、输气量之大,堪称世界之最,是我国首条采用 1422 毫米超大口径、12 兆帕高压力等级的长输天然气管道。经测算,在 12 兆帕压力下,一米长的管段容气量为 250 立方米,相当于三口之家 1 年的用气量。此外,位于俄罗斯伊尔库茨克州的科维克塔天然气凝析气田和"科维克塔—恰扬达"天然气管道于 2022 年 12 月 21 日正式投产通气,这意味着中俄东线天然气管道项目俄境内"西伯利亚力量"天然气管道全线贯通。该管道于 2014 年 9 月开建,全长约 3000 千米,沿途经过伊尔库茨克州、萨哈共和国和阿穆尔州等 3 个俄联邦主体,直达布拉戈维申斯克市的中俄边境,与中俄东线天然气管道共同构成中俄东线天然气管道项目。"西伯利亚力量"的满负荷输气量为 380 亿立方米。除此之外,2022 年 2 月中俄签订的《远东天然气供销协议》，明确俄罗斯天然气工业股份公司将经"远东管道"增加向华输气量约 100 亿立方米 / 年。

2. 规划在建进口管道

早在 2014 年和 2015 年，俄罗斯天然气工业股份公司与中石油签署了"中俄东线天然气管道"和"中俄西线天然气管道"供气协议。前者通过俄"西伯利亚力量"天然气管道，俄方每年向中方供应 380 亿立方米天然气；后者通过"西伯利亚力量 2 号"天然气管道，俄方在现有的西西伯利亚—新西伯利亚管道基础上延伸抵达中国供应天然气。与管道直接连通俄罗斯和中国黑龙江省的"西伯利亚力量"不同，"西伯利亚力量 2 号"将会途经蒙古国境内，是一条可以连接中俄蒙三国的"能源大动脉"，投入使用后每年可以从俄罗斯领土输送几百亿立方米的天然气。2022 年 3 月，俄罗斯天然气工业股份公司宣布途经蒙古国的"西伯利亚力量 2 号"进入初步建设阶段，将于 2030 年投入使用，全长约 2600 千米，其输气量可达 500 亿立方米 / 年。

目前中国处于运行中的主要天然气进口管道如表 45 所示。

表 45　进口天然气管道概况表

管线项目		路线（国际）	长度（千米）	年输气能力（亿立方米）
中亚天然气管道	ABC 线	土库曼斯坦—新疆霍尔果斯	1833	550
	D 线（在建）	土库曼斯坦—新疆乌恰	1000	300
中缅天然气管道		缅甸南海—中国南宁	2806	120
中俄东线		东西伯利亚、远东萨哈林—黑龙江	3000	380
中俄西线（规划中）		西西伯利亚—中国新疆	2600	500
总和		—	11239	1850

数据来源：公开资料整理。

（二）国内长输管道建设

1. 国内长输管道现状

表 46 列举了中国天然气管线布局情况（该表仅展示了长度大于 500 千米的管道）。

表 46 中国天然气管道概况表

管线项目	路线（国内）	长度（千米）	年输气能力（亿立方米）
西气东输一线	新疆塔里木轮南—上海白鹤	4200.0	120.0
西气东输二线	新疆霍尔果斯—广东、香港、上海	9102.0	300.0
西气东输二线轮南支干线	新疆轮台—西气东输二线吐鲁番分输联络站	526.0	120.0
西气东输三线	新疆江西—福建、广东	7378.0	300.0
西气东输四线	新疆乌恰县—宁夏中卫市	3340.0	300.0
川气东送管线	四川普光气田—上海	1702.0	150.0
陕京一线	陕西靖边—北京石景山	853.0	33.0
陕京二线	陕西靖边—北京大兴	935.0	170.0
陕京三线	陕西长庆—河北永清	896.0	150.0
陕京四线	陕西—北京	1272.5	300.0
中贵线	宁夏—陕西—贵州	1636.0	150.0
冀宁线	河北石家庄—江苏南京（西气东输联络线）	1498.0	100.0
崖港线	南海崖—香港、海南	779.0	34.0
涩宁兰线	涩北1号—兰州	930.0	34.0
涩宁兰复线	涩北1号—兰州	921.0	35.5
忠武线	重庆忠线—武汉	1364.0	70.0
长呼复线	长庆靖边—呼和浩特	518.0	80.0
中缅线	云南瑞丽—广西贵港	1727.0	100.0
中贵线	宁夏中卫—贵阳末站	1898.0	150.0
榆济线	榆林—济南	911.0	30.0
新粤浙管道	新疆伊宁—广东韶关末站	8280.0	300.0
永泰联络线	河北永清站—江苏LNG外输管道	1120.0	150.0
中俄东线国内段	黑河—上海	3968.0	380.0
威泸管道	神木—安平	623.0	50.0
神安管道	江苏滨海LNG接收站—安徽合肥肥东末站	515.0	127.0
总和	—	56892.5	3733.5

数据来源：公开资料整理。

如下归纳汇总了 2022 年中国新增天然气管道。

2022 年 5 月，安徽省国资委消息，由淮河能源集团投资建设的省级天然气长输管线金安—叶集—金寨联络线项目顺利通气。金安—叶集—金寨联络线项目总投资约 5 亿元，天然气管道全长 92.8 千米，管道管径 DN400，管道设计压力 6.3 兆帕。起点位于六安市金安区的六安输气站，终点位于六安市金寨县的金寨输气站。项目于 2017 年 12 月获得核准，2019 年 2 月开工建设。此次投产通气的天然气金安—叶集—金寨联络线项目是淮河能源集团第一个开工建设、第一个投产通气的长输管线项目，也是安徽省从核准到开工用时最短的管线项目。

2022 年 6 月，中石化新闻办消息，中国石化天然气分公司集气总站——轮南天然气管道工程正式投产，首日输气量 150 万立方米，标志着中石化西部区域天然气管道与国家管网实现互联互通。该输气管道投产后，日均输气量将逐步提升至 300 万立方米。该管道位于新疆轮台县轮南镇，地处塔克拉玛干沙漠腹地，全长 22.5 千米，管径 800 毫米，设计压力 10 兆帕，设计年输气能力 55 亿立方米，同时建成投用塔河增压站和轮南输气末站各 1 座。管道投产后，有利于充分释放上游气田产能，进一步提升天然气资源价值。

2022 年 6 月，湖北广电融媒体报道，国家管网川气东送管道江汉储气库输气联络线投产一次成功。江汉储气库工程采取"统筹规划、分期实施、依次投产"的建设原则，分"二期三阶段"实施。本次完成建设并投产的是一期一阶段联络线工程部分。该联络线工程总长 34.97 千米，管径 813 毫米，设计压力 10 兆帕，设计日输气能力为 2250 万立方米，涉及 16 个穿跨越工程、潜江压气站改扩建及相关配套工程，并在沿线设置 4 座线路监控阀室。江汉储气库输气联络线是川气东送管道的第十处互联互通保供渠道。它的建成投产将进一步缓解管道运行压力，大大提高管道天然气保供能力。

2022 年 9 月，国家管网发布，中俄东线天然气管道河北安平至山东泰安段通气运行。此次建成投产的安平至泰安段是中俄东线南段的重要组成部分，线路全长 320 千米，管径 1219 毫米，设计压力 10 兆帕，设计输量 189 亿立方米/年，2020 年 10 月开工建设。中俄东线天然气管道工程起点位于黑龙江省黑河中俄边境，止于上海市白鹤末站，是我国首条自主建设管理的智慧管道样板工程。中俄东线天然气管道分北、中、南三段核准建设,北段和中段均已投产运行,全线将于2025年建成投产。

2022年11月,贵州日报报道,由乌江能源集团管网公司承建的遵义至湄潭、遵义至绥阳至正安天然气输气管道进入试气阶段,标志着"渝气入黔"工程实现全线互联互通。遵义至湄潭天然气管道全长52千米,设计压力为6.3兆帕,管径为406.4毫米,起于中贵线遵义输气站,途经遵义新浦新区新舟镇、永乐镇到达湄潭末站。遵义至绥阳至正安天然气管道全长114千米,起于遵义市新蒲新区新舟分输站,止于正安县正安分输站。两条天然气管道与2022年建成的正安至道真至大磏天然气管道连接,截至目前,累计贯通试气管道240千米,形成了"渝气入黔"主通道。

2022年11月,湖南日报报道,衡东至大浦天然气支线管道进入投产试运阶段。衡东至大浦天然气支线管道项目工程,起点自国家管网红茶亭阀室,终点至大浦工业园,管道设计压力6.3兆帕,设计规格D273.1,年设计输气量1.62亿立方米,全线建设红茶亭首站、衡东分输站、大浦末站共计3个座站场。该项目总投资1.25亿元,全长约20千米,于2020年6月正式开工建设,2022年11月5日正式投产试运行,每年将为衡东地区输送1.6亿立方米天然气。

2022年11月,中国石油网消息,管道局一公司承建的涿州—永清输气管道成功投产试运行。涿州—永清输气管道是河北省重点项目,全长82.35千米,设计压力10兆帕,管径1219毫米,年输气能力69.74亿立方米,压力、管径、钢级和输气能力方面相较于以往河北省内长输管道都有大幅提高。项目主干线起于河北省涿州分输站,止于河北省永清分输站,此次试投产供气主要是满足管道沿线的居民和商户用气需求。

2022年12月,中国能源新闻网讯,我国最长煤层气长输管道——神木—安平煤层气管道工程全线贯通。管道西起陕西省榆林市神木市,东抵河北省衡水市安平县,横跨陕、晋、冀3省7市17县,沿途共设置3座站场、1座分输站、2个清管站、27个阀室,全长约623千米。管道管径813毫米,设计压力8兆帕,输气能力50亿立方米/年。神安管道自2020年7月启动建设,仅用28个月就完成全部施工建设任务,比原计划提前5个月。全线贯通后，将实现沁水盆地和鄂尔多斯盆地东缘两大非常规天然气勘探开发主力区域的互联互通，充分释放晋陕地区产能，为保障民生用气和国家能源安全贡献力量。

2022年12月，中国石油管道局消息，由管道局承建的威远、泸州区块页岩气集输干线工程重庆段主体焊接完成。威泸管道是西南油气田分公司在川渝地区建设的首条大口径输气管道，且首次全线采用全自动焊焊接工艺。管道线路起于四川省内江市威远县威远输气站，止于重庆市江津区江津增压站，线路全长211.3千米，是目前西南地区管径最大、压力最高的在建长输管道。其中，总长约100千米的威远—泸县段，管径为1016毫米，设计压力6.3兆帕，设计年输气量100亿立方米。总长约111千米的泸县—江津段，管径达1219毫米，设计压力12兆帕，设计年输气量达350亿立方米。

2022年12月，国家管网官方微信消息，国家管网苏皖管道（江苏滨海LNG外输管道）正式投产，增加滨海LNG资源接入能力500万立方米/日，为今冬明春天然气保供增添了强劲动能。苏皖管道是江苏滨海LNG接收站的配套工程，包括江苏滨海—盱眙项目（江苏段）和安徽天长—合肥项目（安徽段），设计年输气量127亿立方米，设置输气站场9座、阀室26座，历时23个月建成投用。其中，江苏段起于江苏省盐城市滨海县滨海港的滨海首站，止于江苏安徽交界处，线路长度约305.7千米，设计压力10兆帕，管径D914；安徽段全长217.4千米，从滁州市天长市经来安县、南谯区、全椒县至合肥市肥东县，设计管径D914，设计压力10兆帕。

2022年12月，泉州晚报报道，福建天然气二期管网德化支线与西三线东段联通工程及海西天然气管网德化支线工程试运投产正式启动。德化支线是国家天然气互联互通重点工程，也是福建省天然气主管网"两纵两横"中间联络线的重要组成部分。项目起自海西天然气管网泉州南安市水头分输清管站出站管线，沿线途经南安、安溪、永春、德化，终于德化分输站，线路总长119.12千米，设计管径508毫米，设计压力7.5兆帕，设计输量10.7亿立方米/年。德化支线正式投产通气后将有效促进区域经济及相关产业的发展。

2022年12月，新华网讯，中俄东线天然气管道工程泰安—泰兴段正式投产，我国东部能源通道全面贯通。来自西伯利亚的清洁能源，从小兴安岭入境，经东三省、京津冀、环渤海南下抵达上海，为我国东部地区能源保障和高质量发展注入强劲动力。此次投用的中俄东线泰安至泰兴段管道全长750千米，管径1219毫米，设计压力10兆帕，设计年输气量189亿立方米，历时23个月提前半年建成投产。投产后，该管段可在江苏泰兴与西气东输管道系统联通，"北气南下"通道延伸至长三角地区，提升长三角地区天然气保供能力约5000万立方米/日。

2022年新增天然气管道概况如表47所示。

表47 2022年新增天然气管道概况表

管道名称	长度（千米）	管径（毫米）	设计压力（兆帕）	设计输气量（亿立方米/年）
金安—叶集—金寨联络线	92.80	406.4	6.3	23.50
轮南天然气管道工程	22.50	800	10	55.00
江汉储气库输气联络线	34.97	813	10	82.12
中俄东线安平—泰安段	320.00	1219	10	189.00
遵义—湄潭线	52.70	406.4	6.3	4.95
遵义—绥阳—正安线	114.70	610	10	26.00
衡东—大浦支线	20.00	273.1	6.3	1.62
涿州—永清线	82.35	1219	10	69.74
神木—安平煤层气管道	623.00	813	8	50.00
威泸管道威远—泸县段	100.00	1016	6.3	100.00
威泸管道泸县—江津段	111.00	1219	12	350.00
江苏滨海LNG外输管道	523.10	914	10	127.00
德化支线	119.12	508	7.5	10.70
中俄东线泰安—泰兴段	750.00	1219	10	189.00
总和	2966.24	—	—	1278.63

数据来源：公开资料整理。

2. 规划在建国内管道

2022年3月，人民日报报道，山东省级重大基础设施项目——山东管网东干线天然气管道工程开工仪式在烟台龙口经济开发区举行。东干线项目总里程约524.5千米，管径1016毫米，设计压力10兆帕，设计年输气量139亿立方米，途经烟台、青岛、潍坊、日照、临沂 5 市 13 区县，总投资约 100 亿元。东干线项目开工是继 2020 年 7 月 17 日南干线（试验段）开工、2021 年 3 月 31 日南干线全面开工之后的又一里程碑节点。项目建成后，将直接与中石化青岛 LNG 接收站、龙口 LNG 接收站、山东管网南干线实现联通，并通过南干线与中原储气库群实现联通，远期还将与山东管网西、北干线及国家管网干线管道等实现互联互通，将打通优质海外 LNG 资源向内陆输送通道，对全面实施山东省能源发展"十四五"规划、落实"双碳"目标具有国家能源安全战略通道的重要意义。

2022 年 3 月，央视网讯，胶州湾海底天然气管线项目的第一道焊口在山东青岛胶州打火开焊，项目进入全面施工阶段。胶州湾海底天然气管线工程全长 72 千米，其中海底段达到 12 千米，是国内涉海距离最长的城市燃气管线，也是首条下穿跨海特大桥、首条采用陆对海"定向钻"工艺敷设的天然气管线。该项目设计总输气能力为每年 36 亿立方米，起点为国家管网张应分输站，途经青岛胶州市、城阳区，从女姑口大桥西入海，经一热泰能热源上岸后，与青岛市区"三横四纵"次高压燃气管线对接，并向南延伸至华电青岛发电厂。该项目可以满足沿途中国—上海合作组织地方经贸合作示范区、青岛高新区以及城区大型燃气发电项目、"煤改气"工程的用气需求。项目投产后，预计每年可替代煤炭消耗 536 万吨（折合成标准煤）、减少碳排放 500 万吨、减少二氧化硫排放 2.16 万吨、减少粉尘排放 4320 吨。

2022 年 4 月，安徽省能源局消息，皖东北天然气管道项目二期工程来安—全椒—和县段开工建设。管道接自国家主干管网青岛—南京联络线扬州分输站，经天长、滁州、来安，至凤阳、和县等，是安徽省"十四五"新的战略"气源通道"。皖东北天然气管道工程二期项目总投资 15.4 亿元，管道全长 179 千米。其中，皖东支线全长 151 千米，设计管径为 DN700、压力 10 兆帕，新建输气站 4 座、阀室 5 座；4 条联通线全长 28 千米，设计管径为 DN700、压力分别为 10 兆帕、6.3 兆帕。项目建设对于构建安徽省南北互通、东西互联的一体化和网络化天然气骨干网架，保障省内天然气供应具有重要意义。

2022 年 5 月，人民网讯，西气东输三线中段（中卫—吉安）天然气管道工程河南段正式开工建设，这是继西气东输一线、二线之后，西气东输天然气管道系统途径河南省的又一能源动脉，将进一步完善我国中部地区天然气管网布局。该管道全长238.18千米，管道设计压力10兆帕，管径1219毫米，设计年输气能力120亿立方米，沿线设置西峡分输压气站和西峡分输清管站2座站场以及线路截断阀室13座。项目建成投产后，将在河南省境内形成兼顾西气东输"二线"和"三线"的双气源供能格局。西气东输三线中段（中卫—吉安）天然气管道全长2090千米，已于2021年9月开工建设。该管道全线贯通后，对于"十四五"期间构建我国天然气管道"五纵五横"新格局，加快天然气管道"全国一张网"形成具有重要意义。

2022年8月，新华网讯，古浪—河口天然气联络管道工程全面开工建设。古河线起自西气东输二线、三线古浪压气站，终点为涩宁兰天然气管道河口站，自北向南经过3市、5县（区），线路全长188.4千米，设计输量50.8亿立方米/年，设计压力10兆帕，管径914毫米。该项目计划于2023年10月底前建成投产，届时将与在役的兰银线及涩宁兰双线联通，构建西北地区多通道供气网络。

2022年9月，人民日报报道，国家"十四五"石油天然气发展规划重点项目，即西气东输四线天然气管道工程正式开工。这是继西气东输一线、二线、三线管道之后，连接中亚和中国的又一条能源战略大通道。工程起自中吉边境新疆乌恰县伊尔克什坦，经轮南、吐鲁番至宁夏中卫，管道全长约3340千米，管径1219毫米，设计压力12兆帕。本次开工的吐鲁番—中卫段是该工程的核心组成部分，全长1745千米，管道年设计输量150亿立方米、增输改造后可达300亿立方米，预计2024年建成投产。

2022年10月，人民网讯，川气东送二线天然气管道工程川渝鄂段项目取得国家发展改革委核准批复，即将进入建设施工阶段。此次核准的川气东送二线川渝鄂段项目工程全长1576千米，管径1219毫米，设计压力10兆帕，设计年输气量达200亿立方米，包括1条干线和12条支干线，预计2024年建成投产。其中，干线起自威远/泸县首站，终至潜江压气站，长约1145千米；12条支线长约431千米。项目建成后，将进一步完善全国天然气管网格局，有效缓解我国天然气供需矛盾。

2022年10月，掌上梅州讯，广东省天然气管网"县县通工程"梅州—蕉岭—平远项目动工，该项目预计将在 2023 年下半年建成。梅州—蕉岭—平远项目包括平远支线和蕉岭支线，起点为广东省管网揭阳—梅州支干线的梅州末站，途经梅县区、梅江区、平远县、蕉岭县，终点分别为蕉岭末站和平远末站，线路全长 93 千米，是广东省天然气管网"县县通工程"的重要组成部分。项目建成后，将与广东省现有区域输气管网互联互通，向管道沿线用户供应清洁、优质、高效的天然气能源，不断满足粤东地区对清洁能源需求快速增长的需要，对打造全省天然气主干管道"一张网"，提升群众生活品质，促进粤东地区产业结构调整起着重要作用。

2022 年 11 月，搜狐网讯，由中农惠沣驿站能源（松滋）公司投资建设的宜都—松滋输气管道项目前期审批手续全部获批，即将进入施工阶段。该项目为"十四五"重点输气管道项目，管道全长 53 千米，管道设计压力 6.3 兆帕，最大年输量 6 亿立方米。其中宜都市设首站 1 座、分输阀室 3 座。宜都市设综合门站 1 座，压缩天然气母站 1 座。该项目完工后，将打破宜都市临港工业园区无天然气管道和天然气用气紧张的局面，保障管线周边区域天然气安全、连续、稳定供应。

2022 年 12 月，咸宁"南三县"天然气长输管线工程项目在崇阳县石城镇黄龙村正式开工，"南三县"天然气长输管线工程项目投资概算总额为 4.1 亿元，管道总长约 138.2 千米，设计压力 6.3 兆帕，运行压力 5.1~5.7 兆帕。其中：新建 DN300 长输管道 59.2 千米，DN200 长输管道 79.0 千米；新建分输站 2 座，改造分输站 1 座，新建分输阀室 7 座。管道设计年输气量 1.75 亿立方米，计划于 2024 年 6 月 30 日前完成工程建设并投入使用。项目建成后对推动咸宁市区域协调发展满足企业和群众需求具有十分重要的意义。

2022 年 12 月，来宾网讯，广西燃气集团来宾天然气支线管道工程暨三江口新区天然气管道项目举行开工仪式。来宾天然气支线管道工程项目，是广西"能源网"基础设施三年大会战重要组成部分，项目总投资 4.78 亿元，管道线路全长约 148 千米，设计压力 4.0 兆帕，管道内径 273.1 毫米，年设计输气能力 1.87 亿立方米。该工程管道起自广投天然气来宾市专供管道的来宾分输站，沿线经过兴宾区、武宣县、象州县、金秀瑶族自治县，止于金秀分输站。全线新建 3 座站场，改造来宾分输站 1 座，新建阀室 4 座。项目建成后，将进一步提升来宾市天然气管网覆盖水平，加快来宾市能源结构调整。

规划在建天然气管道概况如表 48 所示。

表 48　规划在建天然气管道概况表

管道名称	长度（千米）	管径（毫米）	设计压力（兆帕）	设计输气量（亿立方米/年）
山东管网东干线项目	524.50	1016	10	139.00
胶州湾海底天然气管线	72.00	1016/914/610	4	36.00
皖东北二期工程来安—全椒—和县段	179.00	720	10	46.00
西气东输三线中段河南段	238.18	1219	10	120.00
古河线	188.40	914	10	50.80
西气东输四线吐鲁番—中卫段	1745.00	1219	12	150.00
川气东送二线川渝鄂段	1576.00	1219	10	200.00
梅州—蕉岭—平远项目	93.00	323.9	6.3	0.13
宜都—松滋项目	53.00	—	6.3	6.00
"南三县"项目	138.20	323.9	6.3	1.70
来宾支线	148.00	273.1	4	1.87
总和	4955.28	—	—	752.10

资料来源：公开资料整理。

3. 管输设施发展

2022 年 6 月，中国石油报报道，管道局应用自主研发的多功能模块化海床挖沟机，完成了孟加拉国首条海洋管道工程 100 多千米的管道铺设，创造了"海陆定向钻穿越"和"航道后深挖沟"两项世界纪录。孟加拉国单点系泊项目成功突破核心技术瓶颈，实现 30 米深海底大尺度三维膨胀弯"毫米级对接"。涉及单点系泊系统安装、6 条陆海定向钻穿越、146 千米大规模海底输油管道铺设，以及 4 条深度逾 11 米的海底输油管道后挖沟施工，极具创新性和挑战性。

2022 年 9 月，中国石油网讯，管道局承担的国内首个油气管道国产化高速总线工业性应用平台在湖北宜昌正式启用，油气管道国产化高速总线正式进入推广应用阶段，为我国在石油石化行业工业信息网络实现自主可控提供了有力保障。现场总线是工业信息网络的重要组成部分，其主要功能为采集、传输现场数据，通过分析这些数据，从而控制相关的仪器仪表和制动设备。作为管道局和国家管网西部管道分公司、北京东土科技有限公司共同推进的关键设备国产化课题成果，油气管道国产化高速总线具有全产业链国产化的特点，布线、安装简单，便于网络维护，通过总线组网可以缓解石油石化行业信号传输的痛点，突破了终端数据传输的瓶颈。

2022年10月，腾讯网讯，涿州—永清输气管线采用PMC+EPC管理模式，实现施工资源配置最优化，引进管道完整性管理理念，同时应用国内领先的长输管道建设全自动化焊接、机械化补口技术和DR无损检测技术，提高了线路连头效率，加快了工程整体施工进度，确保高质量完成项目建设。

2022年11月，贵州日报报道，绥阳至正安管线控制性工程老鹰岩反井钻技术，是首次在国内天然气长输管线中的成功应用；通过对控制性工程芙蓉江定向钻、清溪河悬索桥跨越等重要节点的攻关克难，缩短了工期，降低了投资成本，为后期安全平稳高效运行打下坚实基础。

2022年11月，中国石油网讯，由管道设计院申报的行业标准"输氢管道工程设计规范"成为国内首个氢气长输管道工程设计方面的行业标准。管道设计院深入研判技术走势，加大对氢能储运方向的研究和标准制定力度，先后开展了"中低压纯氢与掺氢燃气管道输送及其应用关键技术研发"等近10项课题研发，编制了"氢气输送管道线路设计规定"等6项团体及公司级标准，成果广泛应用于陕宁一线掺氢示范项目、湛江海底掺氢管道等工程项目的设计咨询工作中。科研及工程项目的开展为行业标准的编制提供了坚实基础。

三、天然气储运发展分析

（一）储气库建设发展分析

天然气基础设施建设对满足能源需求至关重要。从全球天然气产业发展经验来看，加快储气库建设、提高天然气调峰和应急能力是加快发展天然气产业的必要保障。在我国，地下储气库作为季节调峰基础设施，其重要性越来越得到重视。随着我国经济的高速发展，能源需求日益增长，天然气地下储气库在能源安全消费中占据越来越重要的地位，当前我国地下储气库建设面临着建库资源、关键技术、市场化机制等一系列的挑战。

首先，中国天然气资源分布与消费结构整体不均衡，而地下储气库的场地选择受地形和区域的影响，在保证足够建库资源的前提下，才能实现大规模的储气库建设。我国西北部地区天然气消费量较少，但天然气资源和油气型储气库建库资源丰富。东部沿海地区因天然气消费潜力大，季节调峰需求高，天然气资源主要依靠外部输入，因此，该区域构建天然气储气库具有较大优势。然而，在中东部地区，较难实现储气库的大规模建设，大部分适宜区域已纳入建库范围，且由于东南沿海地区适宜于修建储气库的油气藏地质构造较少，存在基本地形条件不足等缺陷。建库资源与市场需求之间的矛盾，对地下储气库的库址筛选和建库技术提出了很高要求。

其次，地下储气库建设条件苛刻，对地层力学性质、盖层封闭性和构造圈闭等地质参数要求较高。地下储气库有多种类型，具体可分为油藏、气藏、岩洞、盐穴、废弃矿坑、含水层等。针对复杂低渗气藏如何高效利用孔隙空间、如何通过钻完井工艺的改进大幅度提高复杂低渗储层单井产能、如何通过储层改造工艺的完善保持地质体完整性等是目前地下储气库建设过程中急需解决的关键技术难题。

再次，中国储气库行业目前还面临着地下储气库市场化运营体制和天然气储备调峰市场化相关政策不够完善、地下储气库供需主体单一，以及对外服务市场基础薄弱等问题。当前建设及规划的地下储气库不能满足调峰需要，对外提供服务能力不足，而各市场主体对储气调峰的需求很大，从而导致供需两端的调峰需求脱节，限制了天然气储气库的市场化运营。

在我国天然气进口依存度持续高位、天然气供需存在矛盾的形势下，天然气地下储气库的合理布局为我国能源安全提供了有力的保障。关于我国地下储气库的建设布局可从以下几个方面入手：

第一，根据保障国家能源供给安全和天然气经营发展、市场资源以及长期发展的需要，重点打造特征调峰区，并加快应急调峰与提高采收率协同建设，以实现天然气产业利益的最大化。

第二，转变建库理念，拓展建库资源，实现储气能力的快速提升。当前形势下，积极探索适合我国国情的储气方式，努力实现新气田开发与储气库建设协同、产气田与储气库建设协同，以及储气库与LNG联动等多种新模式。

第三，打造石油行业完备的储气调峰体系，基于丰富的建库资源，通过复杂类型储气库技术攻关和建库理念转变，建成多种地形的储气库，打造完备的储气调峰体系。

第四，加强复杂类型储气库建库技术攻关，依托油气藏型、盐穴、含水层储气库建库资源，加强复杂类型地下储气库建库关键技术攻关力度，针对不同复杂地质结构的储气库，开展地质重构等技术研究，推进复杂类型储气库的建设。

（二）LNG 接收站建设发展分析

LNG 接收站是我国接收进口 LNG 资源的重要中转站，其建设情况将直接影响我国的 LNG 供应能力。近年来我国 LNG 接收站的数量呈上涨趋势，并且未来仍有一大批 LNG 接收站建设规划正在落地，以强化我国 LNG 接收能力。截至 2022 年年底，我国已投运的 24 座 LNG 接收站基本分布于沿海省市地区，其中华南地区的 LNG 接收站数量最多，并且有 6 座分布在广东省沿海地区，使广东成为全国 LNG 接收站数量最多的省市。可以看出，我国 LNG 接收站的建设不仅与地理位置有关，还与当地经济发展水平、人口密度有极大的关联性。随着 LNG 接收站建设数量越来越多，储罐规模越来越大，行业发展对储气的需求越来越迫切，竞争也越来越显性。近几年，在各方"储气指标"驱动下，中国 LNG 接收站不断在沿江沿海布局，投资建设速度显著加快。但在未来中国 LNG 接收站仍可能面临利用率不足、竞争压力加大的局面。因此，LNG 接收站运营企业应立足国家要求和行业规划，把握好 LNG 接收站未来的发展趋势，未雨绸缪。在完善接收站设施和功能的同时，还需要关注接收站管理、运行的方式和规则，与时俱进，不断优化调整。

第一，统筹规划接收站建设。岸线资源稀缺，接收站建设需要统筹考虑岸线位置、周边市场长远发展、接入主干管网便利程度和海关监管要求等因素，总体规划接收站规模，科学布局保税完税罐，提前预留扩展空间，合理设立分期分批建设目标。

第二，优化生产与储气罐容比例。运用大数据等手段分析市场需求特性，评估接收站生产运营所需周转罐容，优化和动态调整生产与储气罐容配比，合理确定安全液位，保证生产与储气两不误。同时，用好用足国家储气服务价格政策，做好相应的储气服务成本归集和核算，合理确定储气服务价格，提高市场化收入水平。

第三，优化运营规则。新服务需要新规则。随着LNG接收站业务的拓展，要不断丰富完善面向储气服务、保税业务、外资直接使用的规则，分类公开服务能力、服务条件、服务流程，缩短服务受理时限，提高使用效率，提升申请使用服务的便利性和市场预期，引导市场参与者合理决策。

第四，建立健全与业务拓展相适应的监管规则。结合LNG高流动性特点，研究"监管保税设施"转向"监管保税LNG"的可行性，论证"保税LNG"与"含税LNG"混合储存与分类记账的操作性，极大发挥LNG接收站储罐功能。在使用对象多元后，还要根据境内外、产业内外市场主体特点，在兼顾安全和公平的基础上开展有针对性的监管。

中国天然气行业发展日益成熟，市场化程度越来越高，LNG接收站不断发展壮大，在国家政策、行业高质量发展和自身需要推动下呈现新变化和新趋势。未来，中国LNG接收站将朝着多建储罐做大储气"蛋糕"、整合协同实现多元服务、面向国际完善保税设施和引进外资使用，以及从接收终端向集散枢纽的方向发展；通过发挥平台作用，吸引社会力量广泛参与国内天然气供应，深度参与国际竞争与合作，助力构建天然气双循环新发展格局。

（三）天然气管输发展分析

根据国家发展规划及市场需求预测，中国油气市场需求量在未来一定时期内增长依然强劲。预计到2030年，中国化石能源占一次能源消费比例70%，到2040年，中国天然气消费量将达到峰值7000亿立方米，到2050年，中国化石能源占一次能源消费比例趋近50%，能源市场需求的旺盛将直接推动未来管道的建设和发展。统筹规划、加快构建"衔接上下游、沟通东西部、贯通南北方"的油气"全国一张网",有利于完善现代综合运输体系,支撑现代能源体系建立,有利于保障国家能源安全和公共安全,支撑两个百年奋斗目标的实现。然而近年来,天然气管输在快速发展的同时也暴露出了一些突出问题:

第一,已建管道里程短,不能满足发展需要。目前国内油气管网初具规模,管输能力不断提高,但其发展建设状况仍不能完全满足国内持续增长的实际需求,尤其天然气管道里程偏低,经济发展的内生动力和人民冬季取暖保供需求日益增长,以及国家战略碳达峰、碳中和等目标,都凸显了目前阶段天然气管道运力的不足。

第二,管理运营存在问题。在管理理念、技术人才、标准规范等方面与世界先进水平存在一定差距,不能满足中国高速发展的管道发展需求。如管道的自动化、智慧化管理仍处在起步阶段,技术标准不够"全面、系统、先进",缺乏专业顶尖的领军人才,善技术、善管理的高素质人才队伍建设跟不上实际需求。同时也缺乏具有指导性和约束性的法律法规,尚未建立专门的政府监管机构以指导、监督和推进国家顶层设计稳步推进,确保其健康发展。

第三,管道信息化程度低。管道建设时代跨度大,前期建设的管道设备系统相对落后,管理模式及手段相对原始,已不能满足现今信息化时代的管理需求。尽管近年建设的管道采用了很多新方法、新技术、新设备,但大部分管道仍未达到世界先进水平。

第四,安全风险问题。天然气是一种危险系数较高的物质,具有一定的挥发性,在浓度较低的情况下,对人体是无害的,但是一旦超过临界浓度(5%~15%)之后,就会使人窒息,而且极易发生火灾、爆炸事故。另外,在管道储运过程中,天然气在管道中会发生摩擦,进而会产生大量的静电,也存在相当大的危险性。与此同时,天然气管道运输的距离非常长,时常会通过一些生活生产区域,受到天灾人祸的影响,管道很可能出现泄漏,如果没有对其进行及时维修,不但会造成一定的环境污染,而且还会造成巨大的人员伤亡和经济损失。

油气管网是国家重要的基础设施和民生工程,是现代能源体系和交通运输体系的重要组成部分。针对天然气管输已显露的突出问题,可从以下几个方面入手：

第一，合理布局建设和发展油气管道。中国能源消费力争实现多元化发展，但油气需求在2025年前依然强劲，国家和社会赋予的责任依然重大。根据《中长期油气管网规划》，中国将迎来新一轮管道建设高峰，油气管网规模将不断扩大，管网布局也将趋于合理，尤其天然气管道将是建设重点。在政府的顶层设计指导下，依托国家管网的成立、规划布局和发展，基于中国特色国情及能源分布，更趋合理的促进中国油气管道的建设和健康发展。

第二，以成熟的技术标准及管理模式引领管道发展。国家需本着"先进性、系统性、全面性"的原则，制定一些具有指导和规范意义的法律法规和标准规范来推动和指导顶层设计向前发展。同时，管输公司需根据自身情况编制一系列企业级的管理标准和技术标准以规范和指导公司的运营，标准编制应统筹规划并具有适用性。不论国家还是公司都可根据自身情况，借鉴和参考国际成熟技术标准和管理规范，寻找与其相似和不同之处。中国应在基于国情的前提下，进一步市场化，放宽入口条件，吸引社会资本参与管道的建设和发展。

第三，建设数字化管道，打造智慧化管网。推动管道的数字化转型和智能化发展，推进信息化和计算机软件应用平台建设。如中石油使用的管道完整性管理系统应当继续推广和升级完善，并打造不同的衍生版本以适用于不同的管道分公司。以科技数字化战略打造智慧互联管网，支撑管道的全生命周期管理和全智能化运营，将中国管道公司打造成世界一流管道公司。

第四，做好施工作业现场的管理，提升企业员工的安全意识。首先，天然气管道施工涉及的流程较多，作业现场十分复杂，具有较高的工作量，参与施工的人员众多，企业必须做好相关人员的分配以及安排，确保管道施工可以顺利进行。其次，企业应该组织专门人员对施工过程的质量进行监督，保证施工作业可以满足相应的标准和安全要求，并且做好相应的奖惩措施，促使作业人员可以安全施工，确保施工质量。再次，在施工过程中，部分人员的野蛮施工，极易出现管道破损或违法占压管道的现象，企业应该使用各种检测技术，找到问题的源头，及时维修，减少安全隐患。

中国天然气进出口

我国自 2019 年超过日本成为全球第一大天然气进口国后，过去三年天然气进口数量逐年增加。2022 年，受乌克兰危机影响，国际天然气价格波动剧烈。在天然气进口价格传导作用及国内用气需求双重影响下，2022 年我国天然气进口数量有所下降，进口总量为 10925 万吨，比 2021 年减少 1220 万吨，同比下降 9.9%。现阶段天然气在我国目前的一次能源消费结构中占 8.5%，远低于欧美发达国家水平。此外，碳达峰、碳中和已成为全球共识，天然气作为清洁能源，是我国实现减碳达峰的重要途径，是保障国家能源安全、实现油气行业高质量发展的关键举措，未来中国天然气消费增长潜力巨大。随着国内经济逐步复苏，预计未来一年天然气进口量将有较大增长，以满足不断增长的天然气消费需求。

一、天然气进口

2021 年 10 月国务院发布的《2030 年前碳达峰行动方案》指出要逐渐扩大天然气消费比重，推动天然气与多种能源联合发展，合理引导工业、化工用气，转变企业用能方式。2022 年我国天然气在一次能源消费比重约为 8.5%，比 2021 年下降了 0.4 个百分点，根据《能源生产和消费革命战略（2016—2030）》中提出的目标，到 2030 年我国天然气消费的一次能源占比将提升至 15% 左右，从这个数据来看，我国天然气消费量还有巨大的提升空间。过去一年，我国天然气生产量为 2201 亿立方米，约为 15830 万吨，消费量为 26589 万吨，天然气进口量为 10925 万吨，对外依存度约为 40.9%。这表明我国当前天然气年产量远远低于国内天然气消费量，开采量尚无法满足消费量，产量增速赶不上消费增速，我国天然气对外进口的依赖性将长期存在。

（一）天然气进口情况

截至 2022 年 12 月，我国天然气进口来源国达到 28 个，进口源呈现多区域、多国家的多元化特征，并逐步实现管道天然气（PNG）和液化天然气（LNG）进口贸易同步化模式。在天然气的进口总量上，由于 2022 年上半年疫情呈现多点散发状态，导致资源流通受阻，影响了企业正常生产，同时受乌克兰危机的影响，国际天然气价格大幅上涨，天然气进口量相比于 2021 年有所减少。2022 年以来，全球主要国家经济持续复苏，工业生产用气需求增加，叠加低碳、环保、减排等原因，各国对天然气需求不断增加，但天然气主要生产国因各种原因导致供气受限，尤其是俄罗斯北溪管道出现一系列突发状况后，国际天然气市场出现大幅振荡，国际天然气价格持续上涨。

1. 天然气进口来源

目前我国进口的天然气从运输方式区分主要分为 PNG 和 LNG 两种，相较于 2021 年的 31 个天然气进口来源国，2022 年减少了 3 个国家。我国进口 PNG 主要以管道运输为主，得益于地缘优势，我国管输天然气可以通过陆路天然气管道，实现更加稳妥和安全地进口到国内，西线可由霍尔果斯到达中亚地区天然气主要生产国，东线经黑河可达俄罗斯恰扬金气田，南线可由昆明到达缅甸的皎漂。近年来随着东西线主要天然气管道的竣工，我国 PNG 的进口量得到进一步的增长。LNG 主要进口渠道为海上运输，通过专用的 LNG 船队运输超低温液化天然气。随着乌克兰危机的持续，海运价格屡创新高，LNG 船队运力相对不足，在这种国际环境下，我国作为全球最大的 LNG 进口国，在液化天然气供应的稳定和安全上也受到一定影响。

需要说明的是，2022 年海关总署对 PNG 进行了统计调整，不再公布除总进口量之外的多维统计分组数据，因此，无法获取 PNG 来源国进口数量的准确数据。现有各来源国进口数量由 PNG 平均进口价格计算得到，计算方法主要以各月份不同进口国的总进口价格除以当月 PNG 平均进口价格得到当月进口量，然后对各来源国 1—12 月进口量进行累加得到全年进口量，计算结果仅供参考。如图 35 所示，2022 年中国 PNG 进口来源国主要有 5 个，分别为哈萨克斯坦、土库曼斯坦、乌兹别克斯坦、俄罗斯和缅甸，与 2021 年保持一致。其中来自土库曼斯坦的进口量仍然高居首位,进口量约为 2641.6 万吨,占比达到 57.67%,与 2021 年基本持平。2022 年来自俄罗斯的 PNG 进口量约为 1018.5 万吨,占比达到 22.24%,进口量占比同比增长 4.48%,位列第二。来自哈萨克斯坦的进口占比降至 6.17%,相比于 2021 年下降约一半。其余两国进口量占比与 2021 年基本持平。

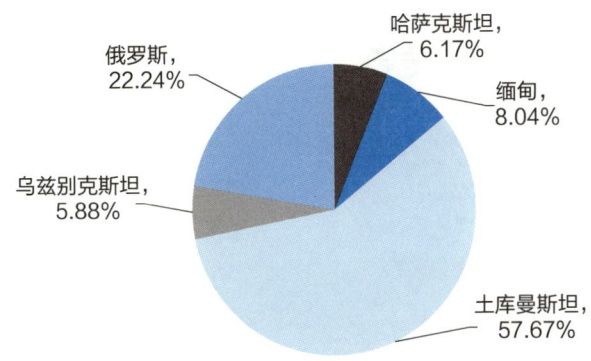

图 35　2022 年 PNG 主要进口国来源排名

数据来源：海关总署

如图 36 所示,LNG 进口来源国共有 24 个,相比于 2021 年减少了 3 个。其中主要进口国为澳大利亚、卡塔尔、马来西亚和俄罗斯 4 个国家,其进口天然气数量占比均超过 10%,总占比达 81.06%。进口量超过 200 万吨的国家有 7 个,除了上述 4 个国家外还包含印度尼西亚、巴布亚新几内亚和美国,进口量占比分别为 5.90%、3.98% 和 3.29%。2022 年进口数量最大的国家仍为澳大利亚,进口数量为 2185 万吨,占比达 34.45%。相较于 2021 年,卡塔尔的进口比重出现大幅增长,其 LNG 进口量所占比重由 2021 年的 11.37% 上涨到 24.74%,增长 13.37%,位居第二。出现此现象的主要原因除了我国一直是卡塔尔天然气对外贸易的重要伙伴之外,也离不开在卡塔尔筹办世界杯期间,我国对其进行的大规模基础设施援建,这加强了两国之间友好交流、互利共赢的信任关系。也正因为此,在世界杯期间卡塔尔石油公司和中石化签订了一份长达 27 年的天然气采购合同,卡塔尔将每年向中国供应 400 万吨 LNG。除了上述变化外,其他国家 LNG 进口量占比与 2021 年基本持平。对比近几年天然气进口数据可以发现,我国从澳大利亚进口 LNG 的比重在逐渐下降,已经由前两年的 43.91%、39.45% 下降至 2022 年的 34.45%,进口澳大利亚 LNG 一家独大的局面正在扭转,进口源多国化的供给格局正在逐渐建成,其中与卡塔尔签订的采购大单是一项意义重大的里程碑。随着进口结构的持续优化,我国在国际 LNG 进口价格谈判上将占据更多的主动权。

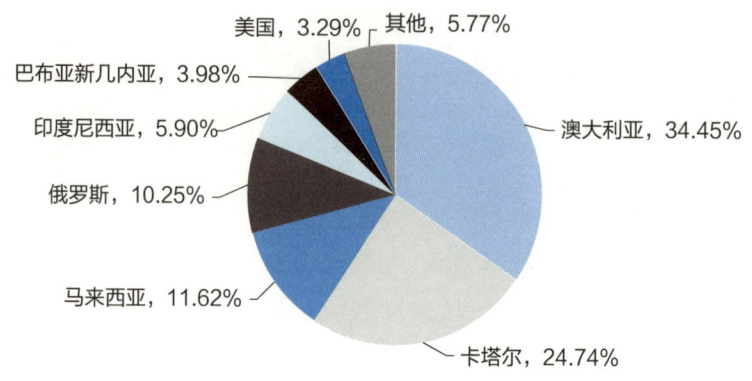

图 36　2022 年 LNG 主要进口国来源排名

数据来源:海关总署

2. 天然气进口数量

2022 年天然气进口量统计表、2021—2022 年天然气进口量及其同比增速图如表 49、图 37 所示。数据显示,我国全年天然气进口总量达 10925 万吨,比 2021 年减少 1220 万吨,同比下降 9.9%。其中 LNG 进口量为 6344.25 万吨,同比下降 19.72%,单月最大进口量出现在 1 月,为 779.7 万吨;管输天然气(PNG)进口量为 4580.52 万吨,同比增长 7.99%,单月最大进口量出现在 9 月,为 425.13 万吨。可以看到,PNG 进口量明显增多,LNG 相应减少。PNG 增多的主要原因是由于来自俄罗斯的管道天然气供应量增多,据有关数据显示,自 2021 年 12 月以来,俄罗斯通过西伯利亚管道向中国出口天然气的供气量逐渐提高到 4300 万立方米/日。LNG 进口量下滑的主要原因是乌克兰危机导致国际天然气价格飙升,严重挫伤了中国进口商购买现货的积极性。此外,2022 年以来国内疫情呈现多点散发的状态,资源流通受阻,加气站及工业用气需求出现萎缩,对 LNG 进口数量有一定影响。

另外可以看出,2022 年上半年,我国天然气进口数量 5350.54 万吨,同比减少 10.1%，下半年天然气进口数量 5574.23 万吨，同比减少 9.98%。依据最近几年的天然气进口规律，我国天然气进口周期总体上分为淡季和旺季，上半年一般进口量较少，下半年由于保供和用电需求叠加，进口量较多。但是 2022 年天然气进口周期与往年存在明显差异，首先，各月份天然气进口数量差距不大，没有明显的周期性规律；其次，2022 年天然气进口数量明显少于 2021 年，各个月份进口数量均比 2021 年有所减少。

对比 2021 年的天然气进口量季节性波动趋势，2022 年天然气进口数量从 1—12 月均比 2021 年有所减少，其中跌幅较大的月份为 4 月和 10 月，跌幅近 20%，1—12 月平均跌幅为 10.13%。纵观全年，2022 年 1 月、9 月、11 月和 12 月在进口量上超过 1000 万吨，主要集中在供暖季，原因是家庭用气叠加工业用气，导致天然气需求增加所引起。其中最大进口量出现在 1 月，为 1126.47 万吨，同比减少 2.62%；最小进口量出现在 10 月，为 757.38 万吨，同比减少 19.23%。

表49　2022 年中国天然气进口量统计表

月份	PNG		LNG		天然气	
	进口量（万吨）	同比增长（%）	进口量（万吨）	同比增长（%）	进口量（万吨）	同比增长（%）
1	346.77	8.73	779.70	-6.94	1126.47	-2.62
2	371.31	4.15	481.55	-12.65	852.86	-6.05
3	335.66	8.82	458.71	-17.71	794.37	-8.26
4	373.84	9.31	432.29	-34.95	806.13	-19.91
5	414.53	25.95	487.73	-28.81	902.25	-11.04
6	389.53	11.54	478.92	-26.50	868.46	-13.22
7	395.93	8.01	471.37	-15.79	867.31	-6.37
8	412.91	8.98	469.62	-28.54	882.53	-14.82
9	425.13	9.76	585.28	-12.39	1010.41	-4.26
10	357.54	11.47	399.84	-35.19	757.38	-19.23
11	389.26	1.90	639.62	-7.30	1028.89	-4.02
12	368.11	-8.43	659.61	-13.55	1027.72	-11.78
总计	4580.52	7.99	6344.25	-19.72	10924.77	-10.13

数据来源：海关总署。

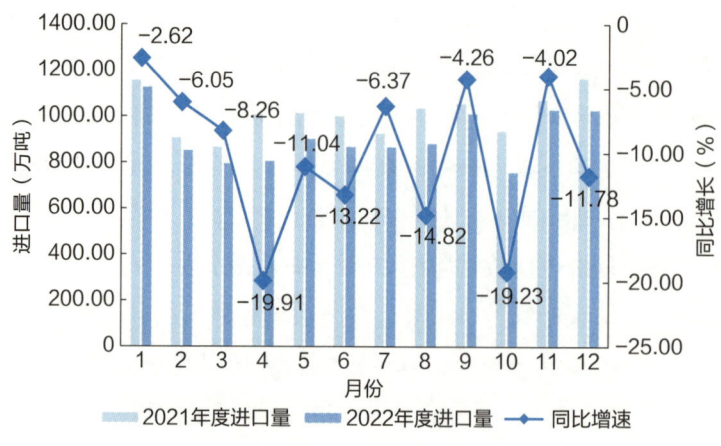

图 37　2021—2022 年天然气进口量及其同比增速
数据来源：海关总署

2022 年中国天然气进口品种结构如图 38 所示，相比于 2021 年，2022 年天然气进口品种结构出现明显变化，PNG 平均占比由 2021 年的 31.83% 上升到 42.42%，增长 10.59%。相应的，LNG 平均占比由 68.17% 下降到 57.58%。从进口结构来看，LNG 仍占据主要地位，但是 2022 年 LNG 进口占比明显下降，反之 PNG 的进口占比在提高，出现此现象的原因主要还是由于 LNG 国际天然气市场价格高企，国际天然气采购商进口意愿不高，而 PNG 的采购价格相对稳定，且通过管道运输更加安全，因此进口占比有所提高。

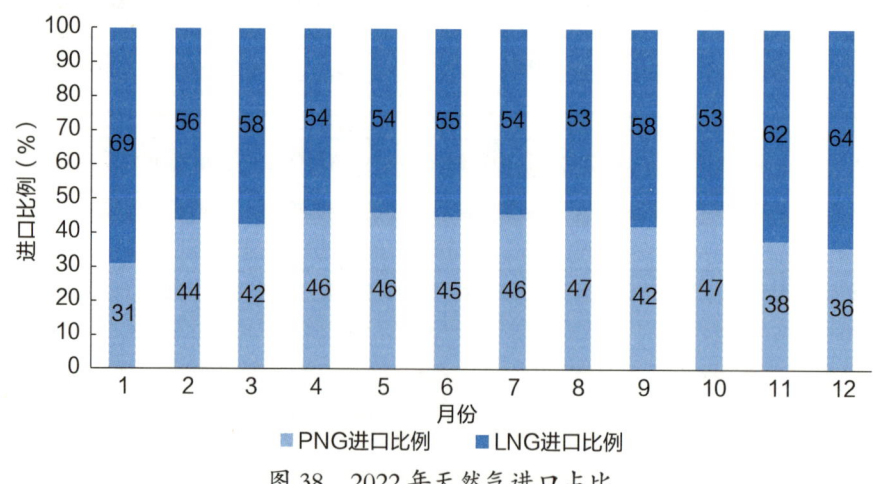

图 38　2022 年天然气进口占比
数据来源：海关总署

近年来我国加快了构建天然气气源多国化进口格局的进程，目前处于初期阶段，主要进口国如澳大利亚、土库曼斯坦等国的进口比例在 40% 左右，一旦发生国际争端，将存在接替气源不足的风险。除此之外，LNG 进口渠道高度依赖海上通道，其中南海是中国进口中东、北美、亚太等地区 LNG 的关键要道，运输量的增加与南海地区地缘政治环境急剧下滑形成对冲，给南海通道平添了更多的安全压力。但是由于 LNG 不受管线基础设施约束、调配灵活等优点，以及我国 LNG 接收站配套设施相对完善等原因，在可预见的未来，LNG 进口量仍将处于主导地位，但是随着国际天然气市场的持续振荡，LNG 进口比重可能会逐渐降低。在 PNG 进口上，由于我国大多数进口协议为"长约协议"，气价同国际原油价格挂钩，价格振荡空间相比于国际天然气现货市场较小，气价较为稳定，如果未来国际天然气现货市场价格仍居高不下，未来 PNG 进口比重可能会相应增加。

3. 天然气进口价格

谈及天然气进口价格，首先要区分天然气进口结构，不同种类天然气的气价、受影响因素有所不同。我国进口天然气分为 PNG 和 LNG，其中 LNG 又可以细分为 LNG 长期合同、中短期合同和 LNG 现货。目前我国 PNG 和 LNG 绝大多数签的"长约协议"，即买卖双方依据"照付不议"原则签订为期 20 年左右的供需协议。LNG 长期、中短期合同的进口价格一般采用与国际油价挂钩的方式，主要使用以日本为首的亚太地区天然气定价机制，其基准价格参考日本原油综合指数（JCC），同时根据通货膨胀、周期性修订条款等因素进行调整。而 PNG 的进口价格一部分采用双边垄断的政府谈判价，一部分采用与油价挂钩的方式。可以简单的归纳为：$P = \alpha \cdot x + \beta$，其中 P 表示进口天然气价格，α 表示影响价格的变量，如政策、产量、需求等可谈判的影响因素，x 表示油价指数，β 为修正常数。

不同于长约协议，LNG 现货的价格主要受国际市场供需关系影响，变化较为灵活。根据相关文献研究，我国的 LNG 现货价格与原油现货价格之间不存在相关性，两个现货市场无法形成价格传导关系，而国际天然气价格指数波动对我国 LNG 现货价格具有直接和间接的传导关系，对我国 LNG 现货价格的影响可达 40%。因此我国进口 LNG 现货主要参考国际天然气价格指数。

由于天然气贸易具有区域性，国际上关于天然气定价暂时没有统一的标准，LNG现货价格主要参照全球三大天然气主要交易价格，随行就市。主要采用以下三种定价方式：（1）以美国为首的北美天然气定价机制，其定价机制具有典型的市场竞争特征，其国产天然气的数量和亨利中心（HH）的交易价格对进口天然气的数量和价格有直接的影响；（2）以英国为首的欧洲天然气定价机制，主要使用与成品油等竞争能源挂钩的定价方式，辅以参考NBP、TTF等交易中心价格；（3）以日韩为首的东亚地区普氏价格指数（JKM），普氏JKM定价体系经过多年的发展，已经成为市场较为接受的反映亚洲LNG现货交易水平的价格指数。

参照HH、NBP、TTF、JKM的价格走势，2022年自乌克兰危机以来国际气价大幅上涨超出预期。地缘政治危机形势下，俄罗斯天然气西向进入欧洲受阻，加剧全球LNG资源竞争，持续推涨气价。世界主要天然气进口地区欧洲、亚洲的天然气价格处于持续上涨的态势，1—8月，欧洲TTF现货均价为38.3美元/百万英热单位，较2021年同期上涨313%。东北亚LNG现货价格与TTF联动上涨，1—8月到岸的现货均价31.5美元/百万英热单位，同比上涨225%。美国LNG出口强劲，原料气需求旺盛推升HH天然气现货价格，由年初的3.7美元/百万英热单位最高升至9.44美元/百万英热单位。愈演愈烈的天然气短缺困境令国际机构纷纷上调国际气价预期。

此轮天然气大涨的原因除了国际天然气市场供需矛盾的客观原因外，乌克兰危机引起的地缘政治危机，导致俄欧能源贸易关系紧张是主要原因。2022年由于全球疫情得到有效控制，各国都在不同程度地放松防疫措施，交通用油、工业用气等方面的消费在逐渐恢复，经济持续复苏带来能源消费需求的增长。而且欧盟主要国家过去由于碳排放政策，利用传统化石能源发电、生产的产业大幅减少，对天然气、核电、风电等清洁能源需求增加，其中天然气是生产生活与发电的主要消费能源。进入供暖季后，受冬季寒冷天气影响导致对天然气需求进一步增加。而乌克兰危机以来，欧洲国家对俄罗斯的严厉制裁也终于在天然气进口价格上迎来反噬，由欧洲大幅上涨的天然气价格逐渐波及其他地区和国家，带动了此轮天然气国际价格的飙升。另外，过去两年西方国家为了缓解疫情对经济的影响，带头大规模发行货币引起通货膨胀。美国无限量化宽松货币政策导致全球流动性外溢，大批资金进入资本市场，大宗商品如石油、煤、天然气价格普遍上涨。在上涨浪潮尚未平息之时，叠加从2月份持续至今的乌克兰危机，2022年天然气价格至开年以来就持续攀升。在此轮大涨浪潮下，受益方主要为以美国为首的天然气出口国，而欧盟等国家将承担此轮高企的天然气价格。

从目前天然气价格走势来看，国际市场天然气价格或将继续运行于高位区间，仍存在继续大幅上涨的可能。东北亚2022年LNG现货各月度平均价格如表50所示，可以看到2022年东北亚LNG现货1—12月平均价格，其中最高均价出现在10月，为54.1美元/百万英热单位，同比最高增幅出现在4月，高达522.7%。图39为2021年、2022年东北亚LNG现货月均交付价格的走势对比图。从图上可以很明显地看到，除了11月和12月基本与2021年现货均价持平外，其他月份的2022年东北亚LNG现货均价相比于2021年均出现大幅提高，平均涨幅达到205%，可以说是全方位大幅涨价。

表50　2022年东北亚LNG现货各月度平均价格同比表

月份	2021年东北亚LNG现货均价(美元/百万英热单位)	2022年东北亚LNG现货均价(美元/百万英热单位)	同比变化幅度(%)	环比变化幅度(%)
1	7.83	36.04	360.28	12.80
2	16.00	34.50	115.63	-4.27
3	8.00	24.90	211.25	-27.83
4	5.99	37.30	522.70	49.80
5	6.89	32.50	371.70	-12.87
6	9.02	23.90	164.97	-26.46
7	10.70	22.90	114.02	-4.18
8	12.94	39.40	204.48	72.05
9	15.10	44.50	194.70	12.94
10	18.30	54.10	195.63	21.57
11	30.96	35.3	14.02	-34.75
12	31.95	27.9	-12.68	-20.96

数据来源：国际天然气市场月评。

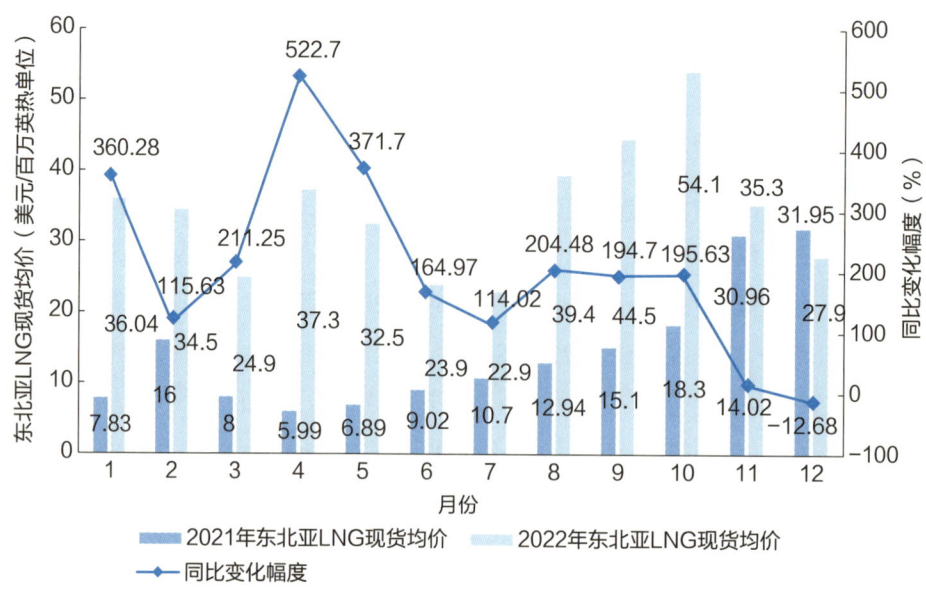

图 39　2021 年、2022 年东北亚 LNG 现货各月度平均价格对比
数据来源：国际天然气市场月评

同时为了方便与国内价格对比，已根据相关公式将单位"美元/百万英热单位"转换为单位"美元/吨"，该公式依据 LNG 完全燃烧释放的热量进行等价转换，计算结果仅做参考。东北亚 LNG 现货价格与中国 LNG 进口价格对比如图 40 所示，可以发现我国 LNG 进口均价涨幅较平稳，振荡区间小，且远低于东北亚 LNG 月均现货价格。

从上述国际 LNG 现货的价格波动来看，尽管国际天然气价格持续看涨，但是对我国 LNG 进口价格的影响总体可控。根据相关数据统计，我国大部分进口 LNG 项目采取长约协议，LNG 现货只占天然气总消费量的 10% 左右，这样的供应方式减轻了价格上涨的压力，虽然存在一定风险，例如国际天然气价格大幅下降时，我国将承受较高的天然气进口价格，但目前的市场环境下，天然气价格中短期内涨价预期远高于降价预期。由于 2022 年以来，长约协议的挂钩指数显著低于国际市场现货价格上涨指数，因而避免了价格大幅上涨的压力。在当前天然气价格暴涨的市场环境下，"长协气"成为保障我国天然气市场供应充足和价格稳定的"压舱石"。

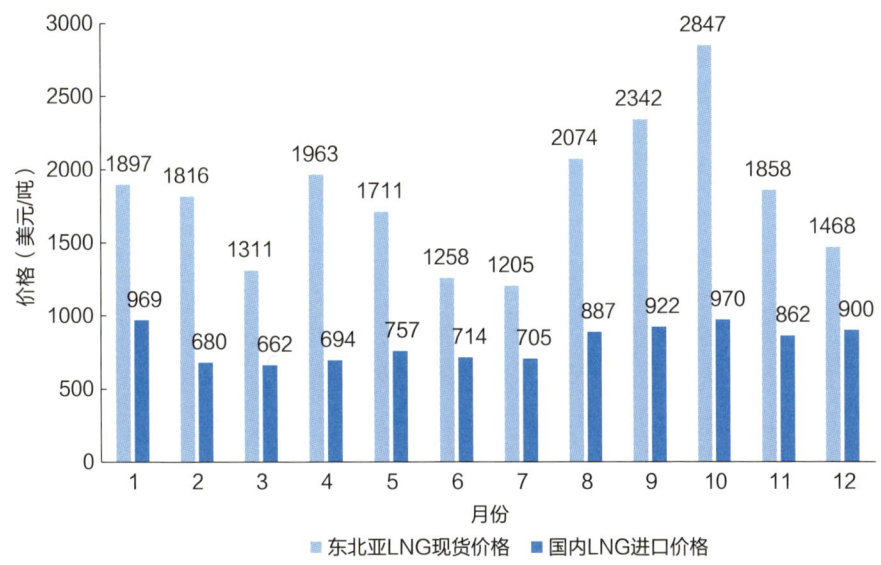

图 40　2022 年东北亚 LNG 现货价格与中国 LNG 进口价格对比

数据来源：海关总署、国际天然气市场月评

2022 年中国各月份 LNG 进口平均价格及变化幅度如表 51、图 41 所示，可以看到，2022 国内 LNG 进口价格相比于 2021 年总体呈现上涨趋势，除了 11 月、12 月价格有所下降以外，LNG 价格各月份均有大幅度的涨价。2022 年 1—12 月，累计进口 LNG 平均价格为 810.17 美元 / 吨，相比于 2021 年 LNG 平均进口价格 553.65 美元 / 吨，每吨上涨了 256.52 美元，同比涨幅为 46.33%。其中上半年均价为 746.01 美元 / 吨，平均涨幅为 85.74%，下半年均价为 874.33 美元 / 吨，平均涨幅为 31.31%。总体来看，下半年价格更高，但是平均涨幅远低于上半年，天然气价格有所回落。全年最高进口价格出现在 10 月，为 970.34 美元 / 吨，也正好对应前文 10 月进口量最少，说明 10 月份国际天然气价格达到峰值，我国在进口量上有所收缩。最高涨幅出现在 1 月，达到 153.05%，价格比 2021 年同期上涨了 586.34 美元 / 吨。最低价格出现在 3 月，为 662.15 美元 / 吨。

表 51　2021 年、2022 年各月份 LNG 进口价格同比表

月份	2021 年 LNG 进口价格（美元/吨）	2022 年 LNG 进口价格（美元/吨）	同比变化幅度（%）	环比变化幅度（%）
1	383.09	969.43	153.05	−0.97
2	436.52	679.55	55.67	−29.90
3	415.63	662.15	59.31	−2.56
4	363.96	694.27	90.76	4.85
5	385.76	757.17	96.28	9.06
6	447.66	713.51	59.39	−5.77
7	501.06	704.95	40.69	−1.20
8	547.26	886.88	62.06	25.81
9	602.62	921.91	52.98	3.95
10	663.44	970.34	46.26	5.25
11	917.95	862.40	−6.05	−11.12
12	978.88	899.52	−8.11	4.30

数据来源：海关总署。

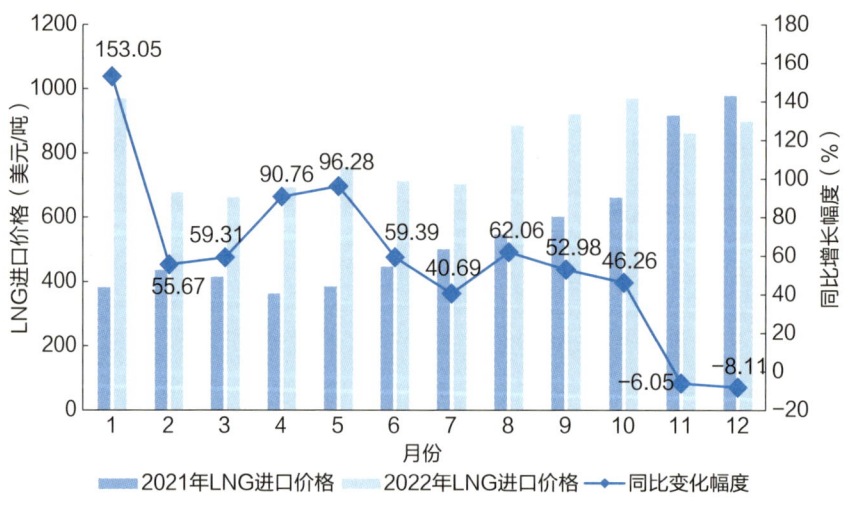

图 41　2021 年、2022 年各月份 LNG 进口价格
数据来源：海关总署

2022 年各月份 PNG 进口价格及变化幅度如表 52 与图 42 所示。可以看到，2022 年全年，PNG 进口价格相比于 2021 年显著上涨，各个月份价格相比于

2021 年均有不同幅度上涨。1—12 月，平均进口价格为 387.77 美元 / 吨，相比于 2021 年的 272.53 美元 / 吨，每吨上涨 115.24 美元，同比涨幅为 42.29%。从柱状图上可以发现，2022 年 PNG 进口价格呈现出随月份而增加的趋势，价格从 1 月到 12 月逐渐增加。PNG 最高进口价出现在 12 月，为 456.74 美元 / 吨。

表 52　2021 年、2022 年各月份 PNG 进口价格统计表

月份	2021 年 PNG 进口价格（美元 / 吨）	2022 年 PNG 进口价格（美元 / 吨）	同比变化幅度（%）	环比变化幅度（%）
1	247.49	318.50	28.69	0.22
2	241.68	334.03	38.21	4.88
3	234.17	341.63	45.89	2.28
4	236.56	333.87	41.13	−2.27
5	270.75	373.39	37.91	11.84
6	264.85	370.40	39.85	−0.80
7	259.62	370.61	42.75	0.06
8	290.65	432.54	48.82	16.71
9	291.05	430.95	48.06	−0.37
10	294.25	434.34	47.61	0.79
11	321.53	456.30	41.92	5.06
12	317.79	456.74	43.73	0.10

数据来源：海关总署。

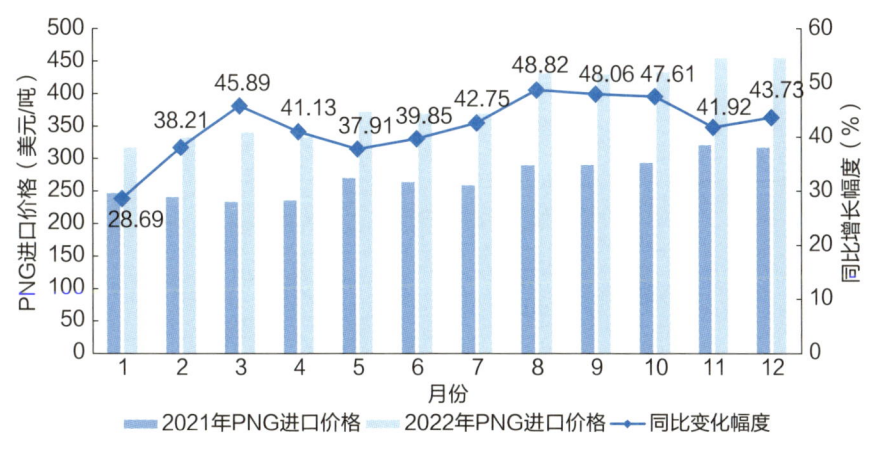

图 42　2021 年、2022 年各月份 PNG 进口价格
数据来源：海关总署

(二)天然气对外依存度

天然气对外依存度是指当期天然气进口量占当期天然气消费总量的比重，用来衡量国内天然气消费对国际市场的依赖程度，是一个国家的净进口气量占该国国内天然气消费总量的百分数，其高低不仅反映了该国与国际天然气市场之间的融合度，同时也反映了对国外天然气资源的依赖程度和安全供应的保障程度。

进入21世纪以来，随着中国天然气消费的快速增长、人们生活水平的逐步提高和大气环境治理的迫切要求，国内市场对天然气资源的需求量不断增加，因此对外依存度持续居高不下。自2007年中国首次成为天然气净进口国以来，天然气对外依存度持续攀升，2017年后便突破40%。近年来，天然气在中国能源消费结构中的战略地位日渐突出，国产天然气更加供不应求，国内天然气产量与市场需求量的增速差不断扩大，天然气对外依存度的不断攀升无疑会给中国的能源安全带来更为严峻的挑战。根据国家发展改革委官网公布的数据，2012—2022年各年份天然气对外依存度如表53和图43所示。

表53　2012—2022年中国天然气对外依存度统计表

年份	对外依存度（%）
2012	27.8
2013	31.6
2014	31.7
2015	31.8
2016	35.0
2017	40.0
2018	45.3
2019	43.1
2020	43.0
2021	44.9
2022	40.9

数据来源：海关总署、国家发展改革委。

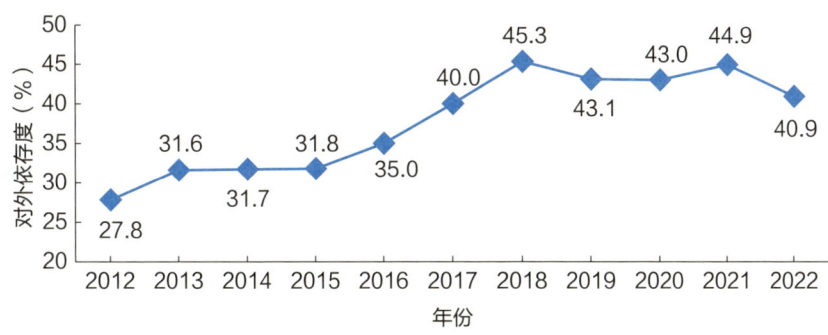

图 43 2012—2022 年天然气对外依存度

数据来源：海关总署

由表 53、图 43 可知，我国天然气对外依存度在经历过 2012—2018 年长达 7 年的大幅攀升后，由原先的 27.8% 增长至 45.3%，近五年天然气对外依存度基本稳定在了 40% 上下。2022 年是较为特殊的一年，除了受疫情影响而导致经济有所停滞，天然气用气需求减少外，乌克兰危机导致原本就大幅涨价的国际天然气价格进一步飙升，国际天然气价格存在高额溢价，以欧洲、亚洲国家为主的主要天然气进口国承担了相对以往更高的进口天然气价格，我国在此轮天然气价格大涨的波及下采取了相对谨慎的进口策略，对外依存度由 2021 年的 44.9% 跌落至今年的 40.9%，跌幅约为 4%，降幅之大创历史新高，对外依存度显著下降，回到了 5 年前的水平。随着疫情的结束，我国正常的经济活动将快速恢复，天然气用气需求增加，天然气的运行情况将逐步恢复到全面、协调、平稳和健康的发展状态，天然气对外依存度在很大程度上有可能回归到疫情前水平，甚至进一步提高。

依据海关总署公布的各月份天然气进口数据和国家发展改革委发布的各月份天然气表观消费量数据，计算可得各月份的天然气对外依存度。由于 2022 年未公布 1—2 月、12 月的表观消费量，故本文将 12 月的天然气生产量和进口量进行求和计算得到表观消费量，然后根据全年消费量推算得到 1—2 月份消费量。中国 2022 年天然气对外依存度按月份统计的具体数据如表 54、图 44 所示。

表 54 2022 年各月份天然气对外依存度统计表

月份	进口量（万吨）	消费量（万吨）	对外依存度（%）
1	1979.33	4575.57	43.26
2			
3	794.37	2139.62	37.13
4	806.13	2136.74	37.73
5	902.25	2147.53	42.01
6	868.46	2076.33	41.83
7	867.31	2144.65	40.44
8	882.53	2127.39	41.48
9	1010.41	2008.01	50.32
10	757.38	2195.72	34.49
11	1028.89	2297.84	44.78
12	1027.72	2494.89	41.19

数据来源：海关总署、国家发展改革委。

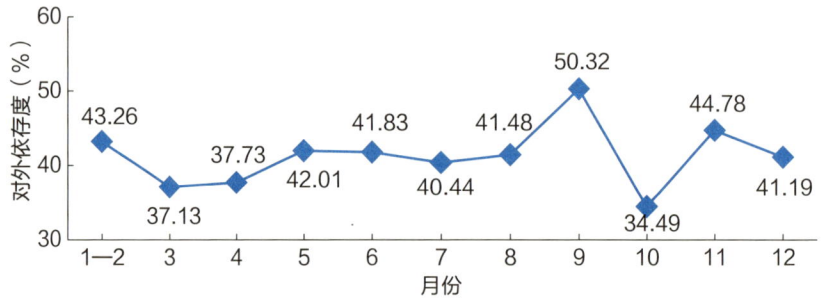

图 44 2022 年各月天然气对外依存度
数据来源：海关总署

由表 54、图 44 所示，2022 年前 8 个月的天然气对外依存度波动较为平稳，后 4 个月波动较大。其中对外依存度最小值为 34.49%，出现在 10 月，此时国际天然气价格溢价较高，我国进口量较少，消费量以国产气为主。对外依存度最大值为50.32%，出现在9月。从趋势上可以看到上半年天然气平均对外依存度为40.24%，相比于下半年的42.12%更低，主要原因是上半年用气主要以工业、商业用气为主，下半年叠加冬季供暖用气，天然气需求略有增加，同时下半年国际天然气价格溢价严重，为了减少高位接盘，天然气进口量相对较小。整体趋势来看，我国天然气对外依存度偏大，且存在一定的季节性波动，同时也受到国际天然气价格的较大影响，这为我国储气调峰能力带来较大的挑战。

（三）天然气进口问题思考

1. 存在问题

（1）天然气进口渠道集中，天然气对外依存度偏高。

中国目前一直在构建多元化的资源池，减少单一来源国的进口占比。截至2022年12月，我国天然气进口来源国已经达到28个，尽管进口来源国数量呈现多元化的趋势，但是主要进口来源国依然是澳大利亚、土库曼斯坦、卡塔尔和俄罗斯，其天然气进口比例占我国总进口量近70%。这说明我国目前天然气进口来源国数量呈现多元化，但是进口渠道却呈现单一化，出现这个问题的主要原因还是受限于世界范围内天然气资源的地理分布及开采成本的差异，上述四个国家地广人稀，自然资源丰富，天然气贮藏量大，开采成本低，具有天然优势，且在地理位置上与我国相距较近，运输较为方便，是我国目前进口天然气的最优选择。因此我国天然气进口渠道集中的局面可能会长期存在。此外，我国目前天然气对外依存度明显偏高，虽然2022年相比2021年有所下降，但仍然达到40.9%，且随着国内疫情的结束，工业用气、生产生活用气会全面复苏，在天然气消费增速大于生产增速的情况下，未来天然气依存度可能会更高。面对当下复杂的国际局势，我国的能源安全面临着挑战，同时，对外依存度高也会导致国内天然气供需情况受限于产气国的生产状况，出现特殊情况时，可能无法及时保供，影响工业生产。例如2017年国内天然气短供需求大时，由于国外气源地产量减少，中亚天然气管道日供应量比计划低4000万立方米左右，对国内企业的正常用气需求造成一定影响。

（2）天然气进口价格机制不合理，天然气国际市场议价能力弱。

天然气作为重要的清洁能源，不仅是我国实现碳达峰、碳中和所需的重要能源，也是欧洲等发达国家紧缺的能源，在全球大宗能源联系紧密的市场环境下，天然气国际市场价格传导性强，巨幅的市场波动是由各个环节所影响的，包括资本、市场预期、市场结构、地缘政治、国际局势和突发状况等多种情况，非单个国家、企业所能控制的。目前我国在国际能源定价方面处于弱势地位，进口天然气存在"溢价权"，缺少"议价权"。除了我国天然气需求量大，国内产能跟不上消费，天然气进口处于卖方市场的客观原因外，长期的能源价格管制和能源金融体系不发达也间接导致上述局面。首先是我国天然气等能源行业正由政府管制阶段逐步过渡到市场化阶段，天然气产业未能全面市场化导致市场价格传递不畅，无法准确反映国内天然气供需关系，造成国内天然气消费端气价倒挂，削弱了国产气生产积极性，进一步加剧对进口气的依赖。其次由于历史和发展阶段的原因，缺少完善的天然气现货市场。天然气市场定价权本质上是构建基准价格，形成基准价格的关键则是自由贸易。基准价格的形成并非精心设计的结果，更大程度上是现货市场发展自然演进的产物。要形成一个市场认可的基准价格，仅期货交易所是远远不够的，更为重要的是花大力气完善基础现货市场。而完善的现货市场，应该是一个买卖自由、价格公平、物流通畅的市场。现阶段我国天然气进口价格主要挂钩境外价格基准进行计价，国内销售主要参照"门站价格"进行计价。

（3）天然气计价标准不统一。

不同于世界大部分国家使用能量进行天然气计量计价的方式，我国现阶段主要使用天然气体积进行计量和计价。但是这种计价方式随着我国天然气进口数量的增加也造成了一定的不便，例如在天然气进口上出现计量单位不统一、气价转换等问题。而且天然气按体积计价本身就有一定的缺陷，根据相关文献研究[25-27]，体积计量只反映了天然气的体积量而没有反映天然气中含有多少可以利用的热值，不能充分体现天然气按质论价、优质优价的市场商品交易原则，不利于科学合理地利用有限的天然气资源，对供需双方都是不公平的。而且，随着我国清洁能源需求的增加，现阶段天然气供应格局呈现多元化的结构，PNG、LNG、煤层气和页岩气等，在天然气供应总量中都占据一定比重，不同来源的天然气单位体积发热量差距大，无法准确反映天然气经济价值。另外，随着天然气市场化改革的需要，要推进天然气交易中心的发展，建立基准价格与国际接轨，而国际上都是以天然气能量、发热量为计量计价方式，以体积计价的方式显然不适用于国际交易，并且由于以体积计价的方式无法准确反映天然气实际经济价值，会影响不同品质天然气在交易平台的公平竞争，阻碍我国建设天然气交易中心国际化进程。

2. 相关建议

（1）加强天然气国际贸易与合作，提高国内天然气开采能力。

面对当前天然气进口渠道集中，天然气对外依存度高的情况，我国应该立足国情，从以下两个方面出发确保天然气进口安全。首先，结合国际天然气贸易特点，依托"一带一路"倡议为实施契机，针对中亚、非洲国家天然气资源丰富的特点，加强对相应国家天然气行业投资水平，增加海外权益气量，多点并进，分散采购风险，构建天然气进口源多国化、进口渠道分散化、贸易形式多样化、价格基准多元化的资源池。其次，加强国内天然气开发水平，要加大投入，加快国内上游天然气的勘探开发；加强储气调峰能力和责任体系建设，有序推进"煤改气"；推进企业协同国家科研院所、院校结合的科研攻关形式，形成企业为主、产学研互补的科研创新机制；推动以煤层气、页岩气等非常规类型天然气资源勘探的理论突破和技术创新，提高开采能力；统筹推进天然气开发与生态环境保护的协调发展，加强相关设施设备的研发能力。为此，要强化天然气在一次能源中的主体地位，积极参与国际天然气贸易，降低天然气资源成本，积极参与国际天然气资源上游开发，降低天然气产业链整体成本风险，充分发挥国家管网公司作用，提高储气能力，应对市场供需的变动，推动国内天然气市场发展，拓展天然进口渠道、提高国内天然气开采能力，进一步保障我国天然气能源安全。

（2）深化天然气市场化改革，建立健全国内期现货市场。

从欧美日等国天然气市场化历史经验看，天然气价格改革并非一蹴而就，需要长时间的积累。目前我国天然气市场化改革已经进入深水区，需要进一步深化和改革天然气定价机制，发展中国天然气金融市场，加快完善上海石油天然气交易中心和重庆石油天然气交易中心的功能。要从以下几个方面推动市场化改革：首先，要"试点先行，分批放开"，逐步取消门站价格管制，推动气源竞争充分的地区率先取消门站价管制，将价格改革与竞争性市场建设相结合。其次，要合理确定天然气基础设施的收费价格，研究国内实行两部制定价的适用性和可行性，吸取欧美发达国家天然气基础设施定价经验，将服务费分为容量费、使用费两部分。该定价方式的好处是能解决一部制定价时用气不均衡性产生的合理收费问题，也有利于促进储气设施的投资建设，进而提升管道的整体利用效率。再次，要推进储气设施的建设，提高季节转换时期的调峰能力，加大对基础设施的投资力度，增加储运能力供应，从根本上提升中国天然气的进口和调节能力，灵活运用"淡季多储"与"旺季多采"平抑峰谷价格波动。最后，建设天然气交易枢纽，形成交易基准价，健全反映中国天然气市场需求的交易中心的价格标杆，实现由原来与油气挂钩的定价方式转变为"气气竞争"的市场定价方式，实现全国天然气价格的联动，并且逐步取代政府定价。我国天然气价格改革的最终目标是理顺天然气产业链价值分配，提升资源市场化配置水平，降低社会用气成本，提升天然气对煤炭和石油的替代能力。

（3）加快推进我国天然气按能量计量计价改革。

天然气作为普遍用于燃烧的能源，其价值集中于其提供的热量，采用能量计价能更体现其商品属性，反映其价值，有利于准确计量、体现公平、减少结算纠纷。国家发展改革委也在《油气管网设施公平开放监管办法》中明确提出将实施天然气按能量计量计价，为此可以在市场稳定的前提下采取循序渐进，分步推进的方法进行。考虑从计价方案、改革方案和实施方案上推动能量计价的落实。首先，在发热量测量方式、计价单位上建立统一的标准，准确掌握天然气产业链主要环节点上的天然气热值水平，采用科学的价格转换方式将元/立方米转化为元/焦耳（兆焦耳），现阶段如何在各类气源每年市场供应量波动的情况下算出平均发热量，确定基准发热量是需要重点考虑的问题。其次，要尽快制定并发布天然气能量计量计价改革方案，虽然现在已经将天然气能量计量计价提上了改革日程，但正式方案至今未能出台，在当前的天然气市场形势下，改革诉求十分强烈，需要相关领域的专家、企业、研究机构等结合我国天然气市场实际状况，尽快就能量计量计价方式、计价单位、天然气基准发热量、天然气价格和管道运价等做出决策，制定并发布改革方案。最后，在实施策略上，首先考虑发达地区的先行试点工作，如在长三角、珠三角等沿海天然气国际化接轨程度较高的地区进行改革试点工作，在天然气计量计价的改革推广上按照工业用户、非居民用户、居民用户的顺序逐级推进，同时要完善相关的价格配套政策和管理制度。

二、天然气出口

现阶段中国天然气自身尚且供给不足，基本上没有盈余出口到国外，主要是面向港澳两地供给少量天然气，另外在库存充足时根据国际价格波动时少量出口到东亚国家赚取差价。

（一）天然气出口数量

2022年中国天然气出口量与2021年出口量相比略有提升，1—12月累计出口423万吨，主要以PNG出口为主，PNG共出口365万吨，占比86.3%，出口地分别为中国香港和中国澳门；LNG共出口58万吨，占比13.7%，主要出口地为韩国、法国和马耳他。具体数据如表55、图45所示。

表55　2021年、2022年中国天然气出口量统计表

月份	2021年天然气出口量（万吨）	2022年天然气出口量（万吨）	同比变化幅度（%）
1	12	34	179.38
2	45	33	-27.60
3	20	20	-1.43
4	30	23	-22.45
5	42	30	-28.57
6	31	33	5.99
7	37	41	11.24
8	40	44	9.66
9	47	53	13.38
10	36	47	31.49

续表

月份	2021年天然气出口量（万吨）	2022年天然气出口量（万吨）	同比变化幅度（%）
11	31	38	21.68
12	27	28	2.01

数据来源：海关总署。

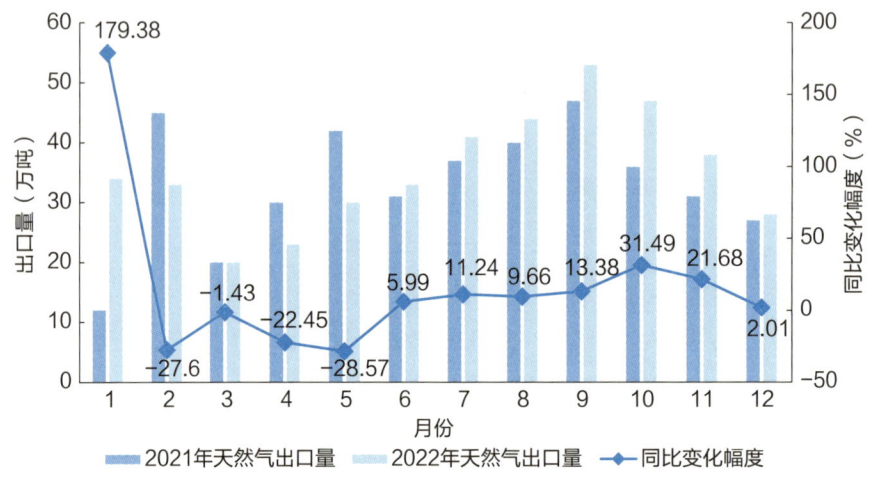

图45 2021年、2022年天然气出口量及同比增速

数据来源：海关总署

从表55、图45上可以看到，2022年相比于2021年出口量增加了6.28%，增加量主要集中在下半年，单月出口量最高出现在9月，为53万吨，同比增长13.38%，单月出口量最低为20万吨，出现在3月，同比减少1.43%。其中出现最大涨幅的月份为1月，同比增长179.38%，但出口量不大，为34万吨。

中国目前天然气出口的主要目的地是香港和澳门，出口海关主要为广州海关、深圳海关、海口海关和拱北海关。出口企业以中海油和中石油为主，中海油、中石油负责对香港供气，中海油负责对澳门供气。2022年LNG现货价格在乌克兰危机的影响下，在国际市场上呈疯涨的态势，尤其是欧洲地区天然气价格持续飙升，在此情况下，我国在保障国内天然气稳定供应的同时也在少量转售LNG赚取差价。

（二）天然气出口价格

2022年1—12月，中国天然气出口月度平均价格如表56、图46所示。

表56　2021年、2022年中国天然气出口价格统计表

月份	2021年天然气出口价格（美元/吨）	2022年天然气出口价格（美元/吨）	同比变化幅度（%）
1	373.5	727.1	94.66
2	387.2	493.1	27.35
3	391.0	539.8	38.07
4	385.7	505.2	30.98
5	393.7	583.2	48.12
6	443.0	737.6	66.49
7	455.5	698.0	53.24
8	449.2	877.1	95.25
9	486.3	1188.8	144.46
10	484.3	878.1	81.31
11	502.4	621.6	23.72
12	373.5	727.1	94.66

数据来源：海关总署。

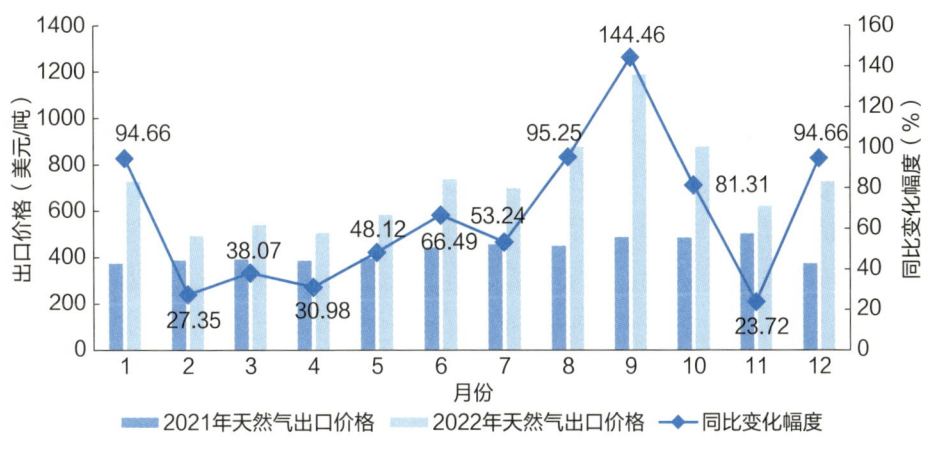

图46　2021—2022年天然气出口价格

数据来源：海关总署

177

从表 56、图 46 数据可知，2022 年天然气出口价格均比 2021 年价格高，平均出口价格为 718.9 美元 / 吨，同比增长 68.73%。天然气出口价格最高为 1188.8 美元 / 吨，出现在 9 月，同时也是涨幅最大，达到 144.46%，最低为 493.1 美元 / 吨，出现在 2 月。总体来看，2022 年在出口量增长不大的同时，出口单价大幅增长，涨价幅度同国际天然气价格走势相近，说明我国天然气出口价格和国际天然气价格具有显著的正相关性。

三、天然气进出口趋势分析

近年来我国对于天然气需求持续旺盛，天然气产量无法满足国内天然气消费量，需求缺口较大，因此我国在天然气出口方面始终比较谨慎，出口量不大。在可预见的未来，这种趋势仍将保持，故本节对于天然气进出口的趋势分析将以天然气进口趋势为主，结合国际天然气市场供需状况、国际天然气市场价格波动情况和国内天然气生产情况三个方面分析我国天然气进口趋势。

根据统计，我国天然气对外依存度在最近 5 年里始终保持在 40% 以上，在进口结构中 LNG 比重，包括长约协议和现货，共达到 57.58%，而 LNG 现货在我国天然气供给比重约占 10%。目前国际天然气 LNG 现货市场需求大，价格波动剧烈，因此，在进口天然气中除了需要考虑国内天然气需求情况，还应从国际供给侧角度出发。

在过去 3 年里，疫情对全球天然气市场供需情况造成了一定影响。根据相关数据显示，国际天然气市场在 2020—2022 年这 3 年中经历了供给过剩到供给短缺的过程，其中供给短缺主要出现在 2020 年，疫情的蔓延令世界经济活动水平下降，全球天然气需求下降约 2%，2021 年受到世界经济反弹和极端气候等影响，天然气需求同比增加约 4%，进入 2022 年，乌克兰危机导致天然气需求进一步增加，加剧天然气供应短缺局面。尽管如此，在全球减碳的趋势下，全球天然气贸易量在过去 3 年里仍然保持增长态势，随着疫情的逐渐好转，天然气将继续发挥全球能源转型和脱碳达峰的关键作用。

从目前形势来看，俄乌局势、俄罗斯同西方国家的政治摩擦深刻影响着国际天然气市场供需格局。俄罗斯作为世界天然气能源出口的重要一环，其出口政策对国际天然气市场有着直接影响，在2022年上半年俄罗斯实施的"卢布结算令"引起了国际市场的担忧情绪，6月以来，"北溪"管线供应问题更是倍受国际市场关注，欧洲TTF价格也在此影响下出现剧烈波动，进而连锁反应导致亚洲天然气市场价格也出现波动。虽然近几年国际天然气市场供应不确定性上升，导致每年的天然气价格都有波动，但2022年俄欧关系是影响国际天然气市场价格最主要的扰动因素。

在当前复杂的国际局势下，国际天然气市场的供需形势不容乐观，但现阶段受主要影响的是欧洲天然气市场，供应大幅减少的同时天然气市场价格大幅飙升，亚洲天然气市场由于未受到直接冲击，受影响情况相对较小，市场供需情况保持稳定，价格涨幅不大。总体来看，亚洲天然气市场地缘环境比较稳定，天然气市场供给较为稳定，欧洲天然气市场地缘形势不确定性较高，天然气减供或断供风险较高。

从我国天然气产业发展趋势来看，我国在"双碳"政策背景下，对天然气需求进一步增加。随着社会经济的发展，城镇化率加快，城镇化水平不断提高，城镇人口规模扩大，居民用气、商业用气、工业用气等需求都在迅速增长。我国天然气资源相当丰富，2021年探明储量已位居世界第6位，但目前属于勘探开发初期，天然气资源的探明率和开采程度均较低，天然气产量增速缓慢。在过去一年受国际高气价和国内疫情影响，天然气需求增长放缓，我国天然气生产量约为15830万吨，同比增长7.31%，消费量约为26589万吨，同比下降1.7%，天然气进口量为10925万吨，同比下降9.9%。随着我国疫情管控放开，经济快速复苏，工业用气、生产生活用气、交通用气等用气需求将逐渐恢复到疫情前水平，天然气消费量将大幅提高，消费增速也将快速增长，届时天然气产量增速赶不上消费增速，将无法满足快速增长的用气需求。

综上所述，在能源转型的战略情形下，未来我国天然气的进口量和对外依存度将有更高的预期。天然气进口仍将以PNG和LNG为主，主要进口来源国分别为土库曼斯坦和澳大利亚，但是其占比会逐渐降低，而俄罗斯和美国的比重会相应提高。在进口结构中，LNG进口数量占比和进口价格仍会高于

PNG。在远期目标下，复杂的国际形势为我国天然气能源安全带来了更大挑战的同时也带来了机遇，随着乌克兰危机的持续，国际能源市场波动情况仍未可知，但是随着俄欧关系的僵化，欧盟国家在不断减少对俄罗斯能源依赖，我国作为俄罗斯能源出口的重要伙伴之一，可以就天然气出口相关问题上达成新的预期。总而言之，在现阶段，我国应努力拓展天然气对外贸易多样化，拓展天然气进口市场渠道，降低天然气供应中断带来的直接结构性风险，避免被某个大供应商"卡脖子"。此外，利用对外贸易多样化，通过权衡区域天然气市场价格之间的差异，最大限度降低天然气进口成本。

中国天然气消费

2022年中国天然气市场需求疲软，天然气市场进入了调整期，中国天然气市场正从以前的"大、高增长"转向更高质量的发展。2023年随着国内经济情况改善、国际气价回归平稳，中国天然气消费量有望迎来恢复性增长。从长期来看，中国天然气市场成长性未变。尽管经济增速放缓不可避免，但在碳达峰、碳中和目标顶层政策的约束下，天然气作为当前最为清洁的低碳化石能源和由"高碳至无碳"的过渡能源，未来依然具备较大发展潜力。

一、天然气消费

（一）2022年中国天然气消费量

2022年，中国天然气表观消费量为3663亿立方米，较2021年降低1.7%，比2021年减少63亿立方米。全年各月天然气消费量和同比增速情况具体如表57和图47所示。

表57　2021年、2022年中国天然气消费量统计表

月份	2021年消费量（亿立方米）	2022年消费量（亿立方米）	同比增速（%）
1—2	626.0	636.2	1.63
3	300.0	297.5	−0.83
4	293.7	297.1	1.16
5	312.0	298.6	−4.29
6	294.4	288.7	−1.94
7	283.7	298.2	5.11
8	294.7	295.8	0.37
9	277.2	279.2	0.72
10	291.4	305.3	4.77

续表

月份	2021年消费量（亿立方米）	2022年消费量（亿立方米）	同比增速（%）
11	317.8	319.5	0.53
12	435.1	346.9	−20.27
总量	3726.0	3663.0	−1.70

注：2022年12月消费量数据由生产量和进口量推算得出，计算方式：12月份天然气消费量=12月份天然气进口量+12月份天然气生产量。2022年1—2月消费量数据由全年消费量推算得出，计算方式：1—2月天然气消费量=2022年天然气消费总量−3—12月消费量之和。

数据来源：国家发展改革委《天然气运行简况》。

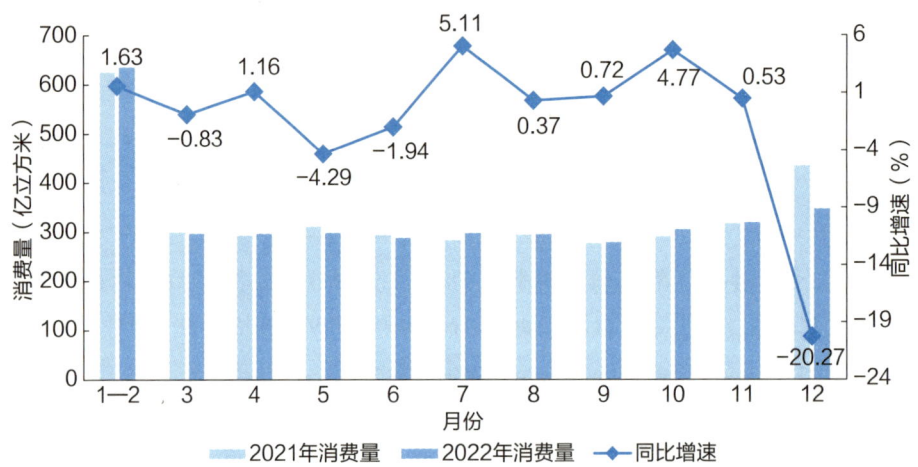

图47　2021—2022年中国天然气月度消费量变化趋势

数据来源：国家发展改革委《天然气运行简况》

由图47可见，1—2月中国天然气消费量相比于2021年同期小幅增长，从3月份开始持续呈现同比负增长态势，直到7月份全国疫情可控驱动消费回弹，消费增速开始由负转正，但12月份并未继续保持增长，反而与2021年同期相比消费量有明显下降。2022年，受国际政治局势的影响，国际天然气呈现出"价高量紧"的显著特征，天然气的高位价格直接导致国内需求量的下降；同时，国内经济形势复杂，经济环境不稳定，中国天然气市场低迷，多重因素致使国内表观消费量出现走跌。

（二）中国天然气分行业消费情况

依据国家发展改革委发布的《天然气利用政策》（国家发改委令2012年第15号），根据不同用气特点，可将天然气利用分为自用气、城市燃气、天然气发电、工业燃料、天然气化工5类。自用气主要用于石油和天然气开采业。城镇燃气主要用于交通运输、仓储和邮政业，批发、零售业以及住宿、餐饮业、居民用气、生活消费等。天然气发电主要用于电力、热力生产和供应业。工业燃料主要用于除石油和天然气的开采业，化学原料和化学制品制造业，电力、热力生产和供应业3类外的工业。天然气化工主要用于化学原料和化学制品制造。

2022年，城市燃气用气需求稳健增长，城镇燃气消费量较2021年同期有所增长，占总用气量的37.5%，同比增加1.7个百分点，绝对量达1325亿立方米，居民生活、采暖用气是主要增长动力。化工化肥用气保持平稳，占总用气量的8.3%，绝对量291.7亿立方米，同比基本持平，主要原因是化工企业大都位于油气田周边，气源属于管制气。发电用气量虽然受可再生能源发电、水电和太阳能发电等增加以及2022年特殊的高气价的影响，但调峰电厂为保供出力较大，用气量同比仅降低0.1个百分点，绝对量仍达602亿立方米。尽管上述三部门用气均有增量或者持平，但2022年工业燃料用气量大幅下降，工业燃料全年消费量为1310亿立方米，同比减少89亿立方米，降幅为2个百分点，这是导致我国年度天然气消费量首次下降的主要因素。

（三）中国天然气分地区消费情况

由于我国各地区在经济发展、管道建设、市场开发等方面不均衡，天然气的消费量也各有不同，我国天然气消费主要集中在长三角、珠三角以及西部天然气主产地四川省和新疆维吾尔自治区。其中，广东省是2022年全国最大的天然气消费市场，江苏省紧追其后，第三名是天然气主产地之一的四川省。2022年我国天然气消费量排名前10的省份（包含自治区和直辖市）天然气消费量如表58所示。

表 58 2022 年中国天然气消费量前 10 的省份

省份	天然气消费量（亿立方米）
广东省	355
江苏省	309
四川省	295
山东省	234
河北省	226
北京市	198
陕西省	188
浙江省	179
新疆维吾尔自治区	169
河南省	127

数据来源：国家发展改革委、国家统计局、LNG 行业信息。

（四）国内天然气交易平台建设进展

在我国天然气市场化改革的进程中，石油天然气交易中心作为我国天然气市场化政策落地的承接者，在实践我国天然气市场化改革、推动资源配置市场化、促进天然气基础设施向社会开放、价格形成机制市场化等方面起到了重要作用。因此，持续建设国内天然气交易中心，形成与欧美国家类似的基准定价交易枢纽，有利于理顺天然气交易各环节、解决行业痛点，助力提升我国大宗商品定价的国际话语权。

随着国家管网的正式成立，上中下游一体化的经营模式已被打破，国内油气行业市场化改革步入深水区。于是，承载着市场化改革使命的天然气交易中心，也在以不断推陈出新的方式助力改革的步伐。目前，国内现已正式投入运营的天然气交易平台共 5 家，分别是"上海石油交易所天然气现货交易平台""上海石油天然气交易中心""重庆石油天然气交易中心""深圳天然气交易中心"和"浙江天然气交易市场有限公司"。2012 年 7 月 2 日，上海石油交易所正式推出天然气现货交易平台,这是中国首次采用市场化方式解决天然气动态调峰需求,是对中国天然气市场化改革的积极探索。2016年,上海石油天然气交易中心正式运营,主要开展 PNG、LNG、液化石油气、石油等能源产品的现货和中远期交易。截至 2021 年,上海石油天然气交易中心天然气双边交易量达 816.63 亿立方米,保持了亚洲最大天然气现货交易平台的地位。2018 年 3 月,中国原油期货在上海国际能源交易中心正式挂牌上市,这是中国证监会批准的首个以中国货币定价的国际化期货合约,它的推出曾被视为建立新的亚太地区原油基准价格,推动亚太原油贸易发展的关键一步。此后,重庆石油天然气交易中心也于 2018 年上半年正式实现线上交易,陆续开展了国内 PNG、境内外 LNG、储气服务、成品油和液化石油气等产品交易。2020 年年底,深圳天然气交易中心在深圳前海正式挂牌运营,上线涵盖重量、热值、体积等计价的 6 个天然气交易品种,致力于打造华南地区首家与国际市场接轨的天然气现货交易平台。2020 年 12 月 28 日,浙江天然气交易市场有限公司注册成立,同年年底在杭州揭牌运营,成为浙江首家、全国第五家投入运营的天然气交易平台。除此之外,山东、江苏等地也在筹建准备成立天然气（能源）交易中心。与欧美地区不同的是,国内天然气（能源）交易中心建设的侧重点主要在交易平台,类似欧美国家的交易所,如伦敦洲际交易所 ICE、纽约商品交易所 NYMEX 等。

目前,国内天然气交易市场建设仍处在起步探索阶段,国内交易枢纽的规划和建设相对滞后。中国已投入运营的天然气交易平台公开交易的天然气,交易价格均是以国家发展改革委规定的各省门站基准价为基础,采取价高者得或事先确定上浮幅度实行先到先得,从而决定了通过交易平台公开交易形成的价格还无法取代政府定价,充其量只能作为政府定价的一种补充。国内天然气交易中心尚未形成有真正物理交割的交易枢纽,现阶段上海、重庆等交易所成交的天然气的交割主要由实际交割地的省级管网公司提供储运服务,统购统销的格局尚未完全打破。不过,国家正在全面积极推进管网改革,各省级管网公司正陆续启动重组并逐步融入国家管网,未来将形成更加高效的管输系统,有利于打造中国天然气交易枢纽。

二、天然气价格

（一）天然气价格形成机制

世界范围内，各国天然气价格形成机制总体可分为以下四大类型：

（1）气—气竞争：价格由市场供需关系通过气源之间的竞争形成。天然气交易在天然气交易中心进行，包括实体交易中心（如美国的亨利中心）和虚拟交易中心（如英国的 NBP）。天然气交易以固定价格的短期交易为主，也有较长期限的天然气交易合约，但这些合约的月度价格采用天然气现货或期货交易的价格指数。

（2）油价挂钩：价格通过一个基准价格和挂钩条款与竞争燃料（通常是原油、柴油或燃料油）的价格关联，有时也包含煤炭价格和电价。

（3）双边垄断：价格由一个大型买家及一个大型卖家讨论和协商确定，并在一个时间段（一般是一年）固定不变。与多买方和多卖方的气—气竞争双边交易不同，双边垄断定价至少有一方是市场唯一的买家或卖家。

（4）管制定价：管制定价有三种价格模式：①成本加成定价，价格由政府主管部门确定或批准，价格水平包含"服务成本"和合理投资回报；②价格由政府制定，但没有明确的定价办法，往往基于政治和社会经济因素；③价格低于生产成本和运输成本。

中国天然气价格机制改革始于 2011 年，近年来进展明显加快。2015 年 10 月中共中央、国务院发布《关于推进价格机制改革的若干意见》，提出了"管住中间、放开两头"中国天然气价格改革总体思路。2017 年 5 月中共中央、国务院发布《关于深化石油天然气体制改革的若干意见》，部署了 8 个油气体制改革任务。2018 年 5 月 25 日国家发展改革委发布《关于理顺居民用气门站价格的通知》，将居民用气由最高门站价格管理改为基准门站价格管理，价格水平按非居民用气基准门站价格水平（含增值税 10%）确定。供需双方可以基准门站价格为基础，上浮 20%，下浮不限的范围协商确定具体门站价格，实现与非居民用气价格机制衔接。2020 年 3 月 13 日公布的《中央定价目录》规定，2015 年以后投产的进口管道天然气，以及具备竞争条件省份天然气的门站价格，由市场形成；其他国产陆上 PNG 和 2014 年年底前投产的进口 PNG 门站价格，暂按现行价格机制管理，视天然气市场化改革进程适时放开。

（二）中国天然气现行价格

1. 管输价格

各省、自治区、直辖市发展改革委、物价局、中石油、中石化等根据天然气增值税率调整情况，决定调整部分天然气跨省管道运输价格。自 2019 年 4 月 1 日起，调整中石油北京天然气管道有限公司等 13 家跨省管道运输企业管道运输价格，如表 59 所示。

表 59　天然气跨省管道运输价格表

企业名称	经营的主要管道	主干管道管径 毫米	管道运输价格 元/千立方米	元/立方米
中石油北京天然气管道有限公司	包括陕京系统（陕西靖边、榆林—北京）等	1219/1016	0.2857	
中石油管道联合有限公司	包括西一线西段（新疆轮南—宁夏中卫），西二线西段（新疆霍尔果斯—宁夏中卫），涩宁兰线（青海涩北—甘肃兰州）等	1219	0.1442	
中石油西北联合管道有限责任公司	包括西三线（新疆霍尔果斯—福建福州，广东广州）等	1219	0.1224	
中石油东部管道有限公司	包括西一线东段（宁夏中卫—上海）、西二线东段（宁夏中卫—广东广州），忠武线（重庆忠县—湖北武汉），长宁线（陕西长庆—宁夏银川）等	1219/1016/711	0.2429	
中石油管道分公司	包括秦沈线（河北秦皇岛－辽宁沈阳）、大沈线（辽宁大连—沈阳），哈沈线（沈阳—长春），中沧线（河南濮阳—河北沧州）等	1016/711	0.4678	
中石油西南管道分公司	包括中贵线（宁夏中卫—贵州贵阳）、西二线广南支干线（广东广州—广西南宁）等	1016	0.3961	
中石油西南管道有限公司	中缅线（云南瑞丽—广西贵港）	1016	0.4109	
中石油西南油气田分公司	西南油气田周边管网	914/813/711		0.15

续表

企业名称	经营的主要管道	主干管道管径 毫米	管道运输价格 元/千立方米	元/立方米
中石化川气东送天然气管道有限公司	川气东送管道（四川普光—上海）	1016	0.3894	
中石化榆济管道有限责任公司	榆济线（陕西榆林—山东济南）	711/610	0.4443	
内蒙古大唐国际克什克腾煤制天然气有限责任公司	内蒙古克什克腾旗至北京煤制气管道	914	0.9787	
山西通豫煤层气输配有限公司	山西沁水至河南博爱煤层气管道	559	3.5047	
张家口应张天然气有限公司	应张线（山西应县—河北张家口）	508	2.0304	

注：部分企业经营的管道包含联络线及支线，本表未全部注明，具体见企业公布的价格表。
数据来源：国家发展改革委《关于调整天然气跨省管道运输价格的通知》。

　　国家管网成立后，实现了运销分离和管网基础设施剩余能力对第三方开放，并催生了新的市场主体——托运商。为适应新的行业形势，巩固改革成果，推进市场化改革，国家发展改革委于 2021 年 6 月份发布了《天然气管道运输价格管理办法（暂行）》和《天然气管道运输定价成本监审办法（暂行）》（发改价格规〔2021〕818 号）（以下合并简称《暂行办法》），原有试行期为 5 年的《天然气管道运输价格管理办法（试行）》和《天然气管道运输定价成本监审办法（试行）》（发改价格规〔2016〕2142 号）（以下合并简称《试行办法》）即将被取代。《暂行办法》将于 2022 年 1 月 1 日实施，有效期为 8 年。按要求，国家管网将于 2022 年 4 月底完成第一个监管周期的成本报告，由国家发展改革委完成成本监审后，按照 4 个价区分别核定运价率。在新运价率确定之前，管道运输价格仍按现有"一企一价"执行。《"十四五"时期深化价格机制改革行动方案》指出要适应"全国一张网"发展方向，逐步完善天然气管道运输价格形成机制，稳步推进天然气门站价格市场化改革，制定出台新的天然气管道运输定价办法，进一步健全价格监管体系，合理制定管道运输价格。按照目前透露的国家管网"十四五"规划，管输价格管理办法，以宁夏中卫、河北永清、贵州贵阳等管道关键节点为主要界限，将主干管网分为西北、西南、东北、中东部四个价区，每个价区执行一个管输价格（表60）。

表60 国家管网主要跨省天然气管道表

序号	价区	管线名称
1	中东部	西一线东段（中卫以东）
2		西二线东段（中卫以东）
3		西三线东段（中卫以东）
4		陕京一线
5		陕京二线
6		陕京三线
7		陕京四线
8		川气东送
9		榆济线
10		忠武线
11		中贵线
12		长宁线
13		新粤浙线（潜江—韶关线）
14		青宁线
15		鄂安沧线
16		中缅线（贵阳—贵港段）
17		冀宁线
18		天津LNG管线
19		唐山LNG管线
20		港清线
21		广西LNG管线
22	西北	西一线西段（中卫以西）
23		西二线西段（中卫以西）
24		西三线西段（中卫以西）
25		涩宁兰线
26		兰银线
27		都乌线
28	东北	中俄东线（黑河—永清段）
29	西南	秦沈线
30		哈沈线

续表

序号	价区	管线名称
31	西南	大沈线
32		永唐秦线
33		中缅线（瑞丽—贵阳段）

注：上述管道为国家管网主要跨省天然气管道，部分支干线、复线、联络线等未全部注明，具体见后期公布的价格表。

数据来源：国家发展改革委。

2. 基准价格

根据天然气增值税率调整情况，决定相应调整天然气基准门站价格。自2019年4月1日起，调整各省（区、市）天然气基准门站价格，如表61所示。

表61 各省（区、市）天然气基准门站价格表

单位：元/千立方米（含9%增值税）

省（区、市）	基准门站价格	省（区、市）	基准门站价格
北京	1860	湖北	1820
天津	1860	湖南	1820
河北	1840	广东	2040
山西	1770	广西	1870
内蒙古	1220	海南	1520
辽宁	1840	重庆	1520
吉林	1640	四川	1530
黑龙江	1640	贵州	1590
上海	2040	云南	1590
江苏	2020	陕西	1220
浙江	2030	甘肃	1310
安徽	1950	宁夏	1390
江西	1820	青海	1150
山东	1840	新疆	1030
河南	1870		

注：以山东交气点为山东省界。

数据来源：国家发展改革委《国家发展改革委关于调整天然气基准门站价格的通知》。

由于各省在供气环节、供气成本、消费倾向等方面的差异，各省天然气基准价格差异明显。东部地区的天然气基准门站价格普遍高于西部地区。其中上海市与广东省最高，达2040元/千立方米，而新疆作为中国天然气的主要产区，基准门站价格最低，达1030元/千立方米。天然气生产供应企业在与用户协商确定具体价格时，要充分考虑增值税率降低因素，将增值税率降低的好处让利于用户；各地价格主管部门在安排天然气销售价格时，统筹考虑增值税率降低因素，切实将增值税改革的红利全部让利于用户。

3. 消费价格

中国 LNG 出厂价格指数由上海石油天然气交易中心独家发布，通过重点监测国内14个地区的近50座 LNG 工厂和接收站，以交易中心的交易数据为基础，辅以交易中心股东单位、合作咨询机构的报价计算得出，主要反应国内市场 LNG 价格走势。2022年，中国 LNG 出厂价格如图48所示。

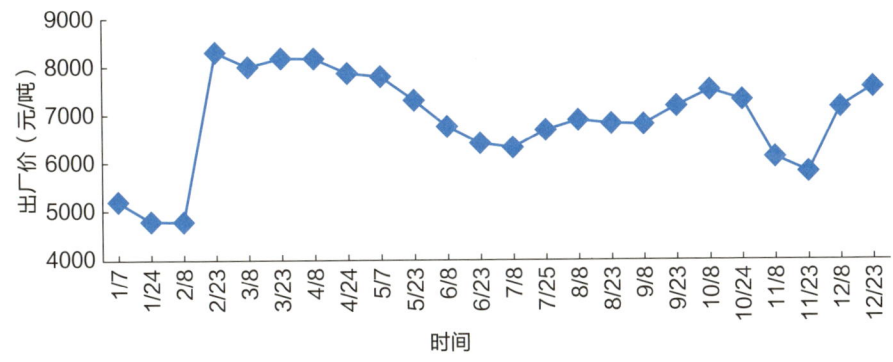

图 48　中国 2022 年 LNG 出厂价格

数据来源：上海石油天然气交易中心

2022年1月初至2月中旬倒春寒到来之前，国内 LNG 市场"旺季不旺"，价格"跌跌不休"。到2月底，乌克兰危机的爆发以及持续动荡的国际局势，使得天然气价格飙升到非理性的高位，国际市场的高价传导至国内，成为推动国内 LNG 价格不断飙升的主要因素之一。3月随着气温回升，供暖季结束，LNG 价格有所回调。进入4月，LNG 市场开始进入传统的消费淡季，各地需求下滑较为明显，下游接货心态较为消极，上游液位承压，多以排库心理为主导降价促销，5月、6月整体LNG市场也是呈现震荡走跌态势，但较往年价格相比，依旧处于高位。10月以来，受保供政策影响，LNG市场供应平稳，上游气源充足，而终端需求不足，在诸多因素共同作用下，LNG进入低价通道。12月又因低温天气、原料气价格上调的影响，LNG价格快速拉涨后高位回调。

上海石油天然气交易中心公布了从2022年1月7日到12月30日的PNG价格（6月数据未公布），月度平均价格如图49所示。

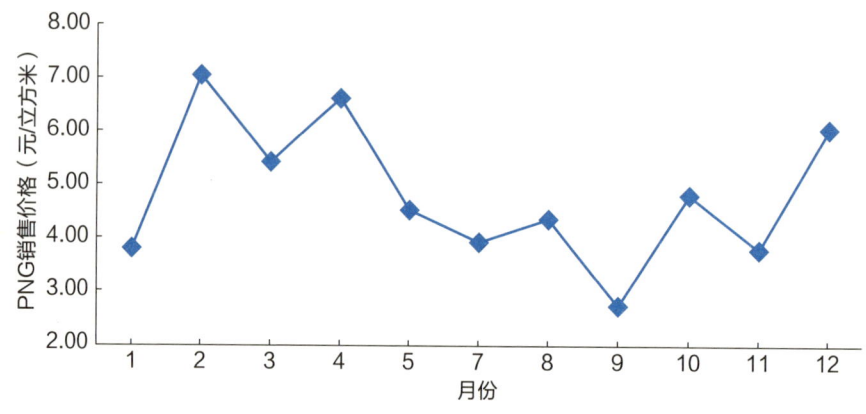

图49　2022年PNG月度平均销售价格

数据来源：上海石油天然气交易中心

（三）中国天然气价格形成机制改革趋势

近十年，我国陆续发布了一系列天然气领域市场化改革的重大政策或决定，内容涉及天然气价格市场化改革的方向、新的天然气管输定价机制、放开天然气价格监管、储气价格实行企业自行定价等各方面内容。2013年11月发布《关于推进价格机制改革的若干意见》，在石油、天然气等领域开展定价机制改革，放开竞争性环节价格，对自然垄断领域进行监管。2014年4月发布《关于建立保障天然气稳定供应长效机制若干意见的通知》，明确要求增加天然气供应、保障民生用气、支持推进"煤改气"工程、建立有序用气机制及加强监管。2014年发布《油气管网设施公平开放监管办法（试行）》，规定管输企业所属管网设施的剩余能力应向第三方平等开放，同时由相关部门负责监管。2015年10月发布《关于推进价格机制改革的若干意见》，按照"管住中间、放开两头"的总体思路，放开上游天然气气源和下游销售价格，对管输环节进行价格监管。2016年发布《天然气管道运输价格管理办法（试行）》和《天然气管道运输定价成本监审办法（试行）》，针对跨省管道全面执行新的管输价格定价及监管办法。2016年发布《关于明确储气设施相关价格政策的通知》，由经营主体自主确定储气设施服务价格。2017年5月发布《关于深化石油天然气体制改革的若干意见》，放开气源与销售价格监管，只对管输配气环节进行价格监管。2017年6月印发《关于加强配气价格监管的指导意见》（简称《指导意见》），继2016年建立起管道运输价格监管规则后，进一步建立起下游城镇燃气配送环节价格监管框架，从而构建起天然气输配领域全环节价格监管体系。2017年5月发布《关于深化石油天然气体制改革的若干意见》，放开气源与销售价格监管，只对管输配气环节进行价格监管。2019年11月发布《中央定价目录（修订征求意见稿）》，明确非管制气实施市场化定价。2021年5月发布《关于"十四五"时期深化价格机制改革行动方案的通知》有关要求，天然气价格需要实行分级管理，门站价格由国家管理，门站以下的销售价格由地方管理。2022年6月发布《天然气管道运输价格管理办法（暂行）》和《天然气管道运输定价成本监审办法（暂行）》进一步健全天然气管道运输定价机制，规范定价成本监审行为。

根据学者芮旭涛在《我国天然气交易市场价格形成机制与定价研究》对我国天然气定价政策的梳理和对改革方向的研判，未来天然气市场化改革进程可分为3个阶段逐步实现：

（1）第一阶段（2025年之前）。

部分价格放开管制并由市场定价，部分价格仍由国家管制，交易中心不能起到定价引导作用。一是放开非居民气的价格管制，由供用气双方协商定价。二是深化管输定价机制改革，实现"第三方准入"。三是完善促进天然气交易中心建设，鼓励放开管制的天然气进入交易中心进行交易，提高交易中心的交易量，依靠交易平台形成天然气价格。

（2）第二阶段（2025—2030年）。

除居民用气外，其他用气均放开管制。一是逐步放开居民用气的价格管制,直到所有天然气用户价格放开管制,由供用气双方协商定价;逐步解决天然气管道开放面临的实际问题,促进天然气管道实现"第三方准入";逐步推行省级和市级配气管网的配气费改革、业务分离以及管网的"第三方准入"改革。二是上海交易中心对定价起到一定的引导作用。放开全部非居民用气在交易中心进行交易,交易中心定价和替代能源定价并存。三是国家通过法律明确各环节的调峰责任。调峰费由市场供需决定,采用"谁使用、谁付费"的原则确定。

(3)第三阶段(2030年以后)。

交易中心价格成为区域性、全国性乃至亚太地区的基准价格,各级管网开放,实现"第三方准入"。一是所有天然气门站销售价格均放开管制,所有终端用户销售价格均放开管制,均由市场供需定价;二是出厂价格和进口气销售价格由企业根据市场供需情况自行确定;天然气管网向市场开放,实行"第三方准入";三是供应侧和需求侧充分竞争,天然气价格由市场供需定价。

三、"十四五"期间天然气发展趋势

"十四五"时期,我国深入实施扩大内需战略,天然气消费将从快速发展迈入中高速增长向稳定发展转变。中国持续推进新型工业化和城镇化,将带动能源和天然气需求刚性增长。《"十四五"现代能源体系规划》明确提出加强能源战略安全保障能力和能源系统平稳运行能力,健全能源安全风险管控体系,为此"十四五"时期需要大力推进天然气产业链"安全稳定、强链补链",形成"平稳有序、供需均衡"的发展格局。

(一)全国天然气消费总量趋势预测

近年来,能源转型的任务依然繁重,天然气承担桥梁角色的趋势越发明显,推动天然气消费增长仍然是中国能源转型的主要方向,即使面对国内经济复杂局势与地缘政治环境变化带来的冲击依然保持较为稳定的增长。在"十四五"背景下,基于以往天然气消费基本趋势特点进行未来消费趋势的预测,具有一定的客观性。因此,以表62所示的2002—2022年每年天然气消费量为基础数据，建立 ARIMA（整合移动平均自回归）模型，从而预测未来五年（2023—2027 年）的天然气消费趋势。

表 62　2002—2022 年中国天然气消费量

年份	消费量（亿立方米）
2002	291.84
2003	339.08
2004	396.72
2005	446.08
2006	561.41
2007	705.23
2008	812.94
2009	895.20
2010	1080.24
2011	1341.07
2012	1497.00
2013	1692.00
2014	1777.30
2015	1931.00
2016	2058.00
2017	2386.00
2018	2803.00
2019	3064.00
2020	3280.00
2021	3726.00
2022	3663.00

数据来源：国家统计局。

1. 样本数据的选取与预处理

考虑数据的权威性与可获得性，本次预测选取的时间序列数据来自国家发展改革委官方发布数据，可追溯的时间范围为 2002—2022 年。由于 2000

年以后，中国天然气消费呈现出强劲的增长趋势，可以判断为一个非平稳的时间序列，为了更好地实现拟合与预测，需要对天然气消费量数据（记为GASt）进行对数处理，处理后的数值记为lnGASt。对lnGASt进行平稳性检验，检验结果如表63所示，表中检验统计量小于5%临界值，在95%置信水平下通过检验，满足稳定性需求，且p值远小于0.05，证明具有较好的稳定性。

表63　lnGASt 平稳性检验表

检验统计量	−4.618770
p 值	1.487941e−20
1% 临界值	−4.137829
5% 临界值	−3.154972
10% 临界值	−2.714477

2. 时间序列建模与模型评价

使用 ARIMA(p,d,q) 模型对天然气消费量的时间序列数据进行预测分析。通过 BIC（贝叶斯信息准则）检验来判断模型参数 p、d、q 的值。经过分析，最终选择 ARIMA（2，0，0）作为最终模型。而后对数据 lnLNG 进行 ARIMA（2，0，0）建模，将 2002—2017 年数据作为基础数据，将 2018—2022 年的数据作为结果比对数据，从而检验模型的可信度与可靠性。此方法得到的预测数据与真实数据间的差异情况如表64所示，可以发现预测模型的误差在一个较低的水平，故模型可信，可用该模型进行预测。

表64　预测结果对比

年份	绝对误差	相对误差
2018	0.277739	0.034987
2019	0.393909	0.049070
2020	0.513209	0.063394
2021	0.712118	0.086600
2022	0.782726	0.095384

3. 未来 5 年天然气消费趋势预测

据此可以根据 ARIMA 模型预测 2023—2027 年的 lnLNG 数据，并将其还原得到 2023—2027 年的 LNG 数据，也就是基于 2002—2022 年天然气消费量数据预测 2023—2027 年的消费量。首先预测 lnGASt 的值，而后将其转换还原为实际的消费量数据 GASt，作为最终预测值。预测的结果如表 65 所示。

表 65　2023—2027 年天然气消费量预测

年份	消费量（亿立方米）
2023	4440.57
2024	4674.82
2025	4815.67
2026	4863.61
2027	4825.39

2023 年，中国天然气市场受国际地缘政治、国际 LNG 价格、中国能源转型政策等影响仍具有不确定性。预测 2023 年中国天然气消费量为 4440.57 亿立方米，增量为 777.57 亿立方米，增长 21.23%。

（二）分地区天然气消费趋势

据我国学者徐博等在《中国"十四五"天然气消费趋势分析》中的测算：分省份来看，"十四五"期间江苏省、四川省、广东省、北京市和山东省天然气消费总量最大；分区域来看，环渤海、长三角及珠三角继续引领中国天然气高端市场。我国"十四五"期间天然气消费总量最多的省份为江苏、四川、广东、北京和山东等；天然气消费总量较少的是西藏、云南、广西、贵州和宁夏等省份，其中西藏自治区尚未连通国家天然气干线，且地广人稀、消费领域有限。云南、广西、贵州和宁夏等省份都是欠发达地区，工业发展不足，对天然气价格的承受力低，同时天然气资源自产和引进有限。

江苏省和广东省都拥有众多的工业园区和极强的经济实力，在玻璃、陶瓷、电子等行业中已形成较大规模用气量。同时，这两省还有中国最大规模的天然气发电量，所以凭借工业燃料和发电领域，天然气消费遥遥领先。四川省和山东省都是人口大省，经济发展也较为迅猛，并且两省都有较多的自产或者外供天然气资源。不过，四川省的天然气消费主要依赖较高的城镇气化率和人口基数，山东省则偏重于工业领域的"煤改气"。北京市由于首都的特殊政治地位，在各领域的"煤改气"中都一马当先，较高的消费量主要来自城镇燃气和天然气发电。

此外，笔者收集了中国部分重点省市能源"十四五"规划中有关天然气消费的相关内容，见表66。

表66 中国部分省市"十四五"规划中天然气消费的相关内容

省市	发展目标
北京	到2025年，天然气消费量控制在200亿立方米左右，日输气能力达到3亿立方米，满足全市天然气全年总量和高峰用气需求，应急储备能力达到14亿立方米左右
上海	到2025年，天然气占一次能源消费比重提升至17%左右，天然气年供应能力达到137亿立方米左右，储备能力达到20天；到2030年，天然气年供应能力达到165亿立方米左右，储备能力不低于20天
天津	到2025年，全市天然气消费量力争提高至145亿立方米以上
河北	到2025年，非化石能源消费占能源消费比重提高到13%以上，可再生能源装机占全部电力装机比重达到60%左右。加快省内天然气集输管网建设，提高燃气应急储备能力，2025年管道分输能力达到1.5亿立方米/日
山西	到2025年，进一步降低煤炭在一次能源消费中所占比重，提升非化石能源消费比例，新能源装机占比达到40%左右，天然气消费比重达到12%以上
黑龙江	到2025年，天然气消费量争取接近100亿立方米
江苏	到2025年，天然气消费量占能源消费比重达到14%以上，电煤占煤炭消费比重提高到68%以上
浙江	到2025年，天然气消费量达到315亿立方米左右，在一次能源消费结构中的占比提高至12.98%；全省城乡居民天然气气化率达到40%以上；LNG接收能力达到3000万吨以上（其中自贸试验区接收能力达到2300万吨以上），储气能力达到18.4亿立方米以上
湖北	到2025年，天然气消费量达到100亿立方米以上，占能源消费总量比重达到7%左右
四川	到2025年，天然气（页岩气）年产量达到630亿立方米。"十四五"期间，建成全国最大天然气（页岩气）生产基地，天然气年产量力争达到630亿立方米，延伸和完善天然气支线管道，天然气管道达到225万千米以上，年输配能力达700亿立方米

续表

省市	发展目标
陕西	到 2025 年，全省天然气产量达到 360 亿立方米；加大天然气储备调峰能力建设，建成陕 224 储气库、陕 17 储气库、榆林 37 储气库、延安富县储气库以及西安、渭南、咸阳 3 个 LNC 储气调峰设施
广东	全省天然气消费量由 2020 年的 290 亿立方米增至 2025 年的 480 亿立方米，增幅达 65.5%，同时，规划天然气供应能力 800 亿立方米 / 年
吉林	到 2025 年，天然气消费量 60 亿立方米，全省气化人口约 1700 万人，天然气气化率达到 80%，天然气在一次能源消费结构中的比例提高至 9.6%
天津	到 2025 年，天然气消费量 145 亿立方米，年均达增长 3.98%；天然气占能源消费总量比重提高至 21% 左右

数据来源：天然气行业观察、各省份能源发展"十四五"规划。

专题篇

  2022年，乌克兰危机爆发，全球天然气价格创14年新高，北溪管道连续发生爆炸，欧盟七国集团和澳大利亚对俄罗斯石油的"限价令"正式生效，导致我国进口天然气价格大幅上升，进口量大幅下降，特别是LNG进口量下滑明显。2022年，长庆油田公司天然气年产量达到500亿立方米，最大煤层气田在山西沁水盆地建成，西气东输四线天然气管道工程开工，中石油与俄罗斯天然气工业股份公司签署100亿立方米购销协议，中石化与卡塔尔签署LNG购销协议，中国天然气行业稳健发展，中石油、中石化、中海油均增储上产。但是，受新冠肺炎疫情影响，各地区实行静态管理，直接影响商业、交通、旅游、工业等领域的天然气消费，中国天然气消费出现负增长。

  本篇将从中国天然气行业景气指数、党的二十大之后天然气产业发展、乌克兰危机对中国天然气市场的影响和天然气矿权的管理变革等4个专题，适时反映中国天然气行业运行态势。

专题1：中国天然气行业景气指数

天然气行业景气指数是天然气行业运行状态与繁荣程度的度量。该指标能形象地刻画天然气行业总体运行状况，揭示天然气行业波动原因，预测天然气行业短期、中期、长期运行走势和荣衰变化。2015年西南石油大学沈西林研究团队根据影响中国天然气行业运行的相关因素，构建了中国天然气行业景气指数指标体系，体系由5个二级指标、23个三级指标构成。其中二级指标有宏观经济指标、天然气行业专家判断指标、天然气进口景气指标、天然气生产景气指标、天然气销售景气指标。三级指标中的宏观经济指标来源于国家发布的宏观经济数据；天然气进出口指标取自我国海关定期公布的相关资料；天然气行业专家判断指标的调查对象主要来自高校、科研机构、政府部门以及三大石油公司的权威专家；针对企业的相关指标则采用专家调查法获得，指标调查对象为生产企业与销售公司经营管理专家，根据他们掌握的企业实时信息以及客观数据，对三级指标进行判断，指数研究人员再基于专家的判断给三级指标赋值。中国天然气行业景气指数自2016年一季度开始公开发布，至今已连续发布7年，共28期。

一、中国天然气行业景气指数分析

中国天然气行业景气指数统计结果显示：截至2022年4季度，中国天然气行业景气指数为245.75，处于很景气状态；天然气生产企业景气指数为332.75，处于很景气状态；天然气销售公司景气指数为168.87，处于景气状态；具体数据如表67和图50所示。

表67 天然气行业景气指数统计表

序号	时间（季度）	中国天然气行业景气指数	天然气生产企业景气指数	天然气销售公司景气指数
1	2016.1	97.31	94.65	99.33
2	2016.2	95.60	90.57	99.04
3	2016.3	97.79	94.06	101.43
4	2016.4	101.04	97.50	103.82
5	2017.1	103.03	100.73	103.84
6	2017.2	104.54	103.69	104.97
7	2017.3	107.35	106.98	108.31
8	2017.4	114.53	113.82	115.65
9	2018.1	120.02	120.09	119.89
10	2018.2	124.69	126.32	123.77
11	2018.3	131.65	134.73	130.58
12	2018.4	137.18	143.55	131.58
13	2019.1	142.83	149.80	136.05
14	2019.2	147.71	157.84	141.44
15	2019.3	154.18	166.75	146.65
16	2019.4	163.94	179.83	155.28
17	2020.1	162.00	181.42	149.55
18	2020.2	164.14	187.56	148.15
19	2020.3	171.29	199.98	151.59
20	2020.4	178.49	205.28	160.00
21	2021.1	186.54	221.46	159.65
22	2021.2	190.83	230.01	161.27
23	2021.3	202.96	248.96	166.53
24	2021.4	214.77	269.55	170.90
25	2022.1	226.17	287.03	176.61
26	2022.2	233.76	304.55	178.09
27	2022.3	236.77	319.70	164.62
28	2022.4	245.75	332.75	168.87

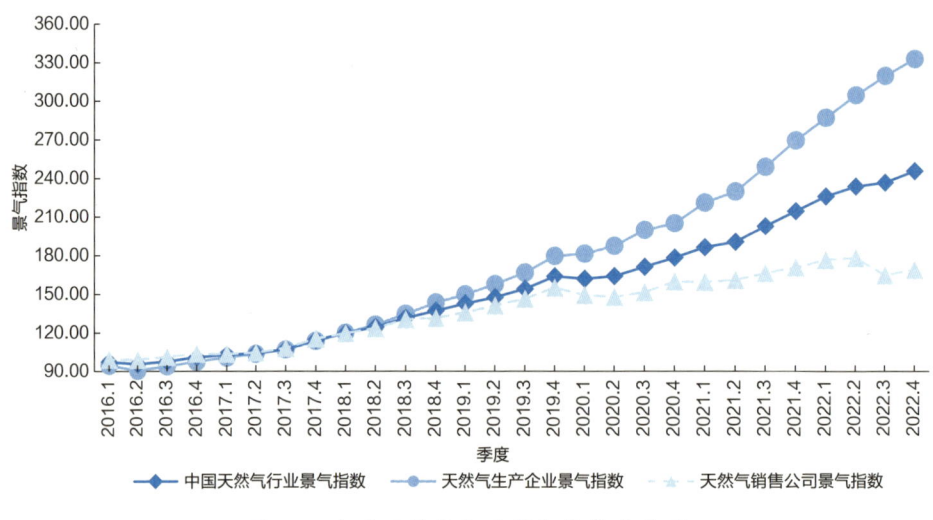

图 50　中国天然气行业景气指数走势图

从表 67 可知，2022 年 4 季度中国天然气行业景气指数为 245.75，2021 年同期为 214.77，同比增长 14.43%，景气状态有一定幅度提升。天然气生产景气指数 2022 年 4 季度为 332.75，2021 年同期为 269.55，同比增长 23.45%，景气状态出现较大幅度提升；天然气销售景气指数 2022 年 4 季度为 168.87，2021 年同期为 170.90，同比下降 1.19%，景气状态出现微幅下降。

二、天然气生产景气指数分析

天然气生产景气指数由投资水平、产能变化、产能利用、企业产量、价格变化、经营状况、就业人员、员工收入 8 个三级指标构成。2022 年天然气生产景气指数为 332.75，相比 2021 年同期 269.55，同比增长 23.45%，景气状态大幅度提高。其中：投资水平指标 2022 年为 278.2，2021 年同期为 219.57，同比上升 26.70%，指标大幅上升；产能变化指标 2022 年为 420.92，2021 年同期为 334.80，同比增长 25.72%，指标大幅度提升；产能利用指标 2022 年为 312.04，2021 年同期为 265.93，同比增长 17.34%，产能利用水平较大幅提升；企业产量指标 2022 年为 315.33，2021 年同期为 256.01，同比增长 23.17%，有大幅度提升；价格变化指标 2022 年为 127.06，2021 年同期为 120.12，同比上升 5.78%，指标小幅度上升；经营状况指标 2022 年为 485.07，2021 年同期为 378.23，同比增长 28.25%，景气水平大幅度提升；就业人员指标 2022 年为 82.53，2021 年同期为 82.80，同比下降 0.33%，有微幅下降；员工收入指标 2022 年为 138.92，2021 年同期为 120.93，同比上升 14.88%，指标有一定幅度提升。

为了把握生产企业投资水平、生产企业产能变化、生产企业产能利用、生产企业产量、生产企业价格变化、生产企业经营状况、生产企业就业人员、生产企业员工收入等指标的变化走势，本文利用 2018 年到 2022 年 5 个年度的天然气生产景气指数三级指标数据进行回归分析，并对 2023 年 4 个季度的三级指标数据做出预测。具体数据如表 68 和图 51 所示。

表 68 天然气生产景气指数三级指标预测表

序号	时间（季度）	投资水平	产能变化	产能利用	产量水平	价格变化	经营状况	就业人员	员工收入
1	2018.1	124.77	131.86	113.65	112.13	100.84	142.35	84.77	93.00
2	2018.2	129.45	135.15	119.34	117.74	103.36	153.03	83.71	93.00
3	2018.3	138.69	144.81	126.16	126.15	107.79	166.15	86.10	93.00
4	2018.4	150.58	157.22	135.17	136.96	107.79	178.01	84.87	96.98
5	2019.1	160.62	165.08	141.93	139.25	106.00	189.88	83.46	98.60
6	2019.2	165.97	176.08	144.29	146.21	106.00	205.70	83.46	101.89
7	2019.3	174.27	190.76	149.10	153.52	104.23	222.85	79.29	105.28
8	2019.4	181.24	209.83	158.05	165.80	104.23	245.13	80.87	111.60
9	2020.1	177.62	205.64	164.37	162.49	102.15	250.03	80.87	109.37
10	2020.2	173.18	210.78	168.48	166.55	102.15	262.54	80.87	112.10
11	2020.3	164.52	231.85	185.33	183.20	99.59	282.23	78.85	106.50
12	2020.4	176.27	248.42	201.21	196.29	103.86	278.19	81.10	108.02
13	2021.1	191.69	273.26	218.82	215.92	106.46	299.06	82.12	114.77
14	2021.2	201.28	282.37	224.29	215.92	105.57	319.00	82.80	115.73
15	2021.3	210.22	307.47	244.22	235.11	112.61	347.35	82.80	118.30
16	2021.4	219.57	334.80	265.93	256.01	120.12	378.23	82.80	120.93
17	2022.1	239.33	358.23	281.89	273.93	124.92	404.70	81.97	124.56

续表

序号	时间（季度）	投资水平	产能变化	产能利用	产量水平	价格变化	经营状况	就业人员	员工收入
18	2022.2	261.67	382.11	293.16	290.36	129.08	434.38	82.52	127.88
19	2022.3	280.16	415.10	309.87	310.98	130.85	452.92	83.70	129.71
20	2022.4	278.20	420.92	312.04	315.33	127.06	485.07	82.53	138.92
21	2023.1 预测值	270.12	431.27	313.46	308.72	124.01	466.20	81.54	133.51
22	2023.2 预测值	277.45	446.78	324.47	319.45	125.32	483.48	81.45	135.66
23	2023.3 预测值	281.69	459.53	335.48	330.19	126.64	500.75	81.36	137.80
24	2023.4 预测值	292.24	472.26	346.49	340.92	127.95	518.02	81.28	139.94

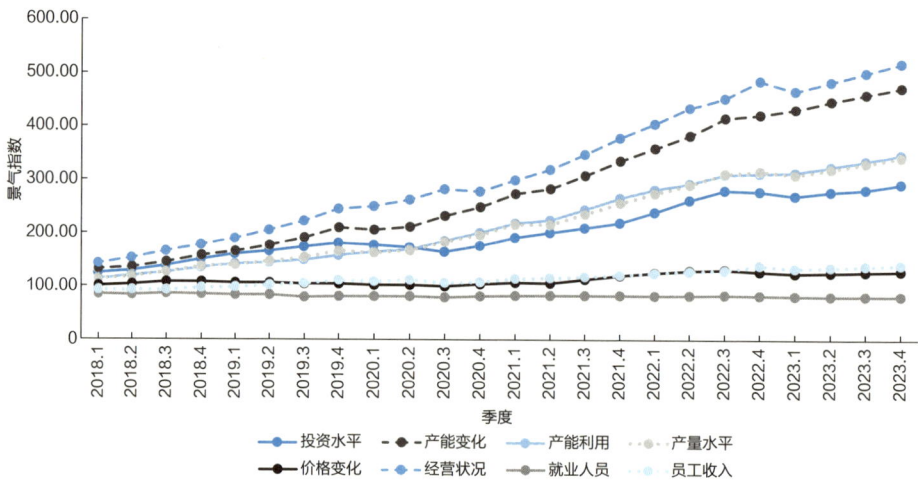

图 51　天然气生产景气指数三级指标预测图

天然气生产景气指数三级指标预测结果显示：2023年投资水平指标为292.24，2022年同期为278.2，同比上升5.04%，指标小幅上升；2023年产能变化指标为472.26，2022年同期为420.92，同比增长12.20%，指标有一定幅度提升；2023年产能利用水平指标为346.49，2022年同期为312.04，同比增长11.04%，产能利用水平有一定幅度提升；2023年企业产量指标为340.92，2022年同期为315.33，同比增长8.12%，有小幅提升；2023年价格变化指标为127.95，2022年同期为127.06，同比上升0.70%，价格指标微幅上升；2023年经营状况指标为518.02，2022年同期为485.07，同比增长6.79%，景气水平小幅提升；2023年就业人员指标为81.28，2022年同期为82.53，同比下降1.52%，就业人员可能微幅下降；2023年员工收入指标为139.94，2022年同期为138.92，同比上升0.74%，员工收入水平有微幅提升。

根据天然气生产景气指数三级指标预测值，计算得到天然气生产景气指数分别是：2023年1季度为324.40，2023年2季度为335.39，2023年3季度为346.20，2023年4季度为357.20。

三、天然气销售景气指数分析

天然气销售景气指数由产品销量、供求状态、价格变化、经营状况、就业人员、员工收入6个三级指标构成。2022年天然气销售景气指数为168.87，同比下降1.19%，景气状态微幅下降。其中：产品销量指标2022年为265.04，2021年同期为276.01，同比下降3.97%，指标微幅下降；供求状态指标2022年为102.45，2021年同期为100.84，同比上升1.60%，有微幅提升；价格变化指标2022年为118.18，2021年同期为108.49，同比上升8.93%，有小幅提升；经营状况指标2022年为187.77，2021年同期为187.75，同比增长0.01%，有微幅提升；就业人员指标2022年为124.08，2021年同期为140.41，同比下降11.63%，指标有一定幅度下降；员工收入指标2022年为116.25，2021年同期为119.47，同比下降2.70%，有微幅下降。

下面根据2018—2022年5个年度的天然气销售景气指数三级指标数据做回归分析，并对2023年4个季度的三级指标进行预测。具体数据如表69和图52所示。

表 69　天然气销售景气指数三级指标预测表

序号	时间（季度）	销售公司产品销量	销售公司供求状态	销售公司价格变化	销售公司经营状况	销售公司就业人员	销售公司员工收入
1	2018.1	162.79	81.69	93.96	126.20	136.83	105.82
2	2018.2	164.60	84.41	96.05	133.21	138.35	108.17
3	2018.3	176.57	90.55	103.90	139.27	142.12	109.16
4	2018.4	174.80	88.74	98.71	147.62	143.54	101.52
5	2019.1	179.17	93.18	101.18	153.16	148.92	104.06
6	2019.2	186.85	95.84	98.29	161.91	151.05	108.51
7	2019.3	191.52	98.24	99.52	172.03	151.05	109.87
8	2019.4	210.67	103.15	105.73	180.63	149.16	112.62
9	2020.1	196.63	95.13	97.51	178.63	150.82	113.87
10	2020.2	208.92	89.18	90.20	174.16	148.94	111.02
11	2020.3	227.72	85.61	88.39	175.90	150.43	109.91
12	2020.4	244.80	90.61	94.29	184.70	151.68	112.66
13	2021.1	247.86	89.48	93.11	182.39	149.78	115.48
14	2021.2	253.37	91.46	97.25	182.39	146.45	114.19
15	2021.3	266.03	96.04	102.11	185.43	144.01	118.00
16	2021.4	276.01	100.84	108.49	187.75	140.41	119.47
17	2022.1	286.36	107.14	115.27	192.44	138.66	120.97
18	2022.2	282.27	108.67	117.74	196.56	137.67	124.42
19	2022.3	254.12	102.45	111.81	183.91	125.85	114.64
20	2022.4	265.04	102.45	118.18	187.77	124.08	116.25
21	2023.1 预测值	265.59	101.32	116.27	188.87	124.00	121.50
22	2023.2 预测值	273.15	101.52	116.53	186.92	113.82	123.02
23	2023.3 预测值	283.59	103.12	119.25	191.96	110.05	123.15
24	2023.4 预测值	294.10	105.85	121.56	200.18	105.14	122.35

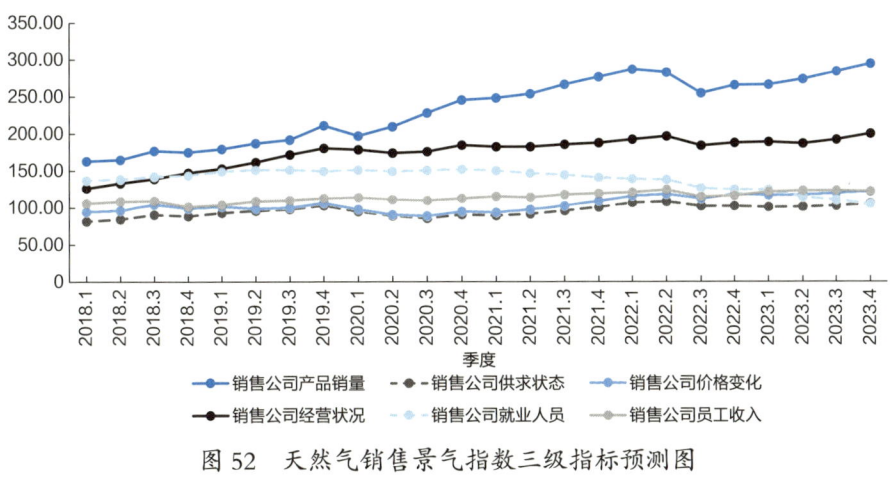

图 52 天然气销售景气指数三级指标预测图

天然气销售景气指数三级指标预测结果显示：2023年产品销量指标为294.10，2022年同期为265.04，同比上升10.96%，指标有一定幅度上升；2023年供求状态指标为105.85，2022年同期为102.45，同比上升3.32%，有微幅提升；2023年价格变化指标为121.56，2022年同期为118.18，同比上升2.86%，有微幅提升；2023年经营状况指标为200.18，2022年同期为187.77，同比增长6.61%，有小幅提升；2023年就业人员指标为105.14，2022年同期为124.08，同比下降15.26%，指标有较大幅度下降；2023年员工收入指标为122.35，2022年同期为116.25，同比上升5.25%，有小幅上升。

根据天然气销售景气指数三级指标预测值，计算得到天然气销售景气指数分别是：2023年1季度为169.46，2023年2季度为170.00，2023年3季度为174.27，2023年4季度为179.70。

四、结论

基于天然气生产景气指数预测值、天然气销售景气指数预测值以及天然气进口指标预测值，综合计算得到2023年各季度的中国天然气行业景气指数预测值：2023年1季度为242.06，2023年2季度为247.09，2023年3季度为253.54，2023年4季度为260.53。

专题 2：党的二十大之后天然气产业发展
——大力推进天然气高效开发利用，助力国家碳达峰、碳中和战略

在中国共产党第二十次全国代表大会上，习近平总书记强调"积极稳妥推进碳达峰碳中和"。"碳达峰、碳中和"是习近平总书记 2020 年 9 月 22 日在第 75 届联合国大会一般性辩论中宣布的，即中国将力争 2030 年前实现碳达峰、2060 年前实现碳中和。碳达峰、碳中和是一场广泛而深刻的经济社会系统性变革，充分体现了中国作为一个发展中大国的责任担当，充分体现了中国在推动构建人类命运共同体方面所付出的巨大努力。

党的二十大报告中，明确要求推动能源清洁低碳高效利用，深入推进能源革命，加强煤炭清洁高效利用，加大油气资源勘探开发和增储上产力度，加快规划建设新型能源体系，统筹水电开发和生态保护，积极安全有序发展核电，加强能源产供储销体系建设，确保能源安全。

纵观全球能源消费，已经呈现出煤炭、石油、天然气、新能源四分天下的趋势，天然气作为从煤炭、石油等高碳能源向以新能源为代表的无碳能源转换的过渡性低碳能源，已经成为世界各国实现碳达峰、碳中和的必然选择。2021 年全球天然气需求增长 5.3%，在一次能源中的比重为 24%，恢复到 2019 年疫情之前的水平。受到疫情缓和、全球经济复苏、欧洲可再生能源发电不足等因素的影响，2021 年全球天然气消费强劲增长，全年消费量约 4 万亿立方米，比 2020 年增长 4.6%，美国、欧洲、中国天然气消费量分别为 8560 亿、5600 亿、3654 亿立方米，分别占各自能源消费量的 32%、25%、10%。可见，天然气对我国能源安全和碳达峰、碳中和战略实施具有重要意义，必须做好以下各项工作。

一、加大天然气勘探开发力度，确保增储上产，确保能源安全

以习近平同志为核心的党中央多次对保障能源安全做出重要指示部署，强调"能源的饭碗必须端在自己手里"。天然气的勘探、常规油气开发、非常规油气开发已经成为各方重点努力的方向，也是保证我国能源安全的可靠保障。

（一）加大天然气地质勘探力度

《"十四五"现代能源体系规划》明确，加大国内油气勘探开发，坚持常非并举、海陆并重，强化重点盆地和海域油气基础地质调查和勘探，夯实资源接续基础。2018—2021年我国完成天然气探明储量年度计划目标，天然气探明地质储量平均1.36万亿立方米/年，累计新增5.44亿立方米。根据自然资源部发布的《中国矿产资源报告（2022）》，截至2021年年底，我国石油、天然气剩余探明技术可采储量已达36.89亿吨、63392.67亿立方米，2021年全国天然气新增地质储量16284亿立方米，其中，常规气（含致密气）、页岩气、煤层气新增探明地质储量分别达到8051亿立方米、7454亿立方米、779亿立方米，在鄂尔多斯、准噶尔、塔里木、四川和渤海湾等多个盆地新地层、新类型、新区勘探取得突破，重点做好"两深一非"（即陆上深层、深海、非常规油气）油气技术创新工作，加大鄂尔多斯、准噶尔、塔里木、四川盆地及新区勘探力度，突出气藏基础研究、创新形成新认识，确保天然气供应安全。

（二）稳步推进常规天然气勘探开发

《"十四五"现代能源体系规划》指出，到2025年，国内原油年产量回升并稳定在2亿吨水平，天然气年产量达到2300亿立方米以上。2022年7月，国家能源局在北京召开"2022年大力提升油气勘探开发力度工作推进会"，要求大力提升油气勘探开发力度，推动油气产业高质量发展。我国油气行业、企业重点创新超深层碳酸盐岩和碎屑岩天然气成藏理论，有力地支撑了四川盆地千亿立方米和塔里木盆地400亿立方米大气区建设，"深海一号"超深水

大气田建设成功，渤中潜山凝析气田建设成功，发现塔里木博孜—大北、鄂尔多斯盆地上古、奥陶系盐下、四川高磨北斜坡太和、准噶尔准南等 5 个万亿立方米级别常规气区。通过国家、油气企业、油服企业等各方的不懈努力，常规天然气的主体地位持续稳固，新气田的开发力度不断加大，苏里格气田突出技术创新，强化效益建产，推进高质量二次加快发展，安岳气田持续推动滚动勘探开发，普光、元坝气田持续加强剩余气精细描述、挖潜、加密调查和滚动建产，博孜—大北气田省级超深层气藏勘探开发技术，海上深化气藏研究和精细化生产管理，确保我国连续 6 年实现年增产量超过百亿立方米，2022 年天然气产量约 2200 亿立方米，成为全球仅次于美国、俄罗斯、伊朗的第四大天然气生产国，有力地确保了我国能源战略安全，支撑了"双碳"战略的推进实施。

（三）大力推进非常规气勘探开发力度

我国目前天然气开发中，陆上常规气产量约占 60%，居于主体地位，同时以页岩气、致密气、煤层气为代表的非常规气资源丰富，产量增长迅速，已成为未来我国天然气增储上产的主要力量。四川盆地周缘页岩气的快速发展和鄂尔多斯盆地致密气的开发，有力地支撑了我国 2021 年天然气产量突破 2000 亿立方米大关，达到 2051 亿立方米。近年来，不断加大对非常规气的勘探开发力度，发现川南长宁—威远、泸州深层、涪陵三个万亿立方米级别的页岩气区。在页岩气勘探开发过程中，不断加大科技投入，持续深化页岩气成藏和富集理论，创新发展水平井优快钻井技术、水平井体积改造技术、复杂山地工厂化作业技术等关键工程技术，大幅度提升页岩气单井产量和最终可采储量，推动页岩气跨越式发展，2022 年页岩气产量达到 240 亿立方米，比 2018 年页岩气产量增长 122%。我国常规气开发在经历当前勘探大发现和开发快速上产期之后，未来会面临长期稳产的压力，未来需要非常规气增产、稳产，确保我国天然气总产量稳定，需要针对页岩气、致密气自封闭成藏作用机理导致储量有效动用率低的问题，加密簇数、立体开发、重复压裂来实现扩大波及体积、提高动用率，同时提高致密气、页岩气的采收率和开发水平。

二、推进天然气管网和储气库建设，加快构建天然气产销储运体系

（一）国内天然气管网基本形成，积极探索市场化运营机制

我国天然气多元供应体系持续完善，国内天然气管网骨架基本形成，干线管网基本实现互联互通，2021 年全国天然气管道总里程达到 11.6 万千米，"全国一张网"基本形成。自 2019 年 12 月 9 日国家管网成立以来，按照"管住中间，放开两头"的原则，从油气产业中间管网环节入手，撬动油气产业发展格局大调整，加快形成上游油气资源多元主体多渠道供应、中间统一管网高效集输、下游销售市场充分竞争的油气市场格局，整合现有管网，推进管网互联互通和省级管网融入国家管网，进一步推进布局优化、覆盖广泛、功能完备、外通内畅的"全国一张网"建设，保证大额资产增值收益，夯实国家能源安全基础，同时推动油气市场化运营改革，持续完善天然气价格机制，促进天然气商品自由流动和市场化交易，积极推动各类市场主体参与油气市场竞争，提升管网资源的运营效率和收益水平，保证企业和消费者利益，拉动天然气生产供应，稳定油气消费，扩大天然气的使用范围和使用效率，推进"双碳"战略实施。

（二）加强储气设施建设，提升储气调峰能力

天然气调峰设施体系主要是以地下储气库和 LNG 储气设施为主，气田为辅的储气调峰设施系统。经过多年的建设和完善，我国建成大港、华北、呼图壁、相国寺、金坛、中原文 23、辽河双 6 等储气库，沿海 LNG 接收站储罐罐容也在持续增加，在中央预算资金补贴支持，地方应急储气设施加快建设的推动下，2022 年全国储气能力超过 320 亿立方米，为经济社会健康发展和人民生活幸福提供了可靠的能源保障。为了确保国家能源安全和经济社会天然气消费的稳定，针对冬季采暖季天然气消费量短期内激增，需要基于现有储气库、LNG 接收站对储气项目建设和扩容进行整体化、集约化布局规划，打造华北、东北、西南、西北等多个百亿立方米级地下储气库群，有限推进重要港址已建、在建和规划的 LNG 接收站项目，引导地方政府、燃气企

业、勘探开发企业合资合作，探索多种主体参与储气设施建设运营的新机制、新模式，同时加强储气与采气、气化、外输能力配套建设，确保开发、运输、储存设施协调推进，不断提高储气库采气能力设计标准，协调地下储气库与 LNG 接收站的联动能力，并与天然气上产协同发展，切实提升储气调峰能力，确保经济社会发展对天然气的消费需求，推动经济社会高质量发展，降低排放和污染，推进"双碳"战略实施。

三、提升天然气的使用效率和水平，推动经济社会低碳、绿色发展

（一）机制创新与科技创新并重，推动天然气发电

在国家能源安全战略和"双碳"战略的实施过程中，天然气产业发展是促进能源消费结构由高碳化石能源为主体向无碳新能源为主体转变的桥梁和纽带，是实现第三次世界能源转型的关键。2022 年，全国天然气表观消费量 3663 亿立方米，同比下降 1.7%，主要是由于受经济增速放缓和国际气价高涨导致工业用气量下降和暖冬居民用气量下降叠加影响，在一次能源消费总量中占比 8.5%。天然气本身具备高热值、清洁低碳的自然属性，标准热值基本与石油相当，但排放因子低于石油，与煤炭和石油相比，天然气燃烧更高效、更清洁。天然气从最初的单一燃烧利用，随着科技的不断创新和发展，已经拓展到天然气发电、工业燃料、城市燃气、天然气化工、交通运输等民用、工业、交通领域，从全球范围来看，天然气发电、工业燃料、城市燃气是天然气重点消费的三大领域，分别占 39.1%、32.3%、21.2%，天然气化工、交通领域占比 6.0% 和 1.5%，我国的天然气终端消费中，城市燃气、工业燃料、天然气发电、天然气化工、交通运输分别占 34.9%、32.1%、21.7%、8.8%、2.6%，可见我国在天然气发电领域有较大的增长空间。我国电力供应结构中煤炭发电占比超过 50%，等值天然气发电的二氧化碳排放量减少超过 40%，燃气锅炉的二氧化碳排放量约为电锅炉的一半，同时具有较好的经济性。随着"双碳"战略的推进实施，由于城市燃气、居民燃气使用存在利用效率不高、耗费大等不足，未来天然气发电将是天然气发展的重要领域和方向。因此，在

"双控"目标要求下，天然气发电发展既要尽快理清气电定价机制，对调峰燃气发电推行"两部制"电价，完善天然气价格与上网电价联动机制，稳妥推进"气代煤"实施，也要注重科技创新，研发投入，在核心技术和应用方面，打通燃气热部件维修瓶颈，形成自主化设计、生产、检测、评估能力，切实推进天然气发电推广和应用。

（二）推进城市燃气市场化发展，提升群众节约高效用气

在我国天然气消费中，城市燃气占比达到34.9%，居于第一位。随着"双碳"战略深入推进实施，天然气凭借环保性、经济性、灵活性等特点，成为改善能源结构、改善大气质量的重要力量。按照油气体制改革"管住中间，放开两头"的基本思路，"管住中间"是管网输送环节，成立国家管网，"放开两头"是推动上游油气资源多主体多渠道供应和下游销售市场充分竞争，形成"X+1+X"的油气市场体系，多主体、多渠道的竞争格局逐渐形成。2021年，中国城市燃气市场上中国燃气控股有限公司、华润燃气控股有限公司、昆仑能源有限公司、新奥能源控股有限公司、港华智慧能源有限公司五大城市燃气销售企业市场份额达到49%。主要城市燃气公司采取基于主业积累的客户资源开展增值服务、产品拓展，加速深化数字化转型，逐步转型成为综合能源服务商，积极探索氢能、充换电、碳资产、光伏、储能等领域的新兴技术和业务，建设科技成果转化平台，强化战略合作等策略，实现快速发展。面对"双碳"战略实施，城市燃气企业需要明确战略定位和目标，结合自身情况和属地区域重点发展领域，深入挖掘客户需要，稳固燃气主业同时，不断丰富拓展增值服务和产品，新建、扩建城市燃气管网，提升燃气用户数量，同时注重管理机制、科技创新、人才培养等领域工作。城市燃气用户是天然气使用的主体，燃气企业应该加大安全巡查、宣传引导，探索安全用气、节约用能的新途径、新举措，与属地政府、社区加强联系沟通，引导群众、企业树立安全用气、节约用气的思想和意识，为双控目标实现共享力量。

（三）推进天然气多领域高效利用，有效降低碳排放

在天然气的消费中，工业燃料、天然气化工、交通运输等领域是具有发

展潜力的重要领域。工业燃料方面，天然气主要是应用在对工业小锅炉、小窑炉的煤炭燃烧替代上，由于钢铁、化工、有色金属、建材等高耗能企业对气价较为敏感，改造成本高，天然气替代的比例较低，未来可以重点在食品加工、消费、医药等行业领域实现对煤炭和石油的替代，深入推进"气代煤""气代油"开展，工业燃料散煤替代的市场空间较大，天然气对碳达峰、碳中和战略实施具有至关重要的作用。

天然气化工领域，主要是以天然气作为合成氨、甲醇、乙烯、乙炔、甲醛、二氯甲烷、二氧化硫等主要化工产品的原材料，对我国社会主义现代化工业体系建设具有重要的意义，未来需要向精细化、深加工方向发展，天然气合成油不含芳烃、重金属、硫等污染物，将成为有市场优势的环保燃料，也是一个重要发展方向。

交通运输领域，天然气未来将成为航运、城市交通的重要能源。2020年全球以 LNG 为动力的船达到 185 艘，在建 LNG 燃料加注船 27 艘，我国城市 CNG 汽车保有量 662 万辆，加气站约有 5600 多座，随着交通领域碳减排力度的不断强化，天然气凭借燃烧排放物中氮氧化物含量低、二氧化碳排放低等优势，可以实现对传统动力燃料的有效替代，未来天然气将在海运、城市交通等领域得到进一步应用和推广。

四、推进天然气与新能源的多能互补，助力"双碳"目标实现

天然气是从高碳化石能源向无碳新能源转型的桥梁和纽带，实现与新能源的协调融合发展，可以有效加快能源转型，推动双碳战略目标的实现。未来能源系统将以新能源为主导、新能源与化石能源、储能系统形成多能互补、集群调度的智慧调配系统，天然气可以作为化工原材料和交通运输动力来源，可以通过天然气高效发电实现有效减低碳排放的同时，凭借发电稳定性与风能、太阳能、水力等电源结构的随机性、波动性形成互补效应，统筹水电、风电、太阳能发电和天然气发电项目，推进天然气、水、风、光电互补合作示范区建设，在不同地区和城市，探索构建天然气发电与新能源发电、运营、输配、调峰的新模式、新途径、新手段，保证我国能源电力系统的平稳安全运行，为社会主义现代化建设提供可靠的能源供应。

五、构建稳定、多元的天然气进口体系

我国现在已经是仅次于美国、俄罗斯、伊朗的第四大天然气生产国，2022年生产天然气2201亿立方米，但同时我国也是天然气消费量大国，2022年天然气消费量为3663亿立方米，天然气进口量为10925万吨，是全球天然气贸易第一大进口国，这与我国经济社会发展向好，能源消费量增长，叠加碳达峰、碳中和战略密切相关。我国主要从澳大利亚、俄罗斯、美国、卡塔尔、土库曼斯坦、马来西亚等国家进口天然气。从中长期来看，我国天然气进口应该按照"海陆平衡、长短结合、留有余量、分散多元"的原则，对俄罗斯、中东、北非等富气区，充分利用"一带一路"倡议深入推进实施的战略机遇，积极参与海外天然气勘探开发项目，进一步优化配置天然气进口国，加强国际合作与交流，提升与天然气资源国的战略伙伴关系，同时不断增强LNG运输、储存、接受基础设施能力，提升LNG进口量，实现PNG与LNG的协调互补，构建稳定、多元的天然气进口供应体系。

六、天然气产业发展的新方向

从全球发展趋势来看，煤炭地下气化、可再生天然气、天然气制氢和氢能贸易成为天然气产业发展的新方向。

（一）煤炭地下气化

煤炭地下气化是指通过对地下的煤炭进行燃烧控制，产生可燃气体的过程，可以提高资源利用效率，降低碳排放，从根本上改变传统煤炭产业的清洁环保化开发利用难题。煤炭地下气化主要难度在于工程专业跨度大，气化过程理论、气化效率等方面还需要进一步攻关。在国家能源技术革命创新行动计划中也明确提出，到2030年实现煤炭地下气化技术的工业化示范，通过煤炭地下气化与碳捕集、利用和封存技术协同发展，实现高碳化石能源的清洁利用。可见煤炭地下气化是未来天然气产业高质量发展的一个新方向。

（二）可再生天然气

可再生天然气是通过有机废弃物生产制备而成的生物甲烷和生物气，能

够有效解决城市化进程加快产生有机废弃物与降低温室气体排放的途径。根据国家能源署的估算，在可持续发展情境下，全球可再生天然气资源总量约为 1.3 亿吨油当量，有效利用量可达 0.23 亿吨油当量，温室气体减排量为 1 亿吨。在我国城镇化建设、乡村振兴过程中，各类生活垃圾、有机废弃物为可再生天然气发展提供了原料基础，可再生天然气的发展也为城市生活垃圾的处置提供了循环利用的新途径，同时有效降低了资源浪费和二氧化碳排放。

（三）天然气制氢和氢能贸易

天然气通过蒸汽甲烷重整或自热蒸汽重整可以制氢，同时将产生的二氧化碳捕获、封存，氢能是未来能源形式，氢能的制备、储运、利用的研究、创新发展能够为未来能源安全打下坚实的基础。

随着全球碳中和的持续推进，碳交易机制正在逐步完善，天然气全产业链的净零排放未来会成为碳中和的目标和要求。我国作为天然气进口大国，必须提前布局行动，做好节能减排、植树造林、新能源等各项工作，注重金融创新，有效抵消天然气上游开采、中游液化、运输，下游消费的碳排放，确保天然气全生命周期零碳排放，抢占未来天然气贸易的话语权、主导权，推动我国"双碳"战略实施，为构建人类命运共同体贡献"中国智慧"，体现大国担当。

专题 3：乌克兰危机对中国天然气市场的影响

一、乌克兰危机的背景

2022 年 2 月 24 日，俄罗斯对乌克兰采取特别军事行动，乌克兰随即宣布进入战时状态，乌克兰危机就此爆发，彻底打破了战后欧洲国际秩序。乌克兰危机是在一个特殊时代背景之下形成的，是经过长期演化产生的必然结果，昭示着国际政治经济以及军事格局的动态发展趋势。俄罗斯对乌克兰"特别军事行动"的直接目的是让乌克兰"去纳粹化"和"去武装化"。同时俄罗斯还隐藏着更深层次的战略目的：一是消除乌克兰加入北约、融入欧洲的可能性，将其重新纳入俄罗斯的战略轨道和势力范围；二是改变俄罗斯自认为的于己不利的"后冷战时代"欧洲安全秩序，希望重塑自己的全球性大国形象；三是通过制造地缘政治紧张局势，希望找回苏联时代的影响力，扩大俄罗斯在全球能源市场以及战略资源领域的主导权。

俄罗斯的化石能源储量名列世界前茅，是当今世界的能源生产与输出大国，其石油、天然气和煤炭的生产和出口对世界能源的供求关系有着举足轻重的作用。乌克兰危机所产生的欧洲能源危机直接冲击着欧洲政治生态，如果美欧等国对俄罗斯进行"无底线"的全面制裁，俄罗斯也会通过能源、粮食以及其他战略资源打破世界政治、经济、军事格局，使全球能源市场和金融秩序产生重构，在较长时间影响世界经济发展。

二、美欧对俄罗斯能源制裁与全球天然气市场格局变化

（一）美欧对俄罗斯的能源制裁

美国总统拜登于 2022 年 3 月 8 日宣布禁止美国进口俄罗斯能源产品，主要包括禁止进口原油、燃料油及其蒸馏产物、LNG、煤炭、煤炭产品等能源产品，要求美国公司和投资者不对俄罗斯能源领域新投资，并禁止美国人资助或支持在俄罗斯投资生产能源的外国公司。美国对俄罗斯能源的制裁主要

是依据相关行政令对相关交易进行限制和禁止，目的在于对受制裁主体的限制，打击其未来发展能力。

2022年3月14日，欧盟宣布将对俄罗斯石油公司（Rosneft）、俄罗斯石油管道运输公司（Transneft）和俄罗斯天然气工业石油公司（GazpromNeft）实施制裁，限制其贷款和债务融资。欧盟执行委员会计划在2022年内减少三分之二的俄罗斯天然气进口，并在2030年前完全切断对俄依赖。2022年3月15日，欧盟宣布对俄罗斯的第四轮制裁，其中包括禁止对俄罗斯能源部门进行新的投资，并对俄罗斯能源行业的设备、技术和服务实施全面的出口限制。2022年4月8日，欧盟宣布对俄罗斯的第五轮制裁，禁止进口俄罗斯的煤炭和其他固体化石燃料。2022年6月3日，欧盟宣布对俄罗斯的第六轮制裁，这一轮制裁的重点是在6个月内禁止进口俄罗斯的原油，8个月内禁止进口俄罗斯的石油产品。欧盟官网和欧洲理事会主席米歇尔都宣称，禁止进口石油制裁实施后，预计2022年年底之前，欧盟就将会削减90%的俄罗斯进口石油。2022年6月7日，波兰外长拉乌与奥地利外长沙伦伯格会谈后表示，波兰提议欧盟第七轮对俄罗斯的制裁，应扩大到俄罗斯所有种类的能源，包括全面禁止进口俄罗斯天然气以及石化产品。欧盟委员会主席冯德莱恩2022年12月7日宣布，欧盟委员会当天已提议对俄罗斯实施第九轮制裁，将针对俄罗斯能源、矿业等领域。美欧对俄罗斯的能源制裁使俄罗斯经济遭受巨大损失。

（二）美欧的能源行动

乌克兰危机引发的美欧国家对俄罗斯的能源制裁，其目标是实现与俄罗斯能源贸易脱钩，因此，俄罗斯、美国和欧盟能源市场乃至整个国际能源市场，都出现了不同程度的反响。

在对俄能源禁令出台后，美国采取了以下4个举措来稳定油气市场价格、消解市场恐慌情绪，积极寻找俄罗斯油气的替代性。首先，美国政府释放了战略石油储备。白宫在公布俄罗斯禁令时，承诺政府将在本财年从战略石油储备中释放9000万桶石油，以稳定物价。其次，提高美国国内油气产量。拜登政府要求生产商提高油气产量以填补空白，从而应对乌克兰危机引发的能源危机。然后，美国扩充了油气能源来源渠道。包括增加从委内瑞拉、沙特阿拉伯等国进口的石油量，以填补美国国内供应缺口。同时，美国还进一步加大清洁能源开发力度，以减少对化石燃料的依赖。

在乌克兰危机下，欧盟意识到对俄罗斯能源依赖所暗藏的能源安全危机，提出了"能源独立"策略。与美国的"能源独立"含义不同的是，欧盟更注重完全摆脱对化石能源的依赖。欧盟力求在2030年前摆脱对俄罗斯的能源进口依赖，其策略包括"开源"与"节流"。"开源"即是扩大油气进口的替代性来源和加速可再生能源开发。欧盟在北美、中东、非洲等地区寻找新的油气供应源，同时发布REPowerEU能源计划，提出到2025年光伏发电能力增加一倍，加快能源转型速度。面对危机，欧盟增加了天然气进口来源和进口量，美国、卡塔尔、阿塞拜疆和挪威成为重要的天然气供应方，而石油进口来源替代则转向沙特阿拉伯和阿拉伯联合酋长国。同时，为防止供应中断，能源储备也被提上议事日程。"节流"，短期来看，通过减少供暖、发电等环节降低天然气使用量。从长计议，欧盟将大规模部署可再生能源的生产，加大对氢能、太阳能、海上风能的投资规模。

（三）乌克兰危机下全球天然气市场格局变化

乌克兰危机引发的美欧国家对俄罗斯的能源制裁，其目标是实现与俄罗斯能源贸易脱钩，因此使得俄罗斯、美国和欧盟能源市场乃至整个国际能源市场，都受到了巨大冲击。乌克兰危机爆发后，俄罗斯油气出口大幅下降，市场对油气供应紧张局势十分担忧，世界能源市场处于紧平衡状态，导致全球能源价格大幅上涨，2022年3月7日，欧洲布伦特原油期货价格突破139美元/桶，纽约油价突破125美元/桶，创下7年多来价格新高。欧洲天然气价格也创历史新高，达到2200欧元/千立方米。自此之后，全球天然气价格呈过山车式变化。乌克兰危机导致欧洲、东北亚、美国本土天然气价格暴涨，欧洲以减少进口俄罗斯PNG作为制裁措施，而以大量采购LNG代替俄罗斯PNG。欧洲PNG进口量下降、LNG进口量增加，在持续推升欧洲天然气价格的同时，也极大推高了全球主要能源市场的天然气价格。

俄罗斯为了应对美欧的能源制裁，也调整了天然气出口策略，减少对欧出口，加深中俄合作，从而带来了欧洲前所未有的能源供应危机。从市场结构来看，美国填补欧洲天然气短暂空缺，全球短期供需格局出现新变化。一方面俄罗斯天然气供应减少，欧洲市场上出现短暂的空缺。另一方面欧洲有意降低对俄罗斯天然气依赖，短期内加大进口美国 LNG。随着欧洲天然气供需格局的变化，特别是在北溪管道中断之后，欧洲天然气现货价格急速上涨，东北亚国际现货价格顺势追涨。中国天然气现货价格也深受影响，LNG 现货进口与长协比例调整，其价格达到近几年最高值。总而言之，乌克兰危机使得国际天然气市场陷入大动荡之中，俄罗斯对欧洲天然气出口降至历史低位，美国已成为世界第一大 LNG 出口国，全球天然气价格大幅波动并不断刷新纪录。

三、乌克兰危机对中国天然气市场供给产生的影响

乌克兰危机后，各国面临着能源与财政的双重压力。国际能源价格的上升将直接抬高天然气与电力价格，导致各国生活与生产成本快速上升。过去一年里，国际天然气价格波动剧烈，其中受冲击最大的主要为欧盟国家，但中国作为世界上最大的天然气进口国，天然气价格的传导作用，使中国天然气行业的良性发展面临重大挑战。但总体上看，乌克兰危机对中国天然气市场的直接影响还是有限，更多的是间接影响。自乌克兰危机爆发后，我国国内天然气价格始终维持在过去几年淡季价格水平上方运行，整体价格水平低于国际现货价格，国内出厂价基本保持稳定，有别于国际价格大幅震荡。因此在短期内，国内天然气市场又重回稳定的市场秩序，但与以往是不同的是，由于我国长协量不断增加，国内宏观调控及时，保供措施到位，市场供需平衡。

（一）中国 PNG 进口

2021 年以来，在国际天然气价格震荡上行的背景下，中国企业与美国、卡塔尔等国天然气供应商新签大量 LNG 长协，以锁定低价气源。2021 年 9 月，中石化与美国维吉签订了供应量 400 万吨/年、长达 20 年的 LNG 长期购销协议，是迄今为止美国规模最大的 LNG 出口合同；新奥股份在 2021 年 10 月至 2022 年 4 月间与俄罗斯诺瓦泰克、美国切尔尼能源等天然气生产商密集签定 4 个长期购销合同，定价多与亨利中心挂钩。据英国《金融时报》2022 年 7 月 18 日报道，蒙古国总理奥云额尔登确认，俄罗斯将于两年内着手建设途经蒙古国，通往中国的"西伯利亚力量 2 号"天然气管道项目。"西伯利亚力量

2号"管道项目全长2600千米，年输气量可达500亿立方米，该管道建成后，中俄蒙三国之间的能源紧密性将会加强，这意味着中国天然气的进口成本将会进一步降低，其输气管线将通过我国西北部扩展至内陆，在一定程度上会刺激西北地区经济增长。

虽乌克兰危机给中国天然气市场带来了一定震荡，但我国积极的应对措施也较好地消除了不利影响。2022年9月15日下午，国家主席习近平在撒马尔罕国宾馆同俄罗斯总统普京、蒙古国总统呼日勒苏赫举行中俄蒙三国元首第六次会晤。三方确认《建设中蒙俄经济走廊规划纲要》延期5年，正式启动中蒙俄经济走廊中线铁路升级改造，商定积极推进中俄天然气管道过境蒙古国铺设项目"西伯利亚力量2号"的建设。俄罗斯天然气工业股份公司表示将在2022—2023年完成中俄中线的设计，管道全长将达962千米，预计在2024年开始建设，计划2027年投产。这是继中俄东线380亿立方米，远东线100亿立方米之后，中俄间再一次大型能源合作。

（1）PNG进口量。

在国际LNG价格高企的背景下，我国继续扩大低价稳定的PNG气源进口量，为实现能源安全保供作出积极贡献。根据中国海关总署提供的数据，2022年，我国PNG进口量累计4581万吨（约合643.2亿立方米），累计比2021年同期增长了7.8%。2022年PNG进口量如图53所示。

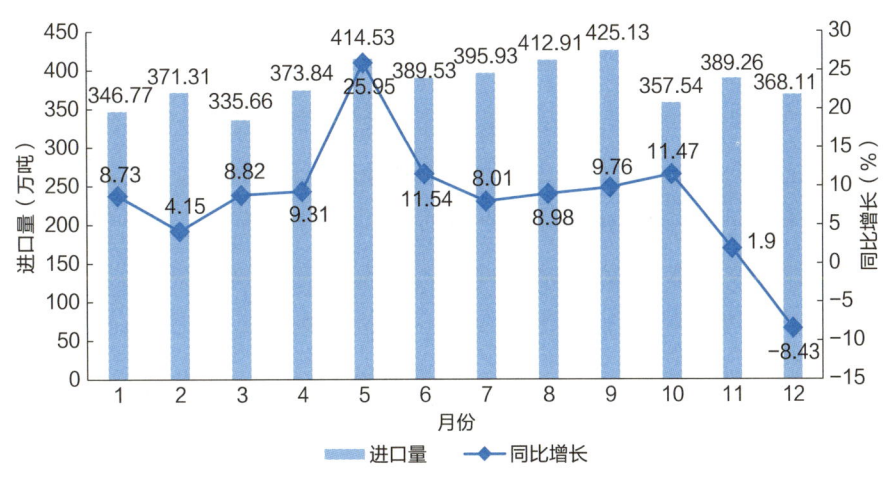

图53　2022年PNG进口量月度变化图
数据来源：海关总署

由于我国大多数进口协议为"长约协议",气价同国际原油价格挂钩,价格震荡空间相比于国际天然气现货市场较小,气价较为稳定。

(2)PNG进口价格。

根据中国海关总署公布相关数据,2022年相对于2021年而言PNG进口价格显著上涨,与乌克兰危机导致的全球能源供需不平衡有着较大关联。2022年PNG进口价格呈现随月增加趋势,最高进口价出现在12月,为456.74美元/吨(图54)。

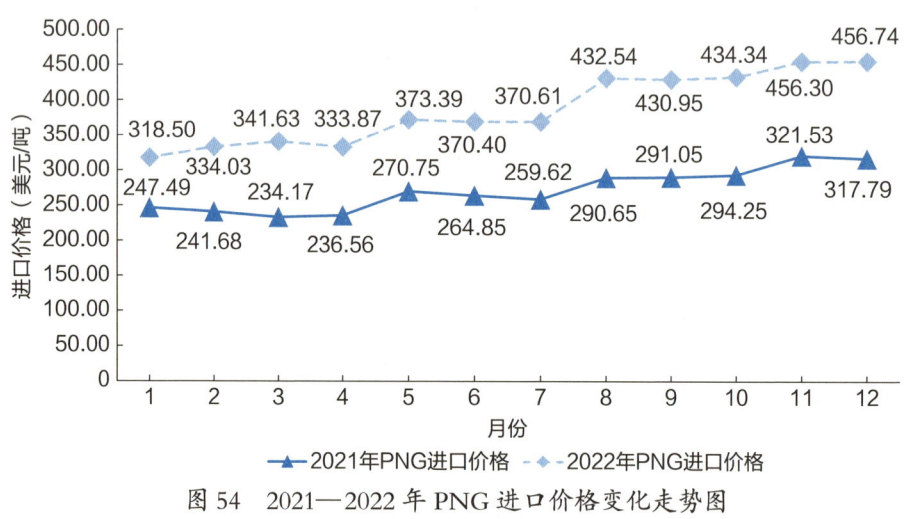

图54 2021—2022年PNG进口价格变化走势图

数据来源:海关总署

(3)PNG进口国家。

中国天然气进口来源呈现多元化,且长期合同占比很高,只要合同方按协议履约,进口即可保持总体稳定。PNG的主要进口来源为中国陆上邻国,分别为土库曼斯坦、乌兹别克斯坦、哈萨克斯坦、缅甸和俄罗斯。其中土库曼斯坦进口量仍然高居首位,进口量约为2641.6万吨,占比达到57.67%,2022年与2021年基本持平。2022年来自俄罗斯的PNG进口量占比有所提高,进口量约为1018.5万吨,同比增长4.48%,达到总进口量的22.24%,位列第二。来自哈萨克斯坦的进口占比相比于2021年下降约一半,降至6.17%(图55)。在运天然气管线产能合计1050亿立方米/年,主要包括中亚A/B/C线(合计550亿立方米)、中俄东线(380亿立方米)、中缅管线(120亿立方米)。目前在建管道产能约

400亿立方米/年（远东管线100亿立方米，中亚D线300亿立方米）。

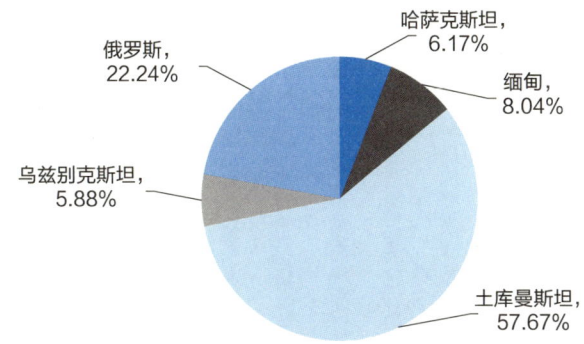

图 55　PNG 主要进口国来源
数据来源：海关总署

（二）中国 LNG 进口

（1）LNG 进口量。

随着乌克兰危机的持续，海运价格屡创新高，LNG 船队运力相对不足，在此情况下，我国 LNG 供应的稳定和安全也受到一定影响。2022 年，LNG 进口量为 6344 万吨，同比减少 19.51%，单月最大进口量出现在 1 月，为 779.70 万吨（图 56）；现货 LNG 进口同比大幅下降 92%，绝对量从 2021 年的 350 亿立方米陡降到 2022 年的 27 亿立方米。在我国 LNG 进口量出现大幅下滑背景下，欧洲 LNG 需求大增。出现此现象的主要原因：一是由于 LNG 国际天然气市场价格高企，采购商购买意愿不高；二是 PNG 采购价相对稳定，且通过管道运输更加安全，因此 2022 年 PNG 进口占比有所提高。2022 年以来，由于国内需求疲弱，国际气价高企，国内外气价倒挂等因素，中国 LNG 进口量出现历史最大降幅。俄罗斯出口欧洲 LNG 总计 172 亿立方米，如果欧盟计划摆脱俄罗斯的 LNG，中国可在未来适当减少澳大利亚 LNG 长协签订，适当扩大俄罗斯 LNG 进口。增加俄罗斯 LNG 进口将有利于中国增加 LNG 进口多元化，提高能源安全水平。即使中国完全消化俄罗斯对欧出口的 172 亿立方米的 LNG，俄罗斯出口欧洲的 1000 亿立方米 PNG 也很难被其他国家完全消化。由于 LNG 具有不受管线基础设施约束、调配灵活等优点，以及我国 LNG 接收站配套设施相对完善等原因，可以预见，未来 LNG 进口量仍将处于主导地位。

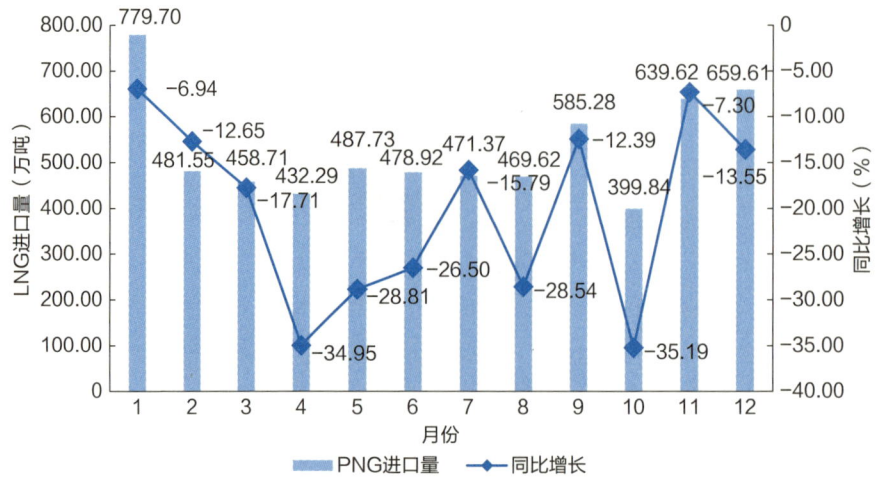

图 56 2022 年 LNG 进口量月度变化图

数据来源：海关总署

（2）LNG 进口价格。

乌克兰危机爆发以来，欧洲国家对俄罗斯的严厉制裁终于在天然气进口价格上迎来反噬，欧洲天然气价格的大幅上涨逐渐波及其他地区和国家，带来了此轮天然气国际价格的飙升。我国 LNG 进口价格受到国际价格的影响较大，价格变化走势如图 57 所示。

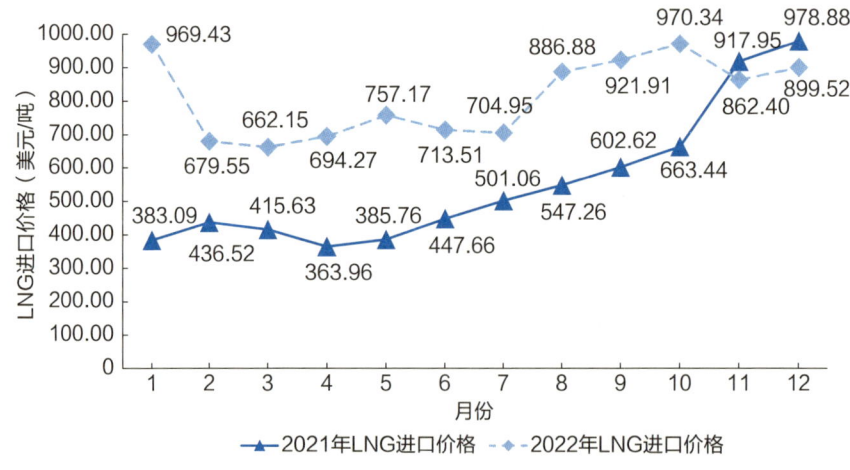

图 57 2021—2022 年 LNG 进口价格走势图

数据来源：海关总署

2022年上半年，乌克兰危机的爆发以及持续动荡的国际局势，使得国际原油和天然气价格飙升到非理性的高位，国际市场的高价传导至国内，成为推动国内 LNG 价格不断飙升的主要动因。2022 年国内 LNG 进口价格相比于 2021 年总体呈现上涨趋势，除了 11 月、12 月价格有所下降以外，LNG 价格各月份均有大幅度的上涨。2022 年 LNG 进口平均价格为 810.17 美元/吨，相比于 2021 年 LNG 平均进口价格 553.65 美元/吨，每吨上涨了 256.52 美元，同比涨幅为 46.33%。由于 2022 年以来极端天气频发，全球天然气发电需求有所增加，但由于乌克兰危机及其他不可抗力因素影响，能源市场资源难以得到合理调配，美国、澳大利亚优先面对国内供应天然气，欧洲、亚洲等市场冬季 LNG 资源消费地积极储备天然气，但由于许多西方地区气源单一，且进口码头无法满足俄罗斯断供后的天然气供给，因此带来了全球天然气供应的不确定性，出现了市场上 LNG 价格疯涨态势，在此情况下，我国在保障国内天然气稳定供应时也在少量转售 LNG 赚取差价。

（3）LNG 进口国家。

2022 年 LNG 全年进口量为 6344 万吨，进口来源国共有 24 个，相比于 2021 年减少了 3 个。其中主要进口国为澳大利亚、卡塔尔、马来西亚和俄罗斯 4 个国家，其进口天然气数量占比均超过 10%，总占比达 81.06%。进口量超过 200 万吨的国家有 7 个，除了上述 4 个国家外还包含印度尼西亚、巴布亚新几内亚和美国，进口量占比分别 5.9%、3.98% 和 3.29%。2022 年 LNG 主要进口来源国如图 58 所示。

2022 年进口数量最大的国家仍为澳大利亚，进口数量为 2185 万吨，占比达 34.45%。根据 LNG 进口数据显示，卡塔尔在中国 LNG 进口来源国中也占据着重要进口地位，仅次于澳大利亚。随着中石油与中石化和卡塔尔合作的推进，澳大利亚在我国 LNG 进口的首要地位将会被削弱，同时中国公司参与重大的全球 LNG 项目也会增强我国在国际上的话语权。此外，我国 LNG 长期合同占比很高，在地缘政治的影响下，在中俄合作的推动下，全球能源格局将会出现重大变化。未来几年内，澳大利亚在我国 LNG 进口中一家独大的局面将会被扭转，进口国多元化格局将逐渐形成。

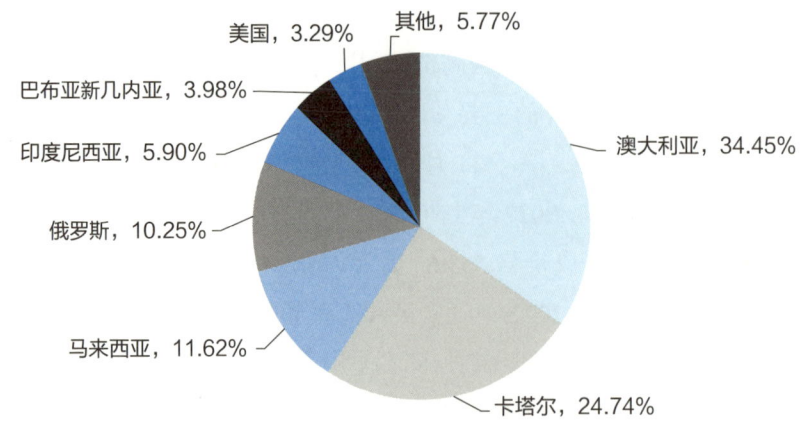

图 58　LNG 主要进口国来源

数据来源：海关总署

（三）中国天然气生产

伴随着"双碳"目标的提出和《"十四五"现代能源体系规划》中对天然气行业发展的定位，我国天然气行业发展迎来良好历史机遇。《规划》提出，到 2025 年将实现国内天然气年产量达到 2300 亿立方米以上，储气能力达到 550 亿～600 亿立方米，同时加快天然气管道管网建设，推动管网互联互通，完善 LNG 储运体系，这一系列措施将大力推动国内天然气产业发展。例如中海油在"七年行动计划"推动下，面对不断扩大的中国天然气市场，积极扩大天然气投资生产，近几年天然气产量稳步提高，收入占总营收比重大幅提升。

2022 年，以"深海一号"为重要枢纽，公司将聚焦宝岛 21-1 气田、莺歌海气田周边滚动勘探等四大关键项目，推动南海万亿立方米大气区建设进程。未来 3 年，公司的净产量增速预计在 6%～7%，并在增储上产基础上，推进油气并举、向气倾斜的策略，持续加大天然气产量，产量占比由目前的 21% 提升到 2025 年的 35% 左右。2022 年 12 月 27 日，长庆油田天然气生产达到 500.6 亿立方米，标志着我国建成首个年产 500 亿立方米特大型产气区。这是继 2019 年天然气产量攀上 400 亿立方米之后，时隔 3 年的又一次历史性跨越。长庆油田占据我国陆上天然气管网枢纽区位优势，西气东输、陕京管道系统在长庆油田交汇，其生产的天然气西输银川、北上内蒙古、东进京津冀，承担着上百个大中城市用气和调峰任务，为天然气发展带来了强大的需求动力。苏里格气田突出技术创新，强化效益建产，推进高质量二次加快发展，产量突破300亿立方米；安岳气田持续推进滚动勘探开发，大型碳酸盐岩气田持续保持150亿立方米稳产；普光、元坝气田持续加强剩余气精细描述、精细挖潜、加密调整和滚动建产，加大气井控水治水、分类治理和优化配产，保持100亿立方米稳产；博孜—大北气田升级超深层气藏勘探开发技术，加强大斜度井、水平井提速和规模应用，产量增至67亿立方米。海上通过深化气藏研究和精细生产管理，推进老气田调整挖潜、低效井措施治理和新气田快速建产，天然气产量首次突破200亿立方米。

2022年我国天然气绝对消费量3663亿立方米，同比减少63亿立方米，降幅1.7%。这也是2005年西气东输一线投运以来我国天然气消费量同比首次下降。我国天然气供应价格全年平均较高。进口现货LNG价格高导致沿海地区直接提价或将采暖季价格延续至淡季，但终端用户的价格承受能力有限。乌克兰危机影响国际天然气市场的正常运转，全球天然气市场供应趋紧，进而导致中国进口天然气价格大幅上涨。此外，天然气价格还受到石油价格上涨的影响，过高的价格抑制了中国天然气的需求。乌克兰危机虽没有直接对我国天然气消费造成影响，但由于其造成的国际天然气市场动荡，国际气价高涨，造成了我国天然气供给能力降低，进而抑制了我国的天然气消费量。

四、中俄天然气领域的深度合作

俄罗斯天然气占俄罗斯出口产品的比重很大，所以俄罗斯非常注重天然气生产、运输与销售。目前俄罗斯与中国已经建立了长期稳定的合作关系，促进了俄罗斯对华石油和天然气供应量不断增长。2014年5月，中石油和俄罗斯天然气工业股份公司签下了价值4000亿美元的大单，俄罗斯将经由"西伯利亚力量"管道（东线管道），每年向中国供应380亿立方米天然气。"西伯利亚力量"管道起自俄罗斯东西伯利亚，由布拉戈维申斯克进入中国黑龙江省黑河，自2018年起俄罗斯通过中俄天然气管道东线向中国供气。俄罗斯在符拉迪沃斯托克（海参崴）新建的年产量达1000万吨的LNG厂也面向中国市场。根据中国海关总署的统计数据得出，2022年俄罗斯通过"西伯利亚力量"管道对华天然气出口量比2021年增长1.5倍，达到155亿立方米的历史新高，2022年俄罗斯对华LNG出口增长43.9%至650万吨。按价值计算，中国LNG从俄罗斯进口量增长2.4倍至67亿美元，2022年年底，俄罗斯对中国的LNG供应排名第四。

以美国为首的北约国家对俄罗斯展开能源制裁，以达到遏制俄罗斯发展和掌控全球能源主动权的目的。面对如此局面，俄罗斯不得不另辟蹊径在全球市场上另寻买家，作为与之相邻的东北亚国家，中国成为俄罗斯眼中很好的合作伙伴。俄罗斯将于两年内着手建设途经蒙古国，通往中国的"西伯利亚力量2号"天然气管道项目。据悉，"西伯利亚力量2号"管道项目全长2600千米，年输气量可达500亿立方米。"西伯利亚力量2号"建成后，中俄蒙三国之间的能源紧密性将会加强，这意味着中国天然气的进口成本将会进一步拉低，这将会进一步深化中俄两国之间的合作关系。对于俄罗斯而言，双方的合作有利于俄罗斯能源出口及国家战略安全，特别是当今国际形势严峻，俄罗斯处于欧美制裁之中，经济发展动力减少，经济增速持续下滑，如果延续下去，将会产生严重的经济衰退，会给俄罗斯带来深重灾难。因此中俄双方合作，可以实现互利共赢。

目前中俄天然气合作已经达到新的历史高度。2022年2月4日，俄罗斯总统普京访华并出席北京冬奥会开幕式，俄罗斯天然气工业股份公司与中石油签署了一份天然气长期供应协议，经由远东路线向中国供应天然气。中俄东线总供应能力增加100亿~480亿立方米/年。远东路线对我国利好之处也颇多，包括减少煤炭的使用，降低碳排放，提升清洁能源比例，但具体来看主要有两条，一是进一步完善了天然气通道。虽然我国已经形成了天然气进口的四大通道，但问题依然不少，如来自缅甸的天然气量少价高，来自中亚天然气冬季经常面临减供风险，十分有必要加固现有通道，而扩大从俄罗斯的天然气进口是首选。一方面俄罗斯天然气探明含量世界第一，且与我国广阔接壤，另一方面俄罗斯有出口我国管道气的多条路径选择，除"西伯利亚力量1号"和"西伯利亚3号"外，还有"西伯利亚力量2号"，通过蒙古国将俄罗斯天然气输送至中国，以及远景规划的"中俄西线"，管线起点为西西伯利亚，沿阿尔泰边疆区和阿尔泰共和国至中国新疆。二是有利于降低进口天然气价格总水平。从过去多年来看，进口 LNG 价格一直高于进口管道气，以 2021 年为例，进口管道气价格到岸均价 1.27 元 / 立方米，完税价 1.38 元 / 立方米，进口 LNG 到岸均价 2.48 元 / 立方米，完税价 2.70 元 / 立方米。2022 年，东北亚进口 LNG 现货达 8.13 元 / 立方米，前 11 个月我国进口 LNG 均价也达 3.7 元 / 立方米，而进口管道气均价仅为 1.8 元 / 立方米，来自俄罗斯的进口管道气为 1.7 元 / 立方米。2022 年 9 月，在第七届东方经济论坛上，中石油同俄罗斯天然气工业股份公司签署《中俄东线天然气购销协议》相关补充协议，未来的天然气贸易将直接使用人民币和卢布进行结算，即用卢布和人民币向中国供应天然气的付款方式，两种货币的比例为 50：50。中俄两国天然气领域合作空间非常广阔，尤其是在新冠肺炎疫情和乌克兰危机交织的背景下，深化中俄天然气领域合作战略意义重大。

五、中国天然气行业发展的相关建议

就天然气行业而言，为避免类似欧洲天然气进口依赖度较高且单一而导致的能源危机问题，我国应继续加强天然气供应来源多元化，鼓励国内天然气的勘探开发，提高国内天然气产量；鼓励民营资本参与天然气上游市场，推动天然气价格市场化，使内价格客观反映国内供需；天然气下游应加大储备力度，减少因极端天气等不可抗力带来的供需失衡。

（一）大力实施"稳油增气"战略

国家领导人多次作出大力提升油气勘探开发力度，保障国家能源安全的重要指示。要坚定不移地立足国内，加大天然气勘探开发力度，夯实国内天然气生产基础，提升天然气生产保障能力，稳定或适度降低天然气对外依存度。要持续提高天然气采收率，支撑老气田持续挖潜，积极攻关大气田勘探与复杂气田提高采收率技术，推动天然气增储上产；不断攻克非常规天然气勘探开发关键技术，推动非常规天然气资源战略接替和规模开发；持续攻关海洋深水天然气勘探开发技术与装备，推动深水天然气取得重大发现和有效开发。同时，要加快天然气工业与新能源融合发展，适度发展天然气发电，为可再生能源发电提供调峰支持。

（二）统筹国际国内两种资源

统筹好国际、国内两种资源，加强天然气供应能力建设，双管齐下，不断提升天然气安全保障水平，增加在国际竞争中的价格谈判筹码。一方面，要加大对天然气勘探开发的投入。自有资源的开发是稳定市场的基础，中国应立足国情，大胆投入，加强页岩气等非常规天然气的开采技术积累和突破，继续追求增储上产目标，在碳达峰与碳中和战略指导下，发挥国产天然气在保供稳价中的"稳定器"作用。另一方面，构建多元化的资源池，控制好对单一天然气进口国的依存度。由于国际环境日趋复杂，需要结合天然气国际贸易特点，以"一带一路"倡议的实施为契机，多点并进，分散天然气市场风险。

（三）加快天然气产业链建设

"能源的饭碗必须端在自己的手里"。天然气作为重要的清洁能源，在碳达峰与碳中和目标下应发挥重要作用，但市场各环节联系紧密，传导性强，市场的大幅波动不是单一企业、单一环节能够解决的。因此，要加强国内天然气稳供能力建设，深入推进市场化改革，开发和引导运用多种市场化工具，提升价格主动管理水平，确保价格相对稳定；推动管网基础设施建设和运行优化，夯实发展基础，提升发展韧性，确保供需衔接上有回旋余地；建立健全多层级应急管理体系，做好基本兜底保障，防止恐慌情绪引发的价格偏离。

（四）有效管控天然气价格风险

价格波动是天然气产品的固有特点，需要通过有效的管理手段来降低波动幅度，减小对社会经济的影响。中国天然气产业正在深入推进市场化改革，由于历史原因，进口天然气主要挂钩境外价格基准进行计价，国内销售主要参照"门站价格"进行批发，运用期货与衍生品主动进行价格管理的企业不多，上市公司中仅有新奥股份、佛燃能源等少数公司开展了套期保值。国内外实践证明，正确认识和规范运用期货套期保值工具是管理价格风险的重要途径，企业应加强市场分析研判，做好对未来市场的预期，主动进行价格风险管理。一方面，立足国内进口天然气价格挂钩境外的油价气价的实际，研究运用相应的期货与衍生品工具，特别是与挂钩价格高度相关的国内期货等进行套期保值，例如利用上海原油期货、期权等，锁定"目标价格"。另一方面，用好公开透明的市场"基准价格"，指导公司生产经营活动，避免市场开发和生产计划的盲目性，提升盈利水平。

（五）加强中俄天然气长期合作

积极开展大国能源外交，全方位加大国际合作力度，是开放条件下保障能源安全的必由之路。中国要实现第二个百年奋斗目标，能源稳定、供给安全至关重要。《中俄睦邻友好合作条约》进一步延期，为中俄关系长期健康稳定发展奠定了坚实基础。乌克兰危机后，在百年未有之大变局下，我国应继续与俄罗斯开展天然气领域深度合作，保障我国天然气供需平衡，稳定国内天然气价格。

专题 4：天然气矿权的管理变革

一、矿权管理变革背景

2017年，国务院发布《关于深化石油天然气体制改革的若干意见》，强调提升油气资源的接续保障能力，激发骨干油气企业活力，放开市场、加强监管、盘活区块、激发活力。2018年，国家主席习近平提出加大国内油气勘探开发工作力度，保障国家能源安全。完善并有序放开油气勘查开采体制，加强油气矿权流转已然成为我国油气体制改革的重要内容。

中石油、中石化在积极探索企业内部矿权流转。为激活内部勘探开发市场，化解资源、人才、技术布局的不平衡问题，中石油综合运用市场化运作、社会化服务、流转区块分公司制、投资计划单列、财务预算单独核定、效益跟踪单独考核等改革举措。2017年，中石油打破"画地为牢"的矿权格局，开展首批矿权内部流转试点工作，共涉及10个勘查区块和6个未动用储量区块，面积约4.3万平方千米，涉及鄂尔多斯、四川、柴达木三大盆地，基本完成了东西部7个油田16个区块的矿权内部流转，包括青海油田所在的柴达木盆地4个探矿权和2个采矿权区块流转给辽河油田，长庆油田所在的鄂尔多斯及北部外围盆地5个探矿权和2个采矿权流转给华北油田和玉门油田，西南油气田所在的四川盆地及西昌盆地2个探矿权和1个采矿权流转给大庆油田。中石化华北油气分公司与河南油田签署矿权区块移交协议，将旗下旬邑—宜君矿权区块正式移交至河南油田，全面完成矿权内部流转。2019年，中石油在首批矿权内部流转取得阶段性成果的基础上，全面启动第二批矿权内部流转工作，矿权流转区块不仅涉及鄂尔多斯、四川、柴达木、准噶尔等大盆地，还涉及松辽外围、二连、潮水、雅布赖、伊舒和渭河等中小盆地，共38个区块，面积约8.57万平方千米，流转单位从油气田企业扩大到工程技术企业及外部企业。

2019年2月，隶属于中石油的新疆油田、吉林油田、吐哈油田3家单位日前在克拉玛依市举行准噶尔盆地准东地区油气勘查区块内部流转协议签字仪式。协议表示，中石油新疆油田准噶尔盆地准东地区部分探矿权流转给中石油吉林油田和吐哈油田。此次协议的签订，是贯彻落实国家油气体制改革总体部署和中石油第二轮矿权内部流转工作部署会议精神的具体举措，对于加快准噶尔盆地准东地区矿权流转区块勘探开发建设进程、保护中石油整体矿产资源权益具有十分重要的意义。2019年4月，吉林油田与新疆吉木萨尔县就非独立法人分支机构注册性质达成共识，名称定为中国石油天然气股份有限公司吉木萨尔吉油勘探开发分公司，这标志着吉林油田在新疆吉木萨尔矿权流转区块的工作有了实质性进展，即将成为该区块的"主人"。

越来越多的证据表明，矿权流转未来的发展趋势是：（1）石油公司矿权流转成为新常态；（2）勘查区块将实行竞争出让制度和更加严格的区块退出机制；（3）矿权流转将在符合准入要求并获得资质的公司之间进行。

面对这样的趋势，作为国家能源资源的管理机构、石油天然气能源勘探开发的企业，应通过油气矿业权改革有效增强国内油气资源保障能力，更好地发挥市场配置资源的决定性作用，提升自然资源保护和合理利用水平，从整体上提高油气行业乃至国民经济的综合竞争力。本专题主要为了更好地落实和践行油气矿业权改革精神，实现油气企业自身的可持续发展，重点探讨天然气行业勘探开发企业实施矿权管理变革的对策。

二、油气矿权管理的历史沿革

我国矿权管理由始至今大致经历了以下阶段：

（一）矿产资源管理起步阶段

改革开放初期，国家先后在1950年颁布了《矿产暂行条例》、1965年发布了《矿产资源保护试行条例》等规章制度，从根本上结束了我国矿产资源勘查开发无法可依的尴尬局面，为后续矿产资源的管理奠定了基础。但是，由于我国当时处于计划经济时期，矿产资源勘查几乎由国家一手包办，勘查属于国家行为，并不需要对其进行过多的规范。当时的矿权管理措施也着重于恢复战后中国的经济体制，保障中国军事、民生等方面的最基本资源供应。受制于大环境，我国当时的矿产资源管理制度呈现几个问题：一是矿产资源管理过于分散；二是矿产资源全流程断裂现象严重，各环节相互分离、互不联系；三是责权不清，政府、事业单位、企业关系模糊，分工不明；四是权属关系尚未建立，并没有明确的探矿权、采矿权的概念，且无论对于企业还是国家，矿产资源均处于无偿使用状态而导致"公地悲剧"。

（二）政企分化及矿政管理体制的初步形成

1986年，我国审议通过了《中华人民共和国矿产资源法》（以下简称《矿产资源法》），该法及其他配套法律法规，为全面建立法制化的矿产资源管理工作提供了重要的法制保障。同时，20世纪80年代中后期，国家财政紧张，仅仅依靠国家出资勘查、开采矿产资源的资源模式遇到很大困难。且国家经济发展与矿产资源低效、低利的开发也导致了大量的矿产资源未充分利用，采富弃贫成为常态。在国家放开、搞活、加快矿产资源开发的总方针下，全面落实《矿产资源法》被列入矿政管理的重要日程，大力推行"三分离"政策，即地质找矿与开发管理分离、行政部门与矿业企业分离、行政领导与业务指导分离。1988年，地质矿产部管理职能有所调整，对地质和资源进行综合管理。但在1986年《矿产资源法》颁布实施到1996年8月修订期间，我国仍旧是禁止转让矿权阶段，矿权由国家免费授予。至此，我国矿产资源勘查、开采等方面已逐渐跟随政策从计划经济向市场经济方向转变，为矿政管理体制的建设打下了坚实的基础。

（三）市场化的推进与规范

20世纪90年代初，我国矿业市场逐渐开放，全国矿业企业如雨后春笋般纷纷建立。但是，该阶段由于矿权制度的不完善出现了很多问题：一方面，各级、各方矿业企业为自身利益争夺资源，整个矿业行业从勘查、开发到后期加工销售秩序混乱、纷争不断；另一方面，当时的矿权基本都是以无偿方式取得，无论勘查开采的受益方均为矿山企业，这使国家作为矿产资源的所有者的权益无法体现。在国家建设社会主义市场经济体制的总体方针指导下，矿政管理工作确立了开源节流并重、保护开发并重的新目标。1993年起，国家开展了新一轮行政管理体制改革，当时的地质矿产部提出了坚持国家所有、有偿使用、区块管理三原则。1994年，地矿行政机构从部垂直管理部门改为省级政府管理部门。1996年，《矿产资源法》修改，区分矿产资源所有权与使用权，从法律上正式确立了矿权有偿使用和依法转让制度，到1998年国土资源部出台《矿业权出让转让管理暂行规定》，期间为限制转让矿业权阶段。至此，我国基本完成了矿产资源市场化的初步改革。

（四）综合管理体制逐步完善

1998年后，我国经济快速发展与矿产品短缺的矛盾逐渐加剧，关系社会发展的钢铁、煤炭、石油等矿产品短缺尤为严重，各方参与矿产资源勘查开发的热情日益高涨，矿业权的"多、小、散、乱"问题突出，矿业权炒作、圈而不探现象普遍，矿政管理陷入了保障我国经济发展和保护资源环境安全两难的境地。1998年，国土资源部正式成立，将原本分散在各个职能部门的地质、矿产等管理职能整合，并赋予国土资源部规划、管理、保护等职能，使矿产资源统一管理进一步加强。同年，国务院通过并颁发了第240、241、242号令，即《矿产资源勘查区块登记管理办法》《矿产资源开采登记管理办法》《探矿权采矿权转让管理办法》，在矿法的基础上对探矿权、采矿权及矿业权的转让进行细化和完善，意味着我国进入矿业权的放宽转让阶段，相关规定更是我国矿权管理工作沿用至今的最基础的法律依据。1999年，国土资源部提出尽快将矿政管理重点放在宏观调控、社会管理和公共服务上，加快完善和规范矿权市场，以"国土资发75号"文件发布《探矿权采矿权评估管理暂行办法》和《探矿权采矿权评估资格管理暂行办法》。同年，国务院通过了地勘队伍改革方案，将地勘队伍向属地化、企业化经营推进。1999年6月，财政部联合国土资源部发布"财综字74号"文件《探矿权采矿权使用费和价款管理办法》。至此，形成了适应我国当前经济条件下的矿产资源综合管理模式。2000年，国土资源部发布"国土资发309号"文件《矿业权出让转让管理暂行规定》、2003年6月1日国土资源部发布"国土资发197号"《探矿权采矿权招标拍卖挂牌管理办法试行》，2005年发布《关于规范勘查许可证采矿许可证权限有关问题的通知》，2006年发布《关于进一步规范矿业权出让管理的通知》，这些文件规定的颁布都为矿权管理体系的进一步完善提供了制度依据。2016年12月，为落实"十三五"规划发展要求，促进石油、天然气产业有序、健康、可持续发展，国家发展改革委根据《能源发展"十三五"规划》

制定并发布了《石油发展"十三五"规划》《天然气发展"十三五"规划》等文件，提纲挈领，清晰地描绘出了"十三五"油气发展蓝图。2017年5月，中共中央、国务院印发《关于深化石油天然气体制改革的若干意见》，强调深化石油天然气体制改革要坚持问题导向和市场化方向，体现能源商品属性，释放竞争性环节市场活力和骨干油气企业活力。2019年，《外商投资准入特别管理措施（负面清单）（2019年版）》和《自由贸易试验区外商投资准入特别管理措施（负面清单）（2019年版）》同频发布，外商投资在准入门槛降低且权益保护升级的条件下进入我国油气勘探开发核心领域。2020年，《关于推进矿产资源管理改革若干事项的意见（试行）》提出深化"放管服"改革，放开油气勘查开采市场、实行油气探采合一制度、调整探矿权期限、取消油气矿产资源量分级，不断完善矿产资源管理；《矿产资源统计管理办法》提出加强矿产资源信息统计，维护国家矿产资源所有者权益；《矿业权登记信息管理办法》提出加强矿权市场事中事后监管，加大矿权市场信息公开力度，提升矿权管理信息化水平，图59即为我国矿权管理发展历程示意。

图59　我国矿权管理发展历程示意图

三、油气矿权概述

（一）油气矿权定义

依据1996年发布实施的《矿产资源法》，矿权是指自然人、法人和其他社会组织依法享有的、在一定区域和期限内进行矿产资源勘查或开采的一系列经济活动的权利。狭义的矿业权，也是国际上通常采用的二分法的概念，包括探矿权和采矿权；矿业权的广义法律概念是勘查矿产资源和开采矿产资源资产的权利，同时包含获取地质信息资料而发现矿产资源的权利。

目前，我国矿权管理体系将油气矿权划分为探矿权和采矿权，其定义、联系和区别如下。

1. 探矿权和采矿权定义

（1）探矿权。

探矿权指探矿权人依法取得的勘查许可证规定的时间、地域范围内勘查矿产资源的权利。

（2）采矿权。

又称矿产使用权，指采矿权人依法取得的采矿许可证规定的时间、地域范围内开采并售卖矿产品商品的权利。

2. 探矿权和采矿权的共同点

探矿权和采矿权的联系主要体现在以下几个方面：

（1）探矿权和采矿权的取得都须得到行政机关的特许。探矿权、采矿权的取得都需要经过行政许可，在转化为私法主体权利后的转让需要经过批准，且法律规定探矿权人和采矿权人必须具有一定的资质。

（2）探矿权和采矿权都只能在经登记的特定工作区和矿区内行使。

（3）探矿权和采矿权都有类似于物权的法律效力，具有依法对特定的物享有直接支配和排他的权利。

3. 探矿权和采矿权区别

探矿权和采矿权的区别主要体现在以下几个方面：

（1）性质不同。探矿权作为特许物权的特征明显，而采矿权更突出地表现为不动产物权。

（2）权利内容不同，权利人的义务也不相同。

（3）主体构成不同。探矿权的申请人是出资人，不一定是勘探人，但采矿权申请人既是出资人，又是矿业开发人。

（4）客体不同。采矿权的客体是单一而特定的矿产资源，探矿权的客体只能是探矿行为。

（5）风险程度不同。探矿权是对客观存在而未知地质矿产体的认识过程，属于高风险的工作；采矿权是矿业开发，其风险程度大大低于探矿权。

（6）收益不同。探矿权人的收益权主要是优先取得采矿权，在一定条件下转让探矿权，而采矿权直接能取得矿产品的所有权。

（7）权利存续期限不同。探矿权一般只有 2～5 年，而采矿权一般为 20～50 年。

（二）油气矿权的属性

1. 资产属性

按《企业会计准则》规定，资产是企业或其他社会组织拥有或控制的能以货币度量的经济性资源，是企业拥有所有权或不具备所有权但能在一定时间、一定条件下支配的能提供经济效益的资源。在我国，石油、天然气、固体矿等矿产资源严格执行国家所有制，由国务院代表国家行使所有权。但在油气矿权有偿转让给矿业权人后，油气资源资产价值便通过油气矿权价值评估以货币形式计量，在油气矿权许可的时间、地域范围内，矿业权人有权依法支配油气矿权，进行油气资源勘查、开采、直接出售以及制成商品出售等一系列经济活动。油气资源埋藏于矿床，是有一定储量、一定品位的实物资产。

油气矿权作为油气资源所有权派生出的具备准物权法律属性的权利类别，是相对独立的递延资产。油气矿权初始时期属国家所有，自矿权人从国家一级出让市场或从二级矿权转让市场有偿取得矿权后，或国家以国有资本金形式作价入股企业，油气矿权也就随之演变为企业资产，成为企业控制的、能以货币形式计量经济价值的、能借助经济活动开展获得经济效益的、不具备实物形态的权利型资产。同时，油气矿权作为不具有实物形态的无形资产，与专利产权等无形资产有所区别，是必须依赖于某一空间范围内且具备一定储量和一定品位信息的油气资源的特殊无形资产。

2. 商品属性

商品是满足人类某种需要、用来交换的劳动产品，具有价值和使用价值。油气矿权能以货币形式计量其经济价值，且不论是在油气矿权初期勘探还是后期开采、销售与产品生产售卖过程中，都凝结了人类的无差别劳动，具备商品的价值属性。同时，油气矿权依赖于石油天然气资源，不论是国家在矿权一级出让市场将油气矿权有偿转让给矿权人，还是矿权人在二级转让市场依法有条件地转让油气矿权，抑或是国家以矿权作价入股的形式，将油气矿权使用权让渡给企业或其他社会组织。种种迹象均表明，油气矿权能在矿权市场依法合规地进行市场交易并流转，具备强烈的商品属性。

3. 法律属性

根据《矿产资源法》，首先，油气矿权是油气资源国家所有制度下派生出的物权，是矿权人依法取得油气矿权后对油气资源拥有的包括勘探、开采、出售和再加工生产等权利在内的使用权。其次，矿权人作为油气矿权主体，客体即法律法规、勘察许可、开采许可等合规性文件限定的油气资源。再次，油气矿权权能范围仅仅指符合《矿产资源法》《矿产资源开采登记管理办法》《探矿权、采矿权转让管理办法》等法律法规内容要求的对石油天然气资源的占有、使用、收益和处分的权利。最后，油气矿权具备法律意义上的排他性和主体唯一性，矿权人在依法合规取得油气矿权后，任何单位或个人均不得妨碍矿权人行使合法权利。此外，油气矿权的取得、流转必须严格遵守法律法规、行政规章规定，严格遵循以登记为要件的不动产变动原则。

（三）油气矿权的分类

油气矿权价值受到油气价格、勘探投资、开发投资、运营成本等多因素的交互影响，且各因素的影响程度、影响方向不尽相同。反推法深入分析可知，油气资源商品销售价格、运营成本、勘探投资与开发投资等不同影响因素又受到油气资源禀赋差异、生产条件差异、交通条件差异、储量条件差异等的影响。因此，可建立包含储集关系、储盖组合条件、储量条件、生产条件、交通条件和生命周期条件的油气矿权分类指标体系，其分类标准如表70所示。由此可借鉴油气矿权价值评估中的可比销售法思想，将相似特质的油气矿权划分为同一类，再根据油气矿权分类分别界定和统计勘探投入与工作量、开发投入与工作量、运营成本与工作量的统计关系，以此增强油气矿权价值评估模型中参数界定的合理性与科学性，提升矿权价值评估的准确度。

表70 油气矿权分类标准

分类条件	分类指标	分类标准			
		Ⅰ型	Ⅱ型	Ⅲ型	Ⅳ型
		成本低	成本较低	成本较高	成本高
储集关系	沉积岩厚度（米）	≥5000	3000~5000	2000~3000	≤2000
	砂石比（%）	20~50	30~60	40~70	≤20或≥70
	储集层连通性	好	较好	一般	差
	储集层孔隙度（%）	≥15	12~15	8~12	≤8
	裂缝发育程度	发育	较发育	不发育	次发育
	储集层类型	次生—原生	次生	原生—次生	原生
储盖组合条件	盖层厚度（米）	≥200	100~200	50~100	≤50
	岩性	膏盐岩	厚层泥岩	泥岩	脆性泥岩
		泥膏岩			砂纸泥岩
	源储压差（兆帕）	≥15	10~15	5~10	≤5
	破坏程度	无破坏	轻微破坏	较严重破坏	严重破坏
储量条件	探明地质储量（万吨/平方千米）	≥20000	10000~20000	5000~10000	≤5000
	探明可采储量（万吨/平方千米）	≥1500	1000~1500	100~1000	≤200
	面积丰度（万吨/平方千米）	≥130	100~130	70~100	≤70
	含油饱和度（%）	≥60	40~60	30~40	≤30
生产条件	有效厚度（米）	≥50	15~50	1~15	≤1
	渗透率（毫达西）	≥500	50~500	10~50	≤10
	非均质性	弱	较弱	较强	强
	地下原油稠度	低黏	高黏	普通稠油	超稠油
	饱和压力	低	较低	较高	高
	勘探深度（米）	≤2000	2000~3500	3500~5000	≥5000
	钻井深度（元/米）	≤3000	3000~5000	5000~10000	≥10000
交通条件	地貌地势条件	平原	丘陵、戈壁	低山	山地、沙漠
	运输方式	管道	内陆河运	铁路	公路
	运输距离	短	较短	较长	长
生命周期	所处阶段	鼎盛期	上升期	起步期	枯竭期

数据来源：http：//www.baidu.com 资料整理。

（四）油气矿权的价值构成

以商品价值理论、矿产资源禀赋优势理论和地租理论为支撑，油气矿权价值依赖于一定空间范围、一定储量与一定品位信息的油气资源，是不以人的意志为转移的有别于矿权市场实际成交价的价值。

在不考虑价格垄断这一市场特例而关注矿权市场供需平衡的条件下，体现油气矿权价值的油气资源及衍生产品的市场价格包括三部分：（1）凝结于油气资源勘查过程中的社会必要劳动创造的价值；（2）凝结于油气资源开发过程中的社会必要劳动创造的价值；（3）由绝对矿租、第一形态级差矿租构成的超额利润。其中，第（1）部分价值应归石油天然气资源勘查劳动投入者，第（2）部分价值应归石油天然气资源开发劳动投入者，第（3）部分价值应归石油天然气资源所有者。

四、天然气矿权管理改革对策

（一）面向国家层面的政策建议

面向国家视角下的天然气矿权市场化管理建议主要是指对运行机制的设计，包括天然气矿权的基础定价机制设计、天然气矿权交易机制设计、天然气矿权交易信息的披露机制设计以及天然气矿权的运营项目绩效评价和奖惩机制设计等。

1. 天然气矿权基础定价机制设计

天然气矿权基础定价机制包括天然气矿权基础价格评估的基本准则、规范、操作指南和指导意见等，主要用于天然气矿权基础价格的评估和确定，是矿权市场管理机制运营的基础和关键。

2. 天然气矿权交易机制设计

天然气矿权交易机制应当在满足公平竞争原则、资源配置优化原则和较高市场效率的公开竞价等原则下设计进行，是进行天然气矿权市场交易博弈的理论框架和实践基础部分。

3. 天然气矿权交易信息披露机制设计

天然气矿权交易信息包括天然气矿权信息、天然气勘查与开采企业信息、天然气矿权运营项目信息等，这些信息是进行天然气矿权市场交易的必需要素，因此需要相应的信息披露机制以保障国家、地方政府和有关企业之间能够公开、及时、标准、准确披露信息，以此确保交易的公平和公正。

4. 天然气矿权运营项目绩效评价和奖惩机制设计

包括对天然气矿权运营项目的绩效进行监管和评价、奖惩等的运行机制，主要包括项目绩效评价体系、考核与兑现、奖励与惩罚等运行机制，一般是对项目的实际运营效果和绩效等进行综合评估的依据。

对于天然气勘探开发企业来讲，虽然不能决定国家层面的天然气矿权市场化运行机制，但可以通过自身天然气矿权运营实践和研究，一方面可以在理解和掌握国家关于天然气矿权市场化运行机制制定的政策、制度和管理办法基础上，改革企业天然气矿权管理；另一方面可以向国家管理部门和上级组织提出合理化运行机制设计的建议。

（二）面向"三桶半"企业层面政策建议

建议主要如下：

（1）制定系统的天然气矿权管理制度。

针对天然气矿权管理改革的发展趋势，"三桶半"企业应加快制定系统全面的天然气矿权管理制度，包括管理办法、操作规范、信息共享等。

（2）放宽所属地区油田公司油气矿权管理权限。

"三桶半"企业应适当增加所属地区油田公司对天然气矿权的管理权限，规范化地区油田公司天然气矿权管理职责，增强地区油田公司天然气矿权管理和运营的积极性，提高地区油田公司天然气矿权市场交易的竞争力。

（3）提高对所属地区油田公司油气矿权管理服务的水平。

"三桶半"企业应逐步提高面向地区油田公司天然气矿权管理的服务水平。其中重要的包括：

① 提高信息服务水平。

由于"三桶半"企业掌握了国内各个油气矿权的信息，如何将信息资源优质、高效、快捷、全面地提供给地区油田公司天然气矿权运营活动，尤其是地区油田公司天然气矿权市场交易决策，是"三桶半"企业全面提高天然气矿权市场交易竞争力，实现可持续发展的重要途径。

②提高财务服务水平。

"三桶半"企业应在财务方面为地区油田公司天然气矿权管理财务相关服务提高水平，如配套管理服务、金融服务等。

（三）地区油田公司改革对策

1. 组织管理改革对策

组织管理是企业管理职能成功运行的基础和保障，只有比较完备的组织体系才能够确保天然气矿权管理的顺利实施。地区油田公司现行的天然气矿权管理的组织体系依然不够完备，具体表现为如下四个方面：

（1）缺乏一个统一的天然气矿权管理机构。

（2）天然气矿权管理的权限比较分散、职责存在缺失。

（3）天然气矿权管理的相关职能单位，尤其是各下属的生产单位没有设立对应的职能管理机构或者岗位。

（4）依然缺少为天然气矿权运营和决策提供技术支持的相关下属组织机构。

因此组织管理改革方面主要改革措施是：

（1）油气矿权管理组织结构设计。

考虑到地区油田现阶段组织体系结构存在的问题，诸如缺乏相应的统一管理机构、管理权限分散，职能管理机构和岗位缺失等问题。因此，地区油田公司应当设计规划统一的天然气矿权管理组织结构。具体可以从如下方面进行优化设计。

第一，地区油田公司需要改组和优化公司的管理组织结构，针对公司在矿权管理方面缺乏统一的专职组织机构的问题，设立一个相应的专职矿权管理中心，然后赋予其有关的职能权限，从管理制度和组织结构层面消除天然气矿权多头管理、政令不一的不足。

第二，应当对地区油田公司矿权管理专职部门的管理职责和权限进行进一步优化、协调和统一，明晰职责权限和管理权责的范围等。地区油田公司应充分对此授权并开展监管工作，督促和监督矿权管理部门履行相应的职责，对地区油田公司矿权管理和参与矿权市场化竞争提供保障。

第三，不仅在地区油田公司层面设立相应的矿权管理机构，还要在天然气矿权相关的二级单位设立对应的机构或者岗位，尤其是生产单位这种与天然气矿权关系紧密的组织机构。这一工作的意义在于，一方面，不仅能够在天然气矿权管理改革中将相关的政策、理念、方法、工具等自上而下传递到基层组织；另一方面，能够将天然气矿权的运营相关信息资料全面系统地实施大数据管理，为地区油田公司天然气矿权管理改革和决策提供强有力的基础和支撑。

根据组织结构设计思路可以构建天然气矿权管理部门组织结构。建议将地区油田公司的天然气矿权管理组织专门机构定名为：矿权综合管理处，设计结构中，矿权综合管理处下设5个职能科室。具体组织结构示意图如图60所示。

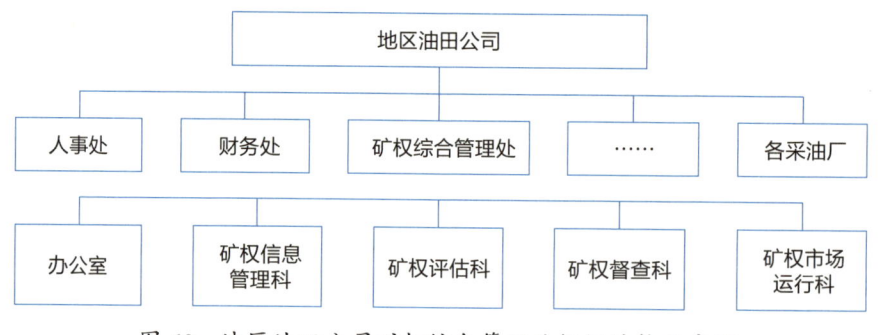

图 60　地区油田公司矿权综合管理处组织结构示意图

（2）油气矿权管理部门职责设计。

前述为地区油田公司设计的矿权综合管理处组织结构，主要涉及3个层面的职责：矿权综合管理处层面、二级职能科室层面和各个矿权管理岗位层面。对前两个层面的部门或者科室级别的天然气矿权管理相关的职责进行简要设计。

矿权管理处负责对天然气矿权相关管理职能的全面工作，除去基本的管理职能对应的部门职责外，主要负责油气矿权的信息管理职责、天然气矿权价值评估职责、天然气矿权督查职责和天然气矿权市场运行管理职责。具体包含的各项职责的内容如下：

①办公室。
- 主持办公室全面工作，制订办公室工作计划并组织实施；
- 协调、组织和分配办公室成员开展办公室日常工作；
- 领导、监督办公室承担的重要专项工作；
- 负责上传下达、承上启下、内外联系、综合协调工作；
- 签发重要签报和办公室发文；
- 主持办公室会议及有关办公室工作的研讨会、座谈会；
- 负责办公室思想作风建设和队伍建设；
- 完成上级部门和领导交办的其他工作。

②矿权信息管理科。
- 负责数据库管理系统的运行维护工作；
- 负责油气矿权运营信息的抽取、转换与加载工作；
- 负责油气矿权运营信息的查询统计工作。

③矿权评估科。
- 负责油气矿权价值评估指标体系的维护工作；
- 负责油气矿权经济价值估算工作；
- 负责油气矿权综合价值评估工作；
- 负责提供油气矿权市场管理的决策支持信息工作。

④矿权督查科。
- 负责油气矿权运营督查计划管理工作；
- 负责油气矿权运营督查实施管理工作。

⑤矿权市场运行科。
- 负责油气矿权市场竞争的决策分析工作；
- 负责油气矿权市场交易的投标管理工作；
- 负责油气矿权市场交易的招标管理工作；
- 协助矿权信息管理科完成油气矿权信息管理工作。

2. 管理流程改革对策

根据前述设计的地区油田公司天然气矿权管理组织结构和部门职责设计，

在新的组织结构中，一些组织机构及其职责是从现行天然气矿权管理职能转移而来，还有一些是全新的组织结构及其职责。无论新旧。都需要从天然气矿权管理改革的要求重新审视其原有的业务流程并进行改进，或者设计全新的业务流程。

（1）油气矿权价值评估业务流程改进。

改进后的油气矿权价值评估业务流程图如图61所示。

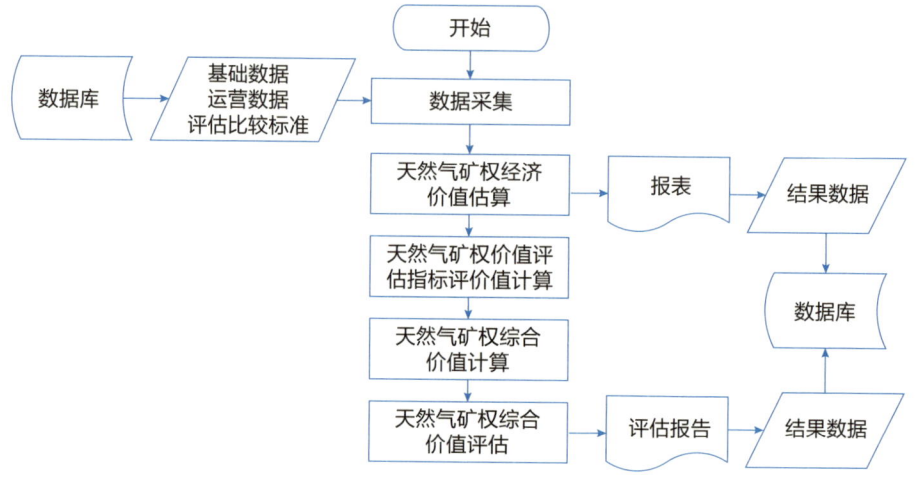

图61　油气矿权价值评估业务流程图

（2）矿权市场运行业务流程设计。

①决策分析业务流程图如图62所示。

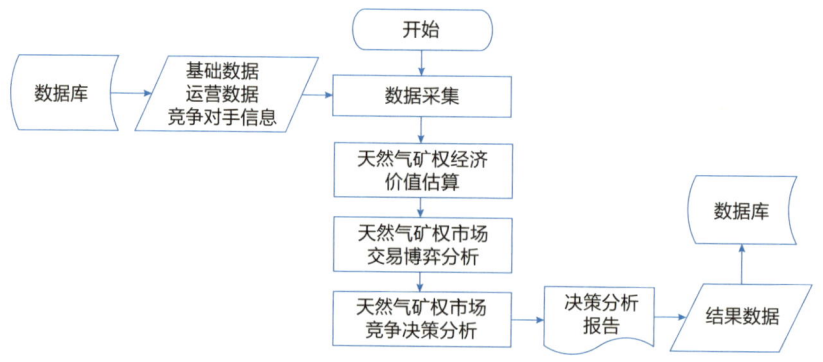

图62　天然气矿权市场竞争决策分析业务流程图

② 投标管理业务流程图如图 63 所示。

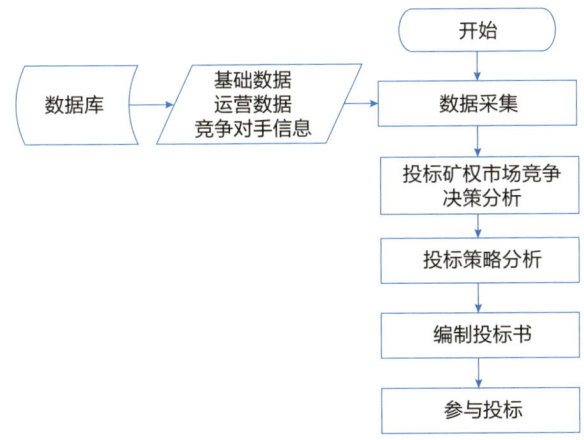

图 63　天然气矿权市场竞争投标管理业务流程图

③ 招标管理业务流程图如图 64 所示。

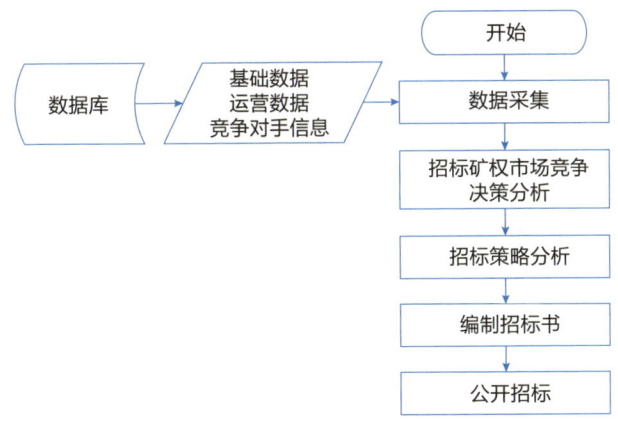

图 64　天然气矿权市场竞争招标管理业务流程图

3. 评估管理改革对策

对于评估管理职能来讲，前面分别从组织管理、流程管理两个领域论述了天然气矿权评估改革的内容。而实际上需要改革的地方和内容远不止于此。在实施天然气矿权评估管理职能时候，评估的制度、评估方法、评估指标、评估信息等都对天然气矿权评估管理职能的成功实施有着不同程度的影响。

（1）评估方法改革。

需要对天然气矿权价值评估的方法和手段进行持续的改进，具体如下：

①加强统计分析方法的应用。

无论是在天然气矿权经济价值的估算中，还是在天然气矿权综合价值的评估中，大量的参考信息都需要经过分析，如单位储量投资、单位产能投资、运营成本、天然气产量变化和天然气价格趋势等。虽然在长期的天然气油气矿权管理实践中积累的经验是对参考信息分析的重要方法，但是科学的、量化的统计分析方法对于提高评估的科学性、合理性、准确性无疑是更加高效的方法，因此，在油田企业实施评估管理的过程中，应该加强统计分析方法的应用。

②加强数学规划方法的应用。

数学规划方法的应用对于天然气矿权经济价值的精确估算、天气热矿权运营方案设计有显著的促进作用。天然气矿权运营的现实情况，深入研究多目标、动态的天然气矿权价值评估数学规划模型，对于油田企业实现天然气矿权价值评估的现代化科学管理，并实现天然气矿权价值评估与油田企业总体战略规划的无缝对接有十分重要的价值和意义。

（2）评估指标改革。

油气矿权价值评估指标体系的要素指标结构、指标权重、指标比较标准、指标计算方法需要进行持续的改进和完善。具体如下：

①建立天然气矿权价值评估指标体系专家咨询团队。

专家的学识、经验对于天然气矿权价值评估指标体系的建设起着不可替代的作用。在全国范围内聘请天然气矿权管理相关领域的专家组建专家咨询团队，定期对天然气矿权价值评估指标体系进行专家咨询，保持指标体系的先进性、科学性、合理性和可靠性。

②定期对天然气矿权价值评估指标体系进行维护。

油田企业需要定期开展天然气矿权价值评估指标体系的维护工作，重点是对评估指标体系的要素评估指标结构、评估指标权重和评估指标比较标准进行修改、完善和调整。

③分类构建天然气矿权价值评估指标体系。

由于天然气矿权分布的地域、地质构造、油藏状态、生产条件等差别，不同类别的天然气矿权价值评估指标体系应不尽相同。尤其是评估指标体系的指标权重和指标比较标准两个要素，更是需要着重考虑不同类别天然气矿权对应于该两个要素的区别。

④建立天然气矿权价值评估比较标准数据库。

天然气矿权价值评估比较标准要素是计算指标的评价值和确定指标评价等级的基础。由于比较标准来源于油田企业天然气矿权运营的历史数据、行业的标准数据、上级组织的指令数据和其他途径的数据，因此建立天然气矿权价值评估比较标准数据库，不仅对方便快捷开展天然气矿权价值评估工作有积极的支撑作用，而且对于天然气矿权竞争决策有十分重要的决策支持作用。

4. 信息管理改革对策

随着信息资源逐渐成为企业管理的基本要素（前期管理资源主要包括人、财、物、料、环境、管理等），信息管理职能发展成为企业重要的管理职能，而作为企业现代信息管理的重要手段的大数据管理是企业生产经营活动的基本手段和重要方法。地区油田公司油气矿权管理的大数据管理改革主要从以下两个方面着手。

（1）建立油气矿权管理数据库系统。

油气矿权管理职能的实施离不开信息资源。广义上讲，油田企业运营管理中所有的信息资源都对油气矿权管理职能的运行起着不同程度的作用；狭义上讲，油气矿权运营直接相关的信息资源对于油气矿权运营管理职能的运行有着决定性的作用。因此，全面、系统、高效、快捷地管理和应用油气矿权运营相关信息资源，利用现代信息技术手段和大数据管理技术实现对信息资源的现代化信息管理是十分必要的。

由于现行地区油田公司油气矿权管理组织结构、管理职责、管理制度等方面存在的问题，造成对用于油气矿权管理职能的信息资源的管理比较苍白无力，具体表现为：

①信息孤岛现象比较普遍。

在地区油田前期的信息化进程中，虽然建立了对应于各种管理职能领域相关的数据库系统，但这些数据库系统大多处于信息孤岛的状态。在职能领域自身涉及的范围内能够良好的运转，但在多个职能领域的信息资源协调运转上存在较大的困难和障碍。如油气矿权管理职能涉及资源勘查工程、钻井工程、地面工程、采油工程、规划计划管理、财务管理等生产经营管理职能领域相关信息资源，信息资源的采集、整合、统计分析、决策支持等都难以方便、快捷、高效实施。

②缺少与天然气矿权对等的信息资源。

在现行地区油田公司信息资源对应的数据库系统中，基本上没有将天然气矿权作为直接管理对象的。这主要是由于两个方面的原因：一是天然气矿权管理改革是近年来才发展成为石油行业改革的重要举措，已经构建并运行的数据库系统不可能将天然气矿权作为数据库系统的直接管理对象；二是传统的天然气矿权管理比较强调的是天然气矿权运营权的获取，而油田企业按照地质、开发和生产的类别确定数据库管理的对象，如地质的层系、开发的油藏、生产的采油区块，也没有将油气矿权作为直接的数据库管理对象。

③较少拥有全国地区油田管辖范围以外油气矿权信息资源。

前述内容表明由于天然气矿权管理改革开展的时间较短，本身对天然气矿权涉及信息资源的管理尚处于初期，因此在我国范围内天然气矿权管理相应的信息资源管理比较初级，共享水平较低。但在天然气矿权市场化运行的大趋势下，新建油田公司要想在天然气矿权市场化运行的激烈竞争中生存和发展，不仅需要对地区油田公司自身管辖范围内的天然气矿权运营相关信息资源实现全面、系统、高效的信息管理，而且需要对全国乃至世界范围内天然气矿权运营相关的信息资源进行更大范围的信息管理。

面对这样的情况，建议在以下几个方面开展地区油田公司油气矿权数据库管理系统建设的举措。

①建立以天然气矿权为直接管理对象的数据库管理系统。

以天然气矿权为直接的数据库管理对象，将天然气矿权对应的基本属性、地质信息、油藏信息、生产信息、计划信息、财务信息等作为相关的数据库管理实体，建立天然气矿权运营专门的数据库管理系统。

②开展天然气矿权运营相关信息资源的 ETL 活动。

ETL 就是数据的抽取、转换与加载工作。在地区油田公司开展天然气矿权运营相关信息资源的 ETL 活动，就是将现行存在于各种信息孤岛的信息资源经过数据的抽取、转换与加载，使之成为天然气矿权运营数据库管理系统可用的信息资源，并进行数据库管理。

③建立与其他天然气矿权运营数据平台的共享系统。

在数据安全、保密的法律框架基础上，建立地区油田公司与其他天然气矿权运营数据平台共享的数据库管理系统。不仅可以为地区油田公司对自身天然气矿权管理决策提供参考，而且可以为地区油田公司参与天然气矿权市场化运行竞争决策提供有力的决策支撑。

（2）建立天然气矿权管理决策支持系统。

在天然气矿权管理改革的大趋势背景下，未来天然气矿权运营决策将成为油气企业生产经营决策的重要活动，并且在某种意义上讲，是对油田企业生存发展至关重要的决策活动。

在天然气矿权运营决策活动中，如何方便快捷掌握现有天然气矿权运行的状况、如何评价天然气矿权的价值、如何决策是否参与天然气矿权市场交易竞争等，将是天然气矿权管理的常态化工作。因此，建立天然气矿权管理决策支持系统，对于提高天气热矿权管理效率、天然气矿权运营决策水平，最终提高天然气矿权运营经济效益都是十分必要的。

针对油气矿权管理的职能和职责情况，建议油气矿权管理决策支持系统的功能结构图如图 65 所示。

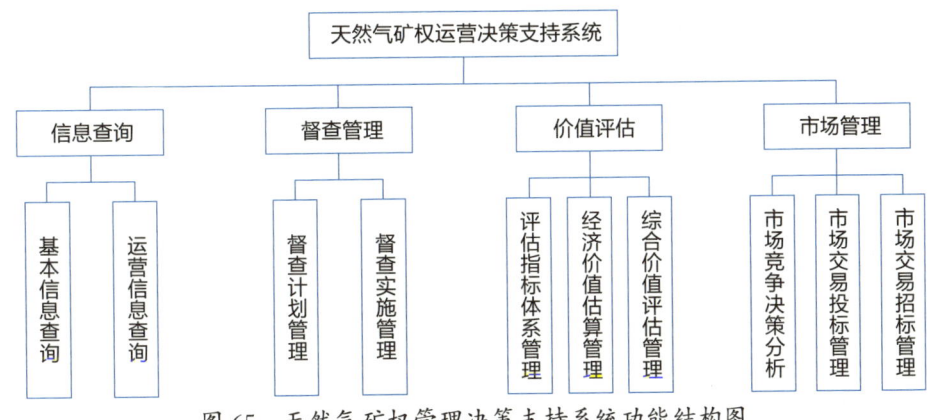

图 65　天然气矿权管理决策支持系统功能结构图

图中各个功能简述如下：

（1）基本信息查询。

主要完成对现有天然气矿权基本信息的查询功能，包括地理信息、地质信息、油藏信息。

（2）运营信息查询。

主要完成对现有天然气矿权运营相关信息的查询功能，包括储量信息、产量信息、投资信息、运营成本信息。

（3）督查计划管理。

主要完成对现有天然气矿权的督查计划管理，包括油田公司的计划、采油单位的计划和油气矿权的计划。

（4）督查实施管理。

主要完成对现有天然气矿权的督查实施管理，包括督查指令发布、督查统计与分析、督查控制与整改。

（5）评估指标体系管理。

主要完成对天然气矿权评估指标体系的管理，包括指标结构维护管理、指标权重维护管理、指标比较标准维护管理、指标赋值计算方法维护管理。

（6）经济价值估算管理。

主要完成对天然气矿权经济价值估算的管理，包括新设天然气矿权经济价值估算、现有天然气矿权经济价值估算。其中现有天然气矿权经济价值估算包括已运行经济价值的计算和未运行经济价值的估算。

（7）综合价值评估管理。

主要完成对天然气矿权综合价值评估的管理，即以评估指标体系为基础，选择合理的评价方法，计算并评估天然气矿权的综合价值，编制综合价值评估报告。

（8）市场竞争决策分析。

主要完成参与天然气矿权市场竞争的决策分析，包括市场竞争的对象决策、市场竞争的治理结构决策、市场竞争的运营模式决策。

（9）市场交易投标管理。

主要完成参与天然气矿权市场交易的投标管理，包括标底测算、投标书编制、投标策略分析。

（10）市场交易招标管理。

主要完成参与天然气矿权市场交易的招标管理，包括标底测算、招标书编制、招标策略分析。

参考文献
REFERENCE

[1] 白桦，李春霞，2021.国际天然气市场月评[J].中国远洋海运，（11）：96.

[2] 曹志宏，2022.俄乌冲突对国际能源格局的影响及中国的应对[J].商业经济，（9）：93-95，126.

[3] 陈赓良，2017.天然气能量计量的溯源性与不确定度评定[J].石油与天然气化工，46（1）：83-90.

[4] 陈家运.LNG价格止跌回升市场影响几何？[N].中国经营报，2022-12-26（D03）.

[5] 陈卫东，2023.反思2022年全球能源市场：3件大事、3个关键词、3个不变[J].中国石油和化工产业观察，（1）：70-72.

[6] 成晓叶，钮菊生，2022.俄乌冲突与世界局势[J].唯实，（6）：92-96.

[7] 程民贵，2022.国际气价大幅波动下中国天然气行业稳定发展的探讨[J].国际石油经济，30（8）：51-57.

[8] 程民贵，2022.中国液化天然气接收站发展趋势思考[J].国际石油经济，30（5）：60-65.

[9] 崔宏伟，2022.俄乌冲突下欧盟深陷能源供应危机[J].当代世界，（4）：73-74.

[10] 崔巍，康立成，唐丽敏，2022.俄乌冲突下天然气贸易网络的结构性风险分析及对中国的启示[J].价格月刊，（8）：37-45.

[11] 丹美涵，车超，陈仕林，等，2022.俄罗斯低碳转型下中俄能源合作新机遇[J].国际石油经济，30（4）：11-17.

[12] 冯玉军，2022.俄乌冲突的地区及全球影响[J].外交评论（外交学院学报），39（6）：72-96，6-7.

[13] 国际石油网. 中国海油发布 2022 年十大油气勘探发现成果 & 十大勘探关键技术 [EB/OL].（2023–01–06）[2023–02–28]. https://oil.in-en.com/html/oil–2948762.shtml.

[14] 国家发改委. 2022 年 12 月份全国成品油、天然气运行快报 [EB/OL].（2023–01–31）[2023–02–14]. https://www.ndrc.gov.cn/fggz/jjyxtj/mdyqy/202301/t20230131_1348023.html

[15] 国家发展改革委. 中华人民共和国国民经济和社会发展第十四个五年规划和 2035 年远景目标纲要 [R/OL].（2021–03–23）[2023–02–28]. http://www.ndrc.gov.cn/xxgk/zcfb/ghwb/202103/t20210323_1270124.html?xxgkhide=1.

[16] 国家能源局. 2022 年全国油气勘探开发十大标志性成果 [EB/OL]. 国家能源局.（2023–01–20）[2023–02–28]. http://www.nea.gov.cn/2023–01/20/c_1310692197.htm.

[17] 国家能源局. 四川盆地页岩气勘探发现规模增储新层系，资源量近万亿立方米 [EB/OL].（2022–12–26）[2023–02–28]. http://www.nea.gov.cn/2022–12/26/c_1310686253.htm.

[18] 国家能源局石油天然气司等, 2022. 中国天然气发展报告（2022）[R]. 石油工业出版社.

[19] 国家统计局. 2022 年 12 月份能源生产情况 [EB/OL].（2023–01–17）[2023–02–14]. http://www.stats.gov.cn/tjsj./zxfb/202301/t20230117_1892086.html.

[20] 何东博, 贾成业, 位云生, 等, 2022. 世界天然气产业形势与发展趋势 [J]. 天然气工业, 42（11）：1–12.

[21] 贺超, 2021. 天然气热值计量发展趋势及展望 [J]. 天然气与石油, 39（1）：140–144.

[22] 黄汉权, 徐为民, 戴晓璐, 2021. 国际市场天然气价格大涨的原因、影响及对策 [J]. 价格理论与实践,（10）：5–8.

[23] 贾承造院士. 全国油气勘探开发形势与发展前景 [EB/OL]. 中国石油学会非常规油气专业委员会.（2022–10–24）[2023–02–28]. http://www.suog.org.cn/resource/detail/ 49ee49be–342a–47f4–9f1e–a1a8b69821c5.

[24] 李富兵, 申雪, 李龙飞, 等, 2022. 俄乌冲突对中俄油气合作的影响 [J]. 中国矿业, 31（8）：8–15.

[25] 李航, 朱兴珊, 孔令峰, 等, 2022. "双碳"目标下中国天然气行业高质量发展建议 [J]. 国际石油经济, 30（8）：16–22.

[26] 李洪言, 张景谦, 陈健斌, 等, 2022. 2021 年全球能源转型面临挑战———基于《bp 世界能源统计年鉴（2022）》[J]. 天然气与石油, 40（6）：129–138.

[27] 李嘉宇, 张靖, 唐诚等, 2022. "双碳"目标下中国城市燃气企业转型升级的探索与实

践 [J]. 天然气工业, 42 (11): 124–131.

[28] 李永昌. 需要加深对压缩天然气汽车的认识与评价——纪念世界 CNG 汽车问世 90 周年 [N]. 石油商报, 2021-02-24.

[29] 梁萌, 张奇, 彭盈盈, 2021. 构建开放条件下中国天然气安全保障体系的路径 [J]. 天然气工业, 41 (11): 161–169.

[30] 廖睿灵. 国家发改委: 全国能源量足价稳有保障 [EB/OL]. 人民日报海外版. (2023-01-17) [2023-02-28]. http://www.gov.cn/xinwen/2023-01/17/content_5737451.htm.

[31] 刘合, 梁坤, 张国生, 等, 2021. 碳达峰、碳中和约束下我国天然气发展策略研究 [J]. 中国工程科学, 23 (6): 33–42.

[32] 刘合, 梁英波, 张国生, 等, 2022. 天然气与可再生燃气融合发展挑战与路径 [J]. 天然气工业, 42 (9): 1–9.

[33] 刘恒阳, 2022. "双碳" 背景下天然气地下储气库机遇与挑战 [J]. 石油与天然气化工, 51 (6): 70–76.

[34] 刘礼军, 2022. 美国对伊朗与俄罗斯能源制裁对比分析 [J]. 国际石油经济, 30 (9): 11–20, 64.

[35] 刘明亮, 卫浩, 盖玉龙, 等, 2022. 中国、美国、欧盟及世界一次能源消费现状与展望 [J]. 煤化工, 50 (2): 1–5.

[36] 刘书源, 2022. 需求不断增加, 四大通道保供——国内天然气供需格局初探 [J]. 中国石油和化工, (8): 56–59.

[37] 刘叶琳. 一季度中国天然气进口量走低 [N]. 国际商报, 2022-05-10(003).

[38] 刘泽洪, 阎志鹏, 侯宇, 2022. 俄乌冲突对世界能源发展的影响与启示 [J]. 全球能源互联网, 5 (4): 309–317.

[39] 马新华, 窦立荣, 王红岩, 等, 2022. 天然气驱动可持续发展的未来——第 28 届世界天然气大会综述 [J]. 天然气工业, 42 (7): 1–6.

[40] 马新华, 张国生, 唐红君, 等, 2022. 天然气在构建清洁低碳能源体系中的地位与作用 [J]. 石油科技论坛, 41 (1): 18–28.

[41] 聂新伟, 卢伟, 2022. 俄乌冲突对全球能源格局影响及我国的应对建议 [J]. 能源, (5): 63–65.

[42] 饶庆平, 郝建刚, 白云山, 2022. 碳排放目标背景下我国天然气发电发展路径分析 [J].

发电技术，43（3）：468–475.

[43] 芮旭涛，2020. 我国天然气交易市场价格形成机制与定价研究 [D]. 北京：中国石油大学.

[44] 申洪亮，杨万莉，张强，2022. 2022年中国天然气市场供需预测及未来发展趋势分析 [J]. 国际石油经济，30（8）：41–50，100.

[45] 申文静.《中国矿产资源报告（2022）》发布 [EB/OL]. 中国矿业报.（2022-09-22）[2023–02–28]. https://mnr.gov.cn/dt/kc/202209/t20220922_2759737.html.

[46] 石油快讯. 吉林油田川南配置区常规气勘探获重要突破 [EB/OL].（2022-09-10）[2023-02-28]. https://mp.weixin.qq.com/s/l5aWcOg5W2j-IR0a-RFMTw.

[47] 石油快讯. 中石油在四川盆地天然气勘探开发又取得新成果 [EB/OL].（2022-09-27）[2023-02-28]. https://mp.weixin.qq.com/s/hPZy2udrr2zx-bcBL4dPVg.

[48] 孙齐，田磊，樊慧，等，2022. 碳达峰碳中和目标下中国天然气利用政策体系思考 [J]. 国际石油经济，30（9）：47–53.

[49] 王海滨，2022. 俄乌冲突对世界和中国能源安全的影响 [J]. 云梦学刊，43（4）：20–28.

[50] 王雅菲，周淑慧，李广，2022. 基于天然气视角的《"十四五"现代能源体系规划》解读 [J]. 国际石油经济，30（4）：1–10.

[51] 王宇，张旭，王朝金，2022. 中国油气管道发展浅析 [J]. 化工矿产地质，44（4）：342–349.

[52] 吴德垫，2022. 俄乌冲突对国际能源格局的影响和启示 [J]. 中国能源，44（3）：14–18.

[53] 肖建忠，王璇，2019. 中国液化天然气现货价格的传导机制 [J]. 天然气工业，39（11）：117–125.

[54] 新浪网. 中石化公布2022年十大油气勘探发现 [EB/OL].（2022-12-30）[2023-02-28]. http://k.sina.com.cn/article_6192937794_17120bb4202001yz2s.html.

[55] 熊启跃，赵雪情，2022. 美欧对俄罗斯经济制裁的逻辑、影响及启示 [J]. 俄罗斯研究，（6）：129–156.

[56] 徐博，金浩，向悦，等，2021. 中国"十四五"天然气消费趋势分析 [J]. 世界石油工业，28（1）：10–19.

[57] 徐春野，周阳，李圣彦，等，2021. 天然气管网能量计量计价体系建设探讨 [J]. 油气与新能源，33（2）：46–49.

[58] 许江风，2018. 天然气价格改革与按热值交易的思考 [J]. 中国石油和化工，（4）：49.

[59] 闫浩良, 2022. 俄乌冲突背景下中国利用俄罗斯储气库调峰的思考 [J]. 油气储运, 41 (12): 1470-1474.

[60] 杨甲玉, 朱昌海, 李文翎, 2021. 我国天然气行业发展基本面持续向好 [J]. 中国石油企业, (10): 61-63.

[61] 于欢, 李慧, 别凡. 俄乌冲突背后: 能源暗战正酣 [N]. 中国能源报, 2022-05-30 (006).

[62] 于鹏, 2022. 俄乌冲突对中国能源贸易的影响及对策研究 [J]. 价格月刊, (9): 73-77.

[63] 张伟, 2022. 发挥油气管网作用 保障国家能源安全 [J]. 求是, (20): 58-62.

[64] 中国石化报. 去年天然气价格创历史新高 [EB/OL]. (2022-04-29) [2023-02-28]. http://enews.sinopecnews.com.cn/zgshb/html/2022/04/29/content_8668182.htm.

[65] 中国石油新闻中心. 冀东油田深耕老区高效勘探 [EB/OL]. (2022-05-25) [2023-02-28]. http://news.cnpc.com.cn/system/2022/05/25/030068863.shtml.

[66] 中华人民共和国国家发展和改革委员会. 2021 年天然气运行简况 [EB/OL]. (2022-02-10) [2022-09-27]. https://www.ndrc.gov.cn/fgsj/tjsj/jjyx/mdyqy/202202/t20220210_1314517.html?code=&state=123.

[67] 朱海碧, 刘明义. 全球天然气市场波动的背后 [N]. 中国矿业报, 2022-05-26 (001).

[68] 邹才能, 何东博, 贾成业, 等, 2021. 世界能源转型内涵、路径及其对碳中和的意义 [J]. 石油学报, 42 (2): 233-247.

[69] BP, 2019. BP energy outlook, 2019 edition[R]. London: BP.

[70] bp, 2022. bp 世界能源统计年鉴 2022.

[71] IEA. Outlook for biogas and biomethane: Prospects for organic growth[R]. Paris: International Energy Agency, 2020.